KB112817

버킷리스트 19

이 책을 소중한

_____님에게 선물합니다.

_____ 드림

• 운명을 바꾸는 종이 위의 기적 •

버킷리스트19

기획 • 김도사

강순봉 정순규 신서연
이동현 최정남 오선미
구윤영 박지수 이하영
윤혜정 김유리

위닝북스

꿈은 읊을수록 달콤하고, 풀어야만 깨어난다!

이 책에는 사람과 삶이 있다. 그리고 그들의 고난과 역경, 기쁨과 슬픔으로 가득하다. 그들에게 오늘이 있기까지의 과거는 미래로 나아가는 흔적이자 발판이 되었다. 이제 이들의 삶에는 꿈이 있다. 이미 이루어진 꿈 말이다.

사람마다 사는 모습은 각기 다르다. 그러나 어린 시절의 우리는 티끌 하나 없이 순수했던 어린아이였다. 보고 듣고 느끼는 모든 것들이 호기심으로 가득했던 그때. 우리는 끊임없는 열정으로 꿈을 좇았다.

그러다 어느 순간 그 열정이 잠잠해지기 시작했다. 호기심보다는 안정감을 좇기 시작한 것이다. 그렇게 우리는 어른이 되었다. 나아가고 있는 듯하지만 멈춰버리고, 살아가고 있는 듯하지만 살아지고 있는 생활이 이어진다. 설렘과 열정이 지나간 자리는 어느새 체념과 포기로 채워졌다.

우리는 욕망이란 이기적인 것이고, 꿈이란 허무맹랑한 것이라고 오해한다. 불행은 우리 스스로 선택한 결과다. 보아야 할 것을 보지 않고 들어야 할 것을 듣지 않고, 믿어야 할 것을 믿지 않은 건 우리 자신이다.

하지만 이제 우리는 꿈과 소망을 잃어버리는 것은 진정한 행복을 놓치고 있다는 것을 알아야 한다. 꿈은 읊을수록 달콤하고 품어야만 깨어나는 것이다.

2019년 3월

정순규

CONTENTS

PART 1

은퇴자
맞춤형 재취업
전문가로서 살기

-강순봉-

강순봉 U-City 공학 박사, 교통안전클럽 행정실장, 작가

U-City 공학 박사로 한세대학교 대학원에 출강하고 있으며, 교통안전클럽에서 행정실장으로도 근무 중이
다. 앞으로 재취업을 통해 제2의 인생을 꿈꾸는 사람들에게 강연과 코칭, 상담을 해 주는 재취업 전문가가
되고자 한다. 저서로는 《66일 만에 재취업 성공하는 법》, 《친절한 통계분석》, 《AMOS 통계분석》 등이 있다.

1

골프
싱글 치기

8년 전 골프채를 처음 만났다. "야! 너 골프 칠 줄 아냐?" 형이 나에게 물었다. 나는 "아니요!"라고 했다. 그러자 형은 언젠가 필요할지 모르니 배워 두라면서 골프채를 내게 선물했다. 골프 가방 안에는 10개가 넘는 골프채가 들어 있었다.

왜 이렇게 많은 골프채가 필요할까. 무겁기는 왜 이리 무겁단 말인가. 나는 골프채 선물이 반갑지 않았다. 사회생활을 하려면 골프채가 필요할 것 같긴 했다. 그런데다 형의 선물이고 언젠가 칠 수도 있으니 받아 두었다. 하지만 그때는 한참 바빴던 시기인지라 골프를 칠 여유가 없었다. 그런 만큼 나는 골프가 한심한 사치라고 생각했다.

더군다나 당시 공공기관 근무자가 골프를 하면 사회에서 부정적으로 보는 시선이 있었다. 이는 내가 골프 배우는 것을 꺼려한 이유이기도 했다. 하지만 지방에서 근무하는 몇몇 관리자들은 알게 모르게 골프를 배우기도 했다. 또한 주변 사람들도 골프를 할 줄 알면 비즈니스도 쉽고 사람들과 금세 친해질 수 있다고 했다. 그러니 골프는 꼭 배워 두라고 했다. 나는 여러 사람들에게 권유를 받고, 나중에라도 배워야겠다고 마음먹었다.

그러던 중 골프를 배울 기회가 왔다. 살고 있는 아파트 길 건너 상가에 실내 골프연습장이 새로 생긴 것이다. 10여 개 정도의 연습 타석이 있었다. 공직자에게 골프는 금기시되는 분위기였지만 일반인들 사이에서는 골프 붐이 일었던 때였다.

나는 3개월 회원권을 등록하러 실내 골프연습장에 갔다. 많은 사람들이 골프를 배우고 있었다. 퇴근 후나 주말에 연습하려면 순서를 기다려야 했다. 골프연습장에서 골프를 가르치는 코치를 프로라고 부른다. 그런데 코치에게 "프로님" 하고 부르는 게 여간 어색한 게 아니었다.

나를 가르치는 프로는 매일 똑같은 자세와 스윙을 반복하라고 했다. 오른쪽 허리와 왼쪽 허리 사이 정도의 스윙을 연습하라고 했다. 스윙의 기초인 '테이크 어웨이'였다. 항상 같은 스윙만 반복하고 진도는 잘 나가지 않았다. 시간은 점점 흘러갔다.

실내 연습장에는 나를 전담으로 가르쳐주는 프로가 없었다. 시간이 날 때마다 연습장에 가다 보니 내 담당 프로는 매번 달랐다.

어느 날은 못 보던 프로가 가르쳐주기도 했다. 남들은 멋지게 풀스윙으로 골프공 때리는 소리를 냈다. 하지만 나는 재미도 없고 실력도 늘지 않았다.

그런 상황이다 보니 실내 연습장에서 배우는 것보다 인도어 (Indoor) 골프연습장에서 연습하는 게 더 나을 것 같았다. 스윙을 연습하려고 동네 근처 인도어 연습장의 회원권을 끊었다. 표 20여 장을 한꺼번에 구매했다. 그러곤 연습할 때마다 한 장씩 내고 1시간 정도 연습했다. 한편, 인도어 연습장에도 레슨해 주는 프로가 따로 있었다. 나는 '실내 연습장에서 배운 지 얼마 안 되었고, 레슨을 받아 봐야 지난번 프로와 비슷하겠지'라고 생각하고 혼자 스윙 연습을 했다. 그래서인지 기술은 늘지 않았다. 그때 나는 '난 골프에 자질이 없나 보다'라고 생각했다. 그 뒤로 골프 연습을 하지 않았다.

그러다 서울에서 광주로 근무 발령이 났다. 광주로 가면 가족과 떨어져 관사에서 혼자 지내야 한다. 그만큼 시간도 많다. 그래서 나는 '이때 골프를 제대로 배워야지'라고 생각했다. 차에 골프채를 싣고 내려갔다. 회사 근방의 인도어 연습장의 회원권을 끊었다. 퇴근하면 곧장 골프장으로 가서 골프 연습을 했다. 시립 연습장이어서 타석도 많고 시설도 좋았다. 이곳에서 연습하면 제대로 배울 수 있을 것 같았다.

그즈음 광주에서는 근무하는 다른 직원들도 골프를 친다고 했다. 골프가 대세가 된 것이다. 이제는 골프를 치는 데 아무 문제가 없었다. 광주에서도 혼자 골프 연습을 했다. 하지만 2~3일에 한 번 정도 연습장에 나가다 보니 좀처럼 실력이 늘지 않았다. 골프 실력이 늘지 않으니 재미도 없었다.

하루는 연습 중 내가 친 골프공이 앞으로 나가지 않고 연습장 천장에 부딪쳤다. 그러면서 옆으로, 뒤로 튀어 나갔다. 우당탕탕 난리가 났었다. 다행히 주변에 사람이 없어서 다친 사람은 없었다. 깨진 유리도 없었다. 하지만 너무 창피했다. 광주에 와서 골프 잘 배우려고 했는데 이게 무슨 일인가. 몇 달 연습해도 실력은 늘지 않고 오히려 공이 뒤로 빠지고 말다니…. 우울하고 슬펐다. 역시 나는 골프를 할 수 없는 체질인가 보다 했다. 곰곰이 생각해 보니 나는 당구도 못 쳤다. 그렇게 나는 작대기로 하는 당구나 골프는 체질적으로 안 맞는가 보다 생각했다. 골프공이 뒤로 나가는 일이 있고 난 이후 난 골프 연습을 하지 않았다. 골프하다가 사람 잡을 것 같아 자신감도 떨어졌다. 앞으로 골프를 하지 않겠다고 마음먹었다.

광주에서 1년을 보내고 다시 수원으로 전출되었다. 새로운 근무지로 가기 위해 관사에 있는 짐을 차에다 실었다. 관사에 보관하고 있던 골프채는 안 가져갈 테니까 필요한 사람은 가져가라고 했다. 한 직원이 골프채 중에서 쓸 만한 우드 골프채 한 개만 갖겠다고 해서 줘 버렸다. 나머지 골프채는 관사에 놔두고 왔다.

그런데 막상 수원 근무지로 오자 광주에 두고 온 골프채가 생각나는 것이 아닌가. 골프채와의 끈질긴 인연이다. 형이 준 선물인데 쓰레기처럼 내다 버려질지도 몰랐다. 그건 선물을 준 사람에 대한 예의가 아니었다. 전화를 걸어 관사에 두고 온 골프채를 수원으로 보내라고 했다. 그 후 골프채는 주인에게 사랑받지 못하고 아파트 베란다에 눈이 오나 비가 오나 세워져 있었다.

우리 교회 사랑방 모임에 골프를 잘 치는 Y가 있다. 그는 아마도 골프 천재인 것 같다. 골프에 대해 아는 게 많다. 교회에서 만나면 골프 얘기로 이야기꽃을 피운다. 그는 나에게 골프 기본에 대해 많이 얘기해 줬다. 일요일마다 골프 얘기를 하다 보니 '골프를 제대로 배워야 하지 않겠는가' 하는 마음이 들었다. 나이 들어서 유일하게 할 수 있는 운동이 골프라고 하지 않는가.

나는 특별한 취미나 특기도 없다. 나이 들어 할 수 있는 운동 하나 없으면 심심할 것 같았다. 골프는 자신보다 나이가 많거나 적은 사람과도 쉽게 어울릴 수 있는 운동이기 때문에 배워 두는 게 좋다. 그동안 나는 직장생활을 열심히 해 왔다. 그러니 골프 하나만큼은 제대로 배워 잘 쳐야겠다고 마음속으로 다짐했다. 나는 빠른 시일에 사랑방 모임 회원들과 골프를 치기로 약속했다.

그러곤 회사에서 멀지 않은 인도어 골프장에 레슨 등록을 했다. 4개월의 정식 레슨 코스다. 이 연습장은 규모가 컸다. 프로들도 쉽게 잘 가르쳐 주었다. 2개월 입문반 과정에서는 기본자세와 스윙을 가르쳐 준다. 짧은 거리를 치는 7번 아이언과 멀리 치는 드라이브 스윙 방법을 배운다.

다음은 2개월 초급반이다. 초급반에서는 입문반보다 좀 더 세밀한 스윙 폼과 자세에 대해 배운다. 골프 매너에 대해서도 배운다. 레슨이 끝날 때쯤 실전 레슨도 받는다. 레슨을 제대로 받아 보니 지금까지 알고 있던 골프 지식은 아무 쓸모가 없었다. 골프는 혼자 하지 말아야 한다. 독학으로 어느 정도 골프 실력을 쌓을 수 있을지는 모른다. 하지만 더 큰 발전은 없다.

세계적인 선수들도 전문 코치들에게 레슨을 받는다. 또한 골프를 잘 하려면 옆에서 누가 봐 줘야 한다. 프로들은 내가 스윙하는 거 1~2개만 보고도 무엇이 잘못되었는지, 자세를 어떻게 바꿔야 하는지, 스윙을 어떻게 해야 하는지 알려 준다. 프로가 하라는 대로 하니까 스윙도 잘되고 공도 잘 맞았다. 프로가 시키는 대로만 하면 잘되었다. 그렇게 4개월간 집중 레슨을 받았다. 골프는 전문가에게 배워야 한다는 것을 깨달은 시간이었다. 그냥 독학하거나 비전문가에게 배우거나 친구들한테 배우면 시간과 비용만 들어갈 뿐이다. 성과도 낼 수 없다.

실전 레슨을 위해 파3(쓰리), 9(나인)홀에 갔다. 토요일 아침 일찍 골프장에 도착해서 몸을 풀고 9홀을 돌기 시작했다. 파3 골프장에서는 멀리 나가는 드라이버 골프채는 사용할 수 없다. 비교적 짧은 거리를 치는 아이언 골프채와 그린 안에서 치는 퍼터 골프채만 사용할 수 있다. 골프연습장에서 연습하던 것과는 판이하게 달랐다.

연습장에는 TV에서 보는 것처럼 바람도 불고, 모래 벙커와 숲, 연못 등이 있어서 신경이 쓰였다. 또한 비정규 축소 9홀이라서 앞서 친 팀 일행이 왔다 갔다 했다. 때문에 사람들이 공에 맞지는 않을까 조심스러웠다.

정규 골프장은 18홀로 구성된다. 홀마다 정해진 타수에 홀컵에 골프공을 넣어야 한다. 정해진 타수대로 홀컵에 넣으면 72타가 된다. 싱글 플레이어는 72타에 한 자릿수 최댓값인 9개 더 쳐서 81타가 되어야 한다. 일반인이 골프 좀 친다고 하면 싱글은 쳐야 한다. 파3 골프장은 정규 골프장보다 훨씬 작아 골프채를 마음껏 휘두를 수 없었다.

지금 나에게 싱글 타수는 언감생심이다. 제대로 레슨 받은 지 이제 4개월이 되었다. 나는 타수를 셀 수 없을 정도로 못 친다. 인도어 연습장에서는 잘되는 것 같은데 실전에서는 그렇지 않다. 하지만 요즘 골프가 참 재미있다. 포기만 않는다면 골프 싱글 목표는 달성할 수 있을 것 같다. 다른 사람들은 내게 골프 자세가 좋다고 말한다. 앞으로 골프를 잘 칠 수 있을 거라고 격려해 준다.

골프 때문에 우울했던 때에 비하면 큰 발전이다. 잘 가르치는 프로 코치를 만난 덕분이다. 무엇을 배우든지 전문가에게 제대로 배워야 한다. 싸구려 레슨은 받지 말아야 한다. 골프는 신사의 게임이다.

싱글 정도 공을 친다면 골프 친구들과 쉽게 어울릴 수 있을 것 같다. 해외 골프투어도 멋지게 즐길 수 있었으면 좋겠다.

2

재취업
전문가 되기

나는 1957년생으로 베이비부머 세대다. 베이비부머 세대는 한국전쟁 통에 헤어졌던 가족들이 다시 만나게 된 때인 1955년에서 1963년 사이에 태어난 인구집단이다. 이 시기는 인구가 급격하게 증가했던 때이기도 하다. 당시 대부분의 가정은 전쟁으로 가난에 찌들어 힘들게 살았다. 하루하루 입에 풀칠하기도 어려웠다. 장사를 하든지 막노동을 하든지 제 밥값을 해야 하는 때에 나는 태어났다.

아버지는 내가 열한 살 때 돌아가셨다. 형제가 많던 우리 집은 더 가난해졌다. 나는 고등학교 졸업만 하면 꼬박꼬박 월급 잘 주는 회사에 취직하는 게 목표였다. 분야가 완전히 다르거나 적성에 맞는 일을 찾아 취직한다는 건 사치였다. 그저 탄탄한 직장에서 월급만 준다면 취직해야 할 형편이었다. 내 적성에 맞는 일을 찾는다고 하면 사람들은 코웃음을 쳤었다. 어른들은 "허튼 소리 하지 말고 취직이나 하라."고 면박을 줬다. 가진 것 없는 집안 형편에 직장에 나를 맞춰야지 내가 직장을 고를 순 없었다.

나는 군복무를 마치고 세무사 시험에 도전했다. 1년 넘게 세무사 시험공부를 했다. 도서관과 집, 학원만 왔다 갔다 하면서 열심히 공부했다. 그 결과 제18회 세무사 고시 1차 객관식 시험에 합격했다. 하지만 2차 주관식 시험에는 떨어졌다. 2차 대비 주관적 문제 풀이를 충분히 하지 못했기 때문이다.

다음 세무사 시험에 재도전하려면 어머니의 도움을 얻어야 했다. 평생 고생만 한 어머니에게 학원비를 또 대 달라 할 수 없었다. 다음 세무사 고시 2차 시험에 꼭 붙는다는 자신도 없었다. 취직하지 않으면 안 될 상황이었다. 나는 세무사 시험 재도전을 포기했다. 먹고사는 문제가 우선이었기 때문이다. 먼저 취직한 다음에 세무사 시험에 재도전해야겠다고 마음먹었다.

나는 취직할 직장을 찾기 시작했다. 두세 곳에 응시원서를 냈다. 서류심사에 합격하고 면접을 봤다. 면접 심사관은 지방 근무를 할 수 있는지, 해외 근무를 할 수 있는지 물었다. 당시에는 건설 근로자들이 중동으로 많이 갔다. 뜨거운 나라에서 고생을 많이 한다고 들었다. 나는 첫 직장을 해외에 나가 일하는 게 싫었다. 때문에 지방 근무나 해외로 나갈 생각이 없다고 말했다. 결국 나는 면접심사에 불합격했다. 취직하려면 도전정신과 자신감이 있어야 한다는 걸 그때 알았다.

취업을 준비하는 중에 K 공공기관 채용공고가 난 것을 발견했다. 동대문 이대병원 앞 보도에는 여러 신문들이 붙어 있는 게시판이 있었다. 채용공고를 보려면 매일 여러 개의 신문을 사야 했다. 신문값이 아까웠다. 난 먼저 무료 게시판을 둘러본 다음 채용공고가 난 신문만 사서 봤다. K 공공기관의 채용 인원, 응모 분야, 근무지를 유심히 살펴보았다. 공공기관이라서 안정적이었다. 필기시험 과목도 도전해 볼 만했다. 공공기관 취업에 꼭 성공하고 싶었다. 그때는 무엇보다 안정적인 직장이 최고였다.

K 공공기관에 입사하려면 1차 필기시험, 2차 면접시험에 합격해야 했다. 1차 필기시험 과목은 재정학, 회계학, 세법, 일반상식이었던 것으로 기억한다. 시험 과목들은 일반상식을 빼고 모두 세무사 시험 과목이었다. 1년 넘게 세무사 시험공부를 해서 필기시험은 잘 볼 수 있을 것 같았다. 예상한 대로 필기시험에 합격했다. 안정적인 직장으로 인정받는 공공기관으로부터 합격소식을 들으니 기뻤다. 세무사 시험을 준비한 게 공공기관 입사에 큰 도움이 되었다. 세무사 시험공부가 마치 공공기관 취직을 위한 것처럼 생각되었다. 하나님이 나를 도우시는 것 같았다.

K 공공기관 1차 시험 합격 후 면접을 통과해야 한다. 면접에서 떨어질 수도 있으니 채용이 확정된 것은 아니었다. 최대한 면접에 집중해서 꼭 취직해야겠다고 마음속으로 다짐했다. 1980년대 공공기관 CEO와 간부들 중에는 군 출신이 많았다. 면접심사에 참여한 부서장들도 대부분 군 출신이었다.

면접관이 군 장교 출신이기 때문에 자신감이나 패기가 없어 보이면 떨어질 것 같았다. 마치 군대에서 면접 보는 것 같은 기분이 들었다. 심사관이 질문하면 소리를 지르듯이 답변했다. 완전 군대식 면접심사였다. 그때 면접 봤던 생각을 하면 지금도 웃음이 난다.

영광스럽게도 나는 K 공공기관 채용 전체 인원 40명 중에서 1등으로 합격했다. 그리고 33년 넘게 근무했다. 이 기간 동안 나는 본사와 지방, 행정·인사 분야에서 업무를 경험했다. 그러곤 정년퇴직을 몇 년 앞두게 되었다. 나는 퇴직 후 남은 시간을 어떻게 보낼 것인가 고민하기 시작했다. 재직 중에 기술직에서 근무했던 사람은 직무와 관련된 곳으로 재취업하기도 했다. 나도 젊었을 때 기술을 배우는 게 좋았지 않았을까 생각하기도 했다. 특별한 기술이 없는 나는 퇴직 후가 막막했다.

그런 와중에 직장에는 성과주의가 도입되었다. 성과가 나쁘면 원하지 않게 퇴직당하기도 했다. 평생직장이라고 여겼는데 세상은 빠르게 변해 갔다. 퇴직 후 재취업을 위해 어떤 거라도 준비해야 했다. 내가 경험했던 업무를 더 심화할 수 있도록 관련 분야 공부를 더 하고 싶었다. 미리 준비하면 퇴직 후에 대학교에서 강의라도 할 수 있지 않을까 생각했다.

나는 재직 중에 석·박사과정에 도전했다. 박사학위를 받고 잘만 하면 대학에서 전공 분야 강의를 할 수도 있겠다는 기대가 있었다. 석사학위를 받고 곧바로 박사학위에 도전했다. 공공기관은 비교적 정시에 퇴근하기 때문에 야간과 주말 시간을 활용해 공부했다. 무사히 박사학위 과정을 마쳤다. 퇴직 후를 곰곰이 생각해 보고 미리 준비한 건 잘한 일이었다.

누구든지 은퇴 이후 재취업을 생각한다면 미리 준비해야 한다. 준비하는 사람에게 기회가 온다. 무엇이든지 배우는 데 투자해 놓으면 반드시 투자한 것만큼 회수할 수 있다. 은퇴 이후를 걱정만 하지 말고 지금부터라도 도전하고 싶은 일에 시간과 비용을 투자해야 한다고 생각한다.

나는 퇴직 1년 전부터 수도권 대학원에서 강의를 하고 있다. 비록 시간강사이지만 즐겁다. 오직 배움의 열정을 갖고 수업에 참여하는 사람들과 함께한다는 것은 행복한 일이다. 내가 무언가를 가르쳐 줄 수 있다는 것도 큰 보람이다.

대학원에서 강의하면서 논문 심사위원으로도 참여하고 있다. 그러면서 학위 예정자들이 통계분석에 약하다는 걸 발견했다. 심사위원들로부터 많은 지적을 받는 게 통계 부분이다. 나는 학위논

문을 쓰는 학생들에게 논문 작성에 필요한 통계분석 방법을 지도해 주고 싶었다. 방학동안 통계분석에 관해 공부했다. 온·오프라인 강의를 듣고, 통계분석에 관한 핵심 내용을 파악하고자 애썼다.

나 역시 통계학 전문가가 아니어서 통계분석 방법을 배우는 데 어려움이 많았다. 하지만 여러 종류의 책을 참고해서 초보자도 쉽게 접근할 수 있는 통계분석 교재를 만들었다. 시중에서 팔고 있는 통계분석 책들은 이론 분야가 많이 포함되어 있어서 이해하기 어렵다.

나는 교재에서 복잡한 통계이론을 과감하게 뺐다. 논문을 작성할 때 꼭 필요한 통계분석 부분만을 요약해서《친절한 통계분석》이라는 제목으로 교재를 만들었다. 실제로 논문을 작성할 때는 통계분석 시스템 운용 방법만 알면 되기 때문이다. 이론까지 알 필요는 없기 때문이다. 요즘은 대학원에서 내가 만든 교재로 통계분석과 연구방법론에 대한 강의를 한다. 교재를 만들고 교재 위주로 강의하니 강의가 무척 쉬웠다. 어떤 경우라도 배움에 투자하면 나중에 꼭 열매를 맺을 수 있다는 걸 깨달았다.

나는 대학원 강의를 하면서 재취업할 기회가 있었다. 교통안전 분야 공공기관 은퇴자들이 모여서 운영하는 기업이다. 이 기업 대표는 전 직장의 상사였다. 평소 나를 눈여겨보다가 퇴직하자 함께 일해 보자면서 나를 불렀다. 재직 중에 성실히 일하는 관리자로 인정받아 비교적 쉽게 재취업한 것이다.

인생을 살다 보면 사람들과 계속 이어지는 것 같다. 직장인은 퇴직하면 그만이라는 생각을 버려야 한다. 앞으로 어디서 어떤 모습으로 도움을 주고받게 될지 모르기 때문이다. 재직 중에 다른 사람을 존중하고 배려하는 모습을 보여야 하는 이유이기도 하다. 재직 중에 이미지 관리를 잘하는 게 나중에 재취업에 도움이 될 수도 있음을 알았다.

나는 앞으로 재취업 전문가가 되고 싶다. 최근 은퇴자가 쏟아져 나오고 있다. 70세 고령자도 일자리를 찾는다. 고령자의 보수는 얼마 되지 않는다. 그럼에도 불구하고 일자리를 찾으려고 한다. 고령자들에게는 경제적인 문제도 있을 것이다. 하지만 일 없이 무력하게 지내는 게 싫어서 일하고 싶어 한다. 일을 통해 보람을 얻으려는 것이다. 나는 그런 사람들을 도와주는 일을 하고 싶다. 은퇴자 맞춤형 재취업 전문가로서 사회를 위해 의미 있는 일을 하고 싶다.

3
1년에 1권 이상
책 쓰기

내 소망은 책을 쓰면서 사는 것이다. 아침에 동네 뒷산 한 바퀴 돌고 나서 차 한 잔 마시면서 책상에 앉아 조용히 책을 쓰고 싶다. 그때가 언제가 될지는 알 수 없다. 딱히 책 쓰기 주제가 정해진 것도 아니다. 그저 책 쓰는 즐거움을 느끼고 싶다. 내 마음이 책 쓰는 행복으로 채워졌으면 한다. 여행을 다녀와 느낀 감동 같은 것도 글로 풀어내고 싶다. 책이 팔리면 좋겠지만 많이 팔리지 않아도 좋다. 내가 쓴 원고를 출판사에서 받아 줬으면 좋겠다. 원고가 책으로 완성되어 유명한 책방 판매대에 진열되면 얼마나 좋을까. 오늘도 나는 책상에 앉아 조용히 글을 쓰는 나를 상상한다.

나는 어릴 적 책 읽는 걸 좋아하지 않았다. 공부도 싫었다. 밖에 나가 놀기를 좋아했다. 책 읽고 쓰는 건 지루하고 골치가 아팠다.

나는 만화책을 많이 봤다.

어렸을 때 책 읽기를 소홀히 하다 보니 장성한 이후에 문제가 많아졌다. 어려서부터 책을 가까이하면 논리적이고 발표력도 좋을 텐데 나는 그렇지 못했다. 어려서부터 책을 많이 읽은 사람은 발표도 공부도 잘했다. 지금 생각하면 어려서 책을 많이 읽지 않은 게 후회된다. 나이를 먹으면 먹을 수록 사람은 어려서부터 책을 많이 읽어야 한다는 걸 새삼 깨닫게 되었다.

직장에서는 회의나 미팅 때 말하기를 두려워했다. '실수하면 어쩌나? 웃음거리가 되지 않을까?' 하는 막연한 두려움도 있었다. 회의에서 발표자로 지정되면 가슴이 콩닥거리고 긴장되었다. 나는 어려서부터 책을 많이 읽지 않았기 때문이라고 생각했다. 늦었지만 책을 많이 읽어야겠다고 마음먹었다.

다산 정약용 선생은 글을 잘 쓰려면 많이 읽고 많이 쓰고 많이 생각하라고 했다. 선생의 말씀처럼 연초에 나는 책을 많이 읽겠다고 다짐한다. 하지만 시간이 조금 지나면 그 다짐들은 사라져 버리기 일쑤였다. 그래도 자기계발이나 직장생활에 관한 책, 성공한 리더들의 경험담 같은 책을 주로 읽으려고 했다. 그렇게 책을 읽고 나면 깊은 여운이 남았다. 그리고 나도 이 작가처럼 멋진 글을 써서 책으로 내고 싶다는 마음이 점점 생기기 시작했다.

나는 직장생활 노하우에 대한 책을 쓴다면 직장생활 전문가로 인정받을 수 있겠다고 생각했다. 하지만 먼 미래의 꿈일 뿐이었다. 나에게는 책 쓰기 역량이 없었다. 그런 만큼 나는 책 쓰기보다 글쓰기가 먼저 되어야 한다고 생각했다. 하지만 나는 글쓰기 실력부터 부족했다. 책은 훌륭한 사람, 성공한 사람이 쓰는 거라고 생각했다. 그래서 책 쓴 사람을 부러워만 했다.

어느 날 기획안을 작성해서 직장 상사에게 보고했다. 상사는 내가 작성해서 올린 보고서를 읽어 보기 시작했다. 보고서 내용 중에 몇 가지를 고쳐 주었다. 그러면서 갑자기 짜증이 났는지 "이걸 보고서라고 만들었나? 다시 작성해!"라고 소리쳤다.

직장인이라면 누구든지 자신이 작성한 보고서에 대해 칭찬받기를 기대한다. 내가 지적받은 것은 글을 잘 못 썼기 때문이었다. 기획안 문장들이 문법에 맞지 않았기 때문이었다. 지금도 그때의 창피함을 생각하면 부끄럽다. 왜 나는 상사로부터 칭찬받는 글을 쓰지 못할까. 다른 사람들은 글을 잘 쓰고 보고서를 잘 만드는데 왜 나는 안 될까.

그날 이후 나는 글쓰기를 배우기로 결심했다. 글쓰기 수준이 형편없는 만큼 나 스스로 대책을 강구해야 했다. 나는 종교서적이나 인문학, 깨달음을 주는 책을 주로 사서 읽었다. 책을 많이 읽으면 글쓰기 실력이 늘 줄 알았다. 하지만 책을 읽어도 글쓰기 실력은 나아지는 것 같지 않았다. 그래서 전문적으로 글쓰기를 배워야겠다고 생각했다.

나는 글쓰기 클리닉 강좌에 등록했다. 전문가에게 배우면 글쓰기 실력이 늘 것이라 생각했다. 강좌에 등록하고 약 2개월 정도 글쓰기를 배웠다. 글쓰기에 관한 기본적인 내용을 많이 배웠다. 그곳에서는 글을 잘 쓰려면 좋은 글을 많이 읽고 베껴 쓰는 일을 꾸준히 반복하라고 했다. 나는 유명한 칼럼니스트들의 신문 칼럼을 베껴 쓰고 보관해 두었다. 이런 노력 덕분에 글쓰기가 많이 좋아지는 느낌이 들었다.

하지만 나의 글쓰기의 최종 목표는 책 쓰기다. 책을 써야 해당 분야에서 전문가 행세를 할 수 있기 때문이다. 책을 쓰는 사람은 훌륭한 사람이라고 생각했다. 직장생활을 하면서 상사로부터 글을 잘 못 쓴다고 꾸중을 들은 내가 책을 쓴다면 글 잘 쓰는 수준을 넘어서는 것이다. 그런데 글쓰기 강좌에서는 책 쓰는 법까지 가르쳐 주지는 않았다. 책 쓰기는 다른 곳에서 배워야 했다.

책 쓰기를 전문적으로 지도해 주는 곳은 없을까. 4년 전 책 쓰기를 전문으로 지도하는 사람이 있는지 인터넷을 뒤졌다. 책 쓰기를 지도하는 곳이 몇 곳 있었다. 그때 〈한국책쓰기1인창업코칭협회 (이하 한책협)〉의 김태광 대표 코치님을 보았다. 하지만 바로 책 쓰기에 도전하지는 못했다. 글쓰기를 배운 지 얼마 되지 않았기 때문이다. 글쓰기 강좌에서 배운 내용을 좀더 연습하고 싶었다. 그렇게 책을 쓸 준비가 완전히 되었다 싶으면 책 쓰기에 도전하고 싶었다. 몇 년이 지났지만 책 쓰기에의 도전은 실행하지 못했다. 하지만 책을 쓰고 싶은 마음은 항상 간직하고 있었다.

간절히 원하면 이뤄진다고 했던가. 나에게 그런 기적 같은 일이 생겼다. 몇 달 전 나는 어르신 교통안전교육을 위해 계룡시를 방문했다. 두 시간 강의를 마쳤으나 좀더 강의를 매끄럽게 잘하고 싶었다. 나는 서점으로 달려갔다. 그곳에서 오성숙 작가가 쓴《강의 잘하는 기술》이라는 책을 샀다. 교통안전교육을 잘하려면 어떤 기술이 필요한지 알고 싶었다. 그런데 이 책의 마지막 부분에 〈한책협〉에 대한 글이 있었다. 작가는 자신이 이렇게 책을 쓸 수 있었던 것은 〈한책협〉에서 배운 덕분이라고 했다.

나는 바로 컴퓨터를 켜고 〈한책협〉 카페를 방문했다. 그곳에는 몇 년 전 책을 쓰고 싶어서 인터넷을 뒤지다 봤던 김태광 대표 코치가 있었다. 나는 나중에 책을 쓸 준비가 되면 본격적으로 책 쓰는 법을 배우겠다고 다짐했다. 그 후 시간이 많이 흘렀다. 하지만 늦었다고 생각할 때가 가장 빠른 때라고 하지 않는가.

〈한책협〉의 〈책 쓰기 과정〉에 참여하려면 먼저 〈1일 특강〉을 들어야 한다. 하지만 54세까지라는 나이 제한이 있었다. 책을 쓰고 싶었지만 차일피일(此日彼日) 미루다 오랜 세월이 흘러 버렸다. 벌써 내 나이는 예순 두 살이 되었다. 오래전부터 책을 쓰고 싶었는데 기회가 사라져 버린 것 같았다. 나이를 먹기 전 좀더 빨리 책 쓰기 지도를 받았으면 얼마나 좋았을까 생각했다. 책 쓰기를 하고 싶었던 나의 소망이 사라지는 듯했다.

나는 밑지는 셈치고 전화라도 한번 해 보자고 마음먹었다. 만약 '나이가 많아서 안 된다고 하면 어쩔 수 없다'라고 생각했다. '나이가 많아서 안 된다는데 어쩌란 말인가'라고 아쉽지만 책 쓰기를 포기하려고 했다. 하지만 기회를 놓친다면 책 쓰기에 도전해 보지도 못했음을 평생 아쉬워할 것 같았다.

나는 많은 나이임에도 특별히 배려 받아 특강에 참여할 수 있었다. 한편으론 감사했지만 '젊은이들에게 피해를 주는 것은 아닐까' 하는 생각도 들었다. 드디어 〈1일 특강〉을 듣게 되었다. 책을 출간하고 성공한 사람들이 소개되었다. 책 쓰기에 도전하라는 동기부여를 많이 받았다. 나는 바로 〈책 쓰기 과정〉에 등록했다.

나는 〈책 쓰기 과정〉에서 김태광 대표 코치님께 책 쓰기 지도를 받고 있다. 1주 차를 끝내고 집으로 돌아오는 길에 김태광 대표 코치님으로부터 '목숨 걸고 코칭하겠다'는 문자를 받았다. 이렇게 열정적인 대표 코치님에게 지도를 받는다면 나의 책 쓰기 소망은 꼭 이뤄질 것이라는 확신이 들었다.

나는 책 쓰기에 조금씩 다가가면서 발전하고 있다. 내 책의 주제와 장 제목은 이미 정해졌다. A4용지 110매를 제대로 채워 갈 수 있을지는 모르겠다. 하지만 내 생애에 바라던 책을 처음 출간할 수 있을 것이라고 확신한다. 머지않아 나는 매년 1권 이상 책을 쓰는 작가가 되어 있을 것이다. 나의 버킷리스트, 정말 멋지지 않은가!

4

크루즈 타고
해외여행하기

누군가 "왜 바다가 좋으냐?"라고 물으면 나는 이렇게 대답한다. 바다는 시야가 확 트여서 속이 뻥 뚫린다. 촤르르 철썩거리는 파도 소리는 오케스트라 연주를 듣는 것 같다. 수평선 너머 해가 뜨고 진다. 바다의 일출은 잘 익은 홍시처럼 예쁘다. 바다의 일몰은 지나온 삶을 돌아보라는 위로 같다. 물안개라도 피어오르면 환상적인 광경이 펼쳐진다. 별들은 얼마나 총총한가. 바닷바람은 부드럽다. 부드러운 바닷바람이 얼굴을 간지럽힌다. 그래서 "나는 바다를 좋아한다."라고 말한다.

살다 보면 속이 상하거나 힘들 때도 있다. 그때 나는 적의 공격을 피해 튼튼한 성안으로 피하는 것처럼 바다로 가고 싶다. 바다는 삶에 지친 내게 힘을 준다. 살다 보면 어려움이 있게 마련이다. 그때 바다는 나에게 "너는 할 수 있어."라고 말해 주는 것 같다. 나는 바다를 다녀온 뒤 다시 힘을 낼 수 있었다.

바다는 내게 지혜를 준다. 어떻게 살아야 하는지 말해 준다. 인간관계 때문에 힘들 때가 있다. 그때 바다는 자신처럼 넓은 마음을 가지라고 위로해 준다. 누구에게나 위로받기 위한 장소 하나쯤은 있어야 한다. 그래야 세상을 헤쳐 나갈 힘을 얻을 수 있기 때문이다.

그래서 나는 크루즈 여행을 하고 싶다. 크루즈 여행을 하면 바다를 마음껏 볼 수 있기 때문이다. 사방이 망망대해다. 나는 좋아하는 바다를 계속 볼 것이다. 객실은 바다가 잘 보이는 발코니에 잡고 싶다. 객실에서 바다를 보다가 싫증나면 갑판으로 올라간다. 그리고 또 바다를 볼 것이다. 크루즈에서 해가 뜨고 지는 것을 보고 싶다. 밤하늘 별들은 얼마나 아름다울지 상상해 본다.

내가 다니던 직장은 K 공공기관이었다. 직장에서는 매년 봄·가을 체육행사를 했다. 한꺼번에 모여서 하거나 부서별로 하기도 했다. 주로 등산을 했다. 가까운 관악산, 청계산으로 가곤 했다. 하지만 정상에 올라갔다가 내려와 식당에서 점심을 먹으면 끝이었다. 등산 위주의 단순한 일정이었다.

때로는 체육행사 장소를 어디로 정할지 토론하기도 했다. 등산하자는 사람이 많았다. 초고추장에 싱싱한 회 먹으러 가자는 사람도 있었다. 그냥 체육행사 한 것으로 치고 각자 집에서 쉬자는 의견도 있었다. 마지막까지 의견이 통일이 안 되면 관악산으로 가곤 했다. 발상의 전환 없이 매년 똑같았다.

그럴 때면 나는 바다에서 체육행사를 하자고 주장했다. 등산은 주말에 마음만 먹으면 쉽게 할 수 있다. 등산은 일렬로 산을 오르기 때문에 함께할 시간도 별로 없다. 산을 잘 타는 사람은 휑하니 올라가 버린다. 등산 초보는 쉬지 않고 올라가야 약속시간을 맞출 수 있다. 정상에 올라가면 잠깐 구경하고 바로 내려온다. 나는 이런 게 싫었다. 그래서 나는 바다로 가자고 했다. 하지만 등산을 좋아하는 사람들은 "등산하면 운동도 되고 공기도 맑아 스트레스도 풀리고 건강에 좋다."라고 말했다. 틀린 말은 아니다.

내가 처장으로 근무할 때다. 체육행사 계획에 따라 장소를 정해야 했다. 나는 동해안 1박 2일 체육행사를 하자고 했다. 바다는 힘들고 지칠 때 위로를 주는 곳이기 때문이다. 그때는 업무량이 많아 직원들이 지쳐 있었다. 재충전을 위해 바다로 가야 했다. 체육행사 전날 오후 일찍 출발하면 동해바다를 실컷 구경하고 돌아올 수 있다. 돌아오는 길에 명소 한 곳 정도 둘러볼 수도 있다. 그렇게 다음 체육행사 장소가 동해안으로 결정되었다.

동해안 선발대는 조금 일찍 떠나기로 했다. 좀 덜 바쁜 직원들이 선발대다. 나머지 직원들은 업무 종료와 동시에 출발하기로 했다. 짧은 시간이지만 업무에서 해방된다는 게 좋았다. 바다가 가까워지니 바다 냄새가 났다.

바다 포구에서나 맡을 수 있는 비릿한 냄새였다. 바다 공기는 도심의 공기와 확연히 달랐다. 나는 '아! 이제 바다에 왔구나. 바로 이 맛이야'라고 생각했다. 오랜만에 밖으로 나오니까 직원들 모두 즐거워했다. 직원들이 모두 모였을 땐, 늦은 밤이었다. 나는 "모든 걸 잊고 재미난 시간을 갖자."라고 말했다.

한 직원이 나에게 말했다. "처장님! 야자타임 5분만 해요."라고. '야자타임'이란 말은 들어 봤다. 그러나 내가 당사자가 될 줄은 몰랐다. 직원들에게 봉변당하는 거 아닌가 생각했다. 나는 조금 주저했다. 그렇다고 거절할 분위기도 아니었다. 나는 "해 보자."라고 말했다. 직원들은 내 결정에 박수를 쳤다. 뭔가 낚인 것 같은 느낌이 들었다.

직원들과의 야자타임이 시작되었다. 입사한 지 얼마 안 되는 직원이 내게 불만을 쏟아 냈다. 내가 뒤끝이 있다고 했다. 마치 친구 대하듯 말했다. 나도 "내가 무슨 뒤끝이 있냐?"라고 똑같이 응대했다. 야자타임으로 직원들의 생각을 알게 되었다. 나도 직원들에게 하고 싶은 말을 했다. 웃고 떠들고 박수 치면서 즐거워했다. 이런 게 힐링이라는 생각이 들었다.

내 옆에 앉아 있던 한 직원이 나중에 이런 말을 했다. "야자타임 때 처장님이 행복해하는 모습을 봤어요."라고. 고생한 직원들과 바다에 같이 있다는 게 좋았다. 동해안 체육행사를 통해 배운 게 있다. 내가 조금 망가지고 낮아지면 행복한 공동체가 된다는 것을 말이다.

가을밤 숙소에서 본 해변은 황홀했다. 백사장에 켜진 주황색 백열등은 보석 같았다. 바다는 검은색으로 보였다. 잘 보이지 않지만 바다는 거기에 있을 것이었다. 가로등에 반사된 모래는 샛노랬다. 그 이후 오랜 세월이 지났다. 지금은 추억이 되었다. 그때 동해바다 밤풍경이 지금도 생생하게 기억난다.

나는 크루즈 해외여행을 하고 싶다. 바다를 마음껏 볼 수 있기 때문이다. 하지만 아직 실행은 못하고 있다. 마음속으론 항상 크루즈 여행을 소망하면서. 크루즈 여행은 좀 더 여유가 생기면 실천할 계획이다.

먼저 크루즈 국내여행이라도 하고 싶었다. 인천에서 제주도 1박 2일 크루즈 여행이 있다는 걸 알았다. 크루즈 여행에 대한 사전 경험이라도 하고 싶었다. 인천에서 오후에 출발하면 다음날 제주에 도착하는 코스다. 주변에도 제주도 크루즈 여행을 다녀왔다는 사람들이 더러 있었다. 제주행 크루즈 선상에서 폭죽놀이와 여러 가지 이벤트를 한다고 했다. 초롱초롱한 밤하늘의 별이 아름답다고도 했다.

나는 제주도 크루즈 여행을 하고 싶었다. 인천 여객선 터미널에서 팸플릿을 가져왔다. 아내와 나는 크루즈를 타고 제주도 여행을 가자고 약속했다. 그런데 얼마 후 세월호 사건이 터졌다. 제주도 크루즈 여행은 갈 수 없었다. 아쉬웠지만 어쩔 수 없었다. 내 뜻대로 할 수 없는 일들이 세상엔 많은 것 같다. 세월호 사건 이후에 제주도 크루즈 여행 상품은 없어졌다.

올여름 아내와 패키지여행을 다녀왔다. 여행지는 러시아와 발트 3국이다. 러시아는 2018년 월드컵을 개최한 나라다. 러시아 상트페테르부르크는 러시아 제2의 도시다. 수많은 관광객과 사람들로 활기가 넘쳤다. 이곳에서 월드컵 경기가 열렸다. 다른 나라 문화와 사람들을 보는 건 항상 흥미롭다.

러시아는 밤 11시에도 초저녁처럼 밝았다. 백야현상으로 낮이 길기 때문이다. 새벽에도 해가 일찍 뜬다. 호텔 커튼은 두껍고 검정색이다. 백야 때문에 밤 시간이 짧은 만큼 커튼을 치고 숙면하라는 호텔의 배려. 이에 비해 러시아의 겨울은 낮이 무척 짧다고 한다. 그래서 햇빛이 많은 여름에 야외에서 식사하면서 햇빛을 만끽한다고 한다.

발트 3국은 발트해 연안에 접해 있는 에스토니아, 라트비아, 리투아니아를 일컫는다. 주변 강대국의 침략을 많이 받은 나라들이다. 국토는 작고 인구도 많지 않았다. 이 나라들에는 전쟁이 끊이지 않았다. 1917~1918년 사이에 독립했지만 1940년 소련에 다시 귀속되었다고 한다. 그러다 세 나라는 1991년 소련으로부터 완전히 독립했다.

여행 가이드가 리투아니아에 대해 친절하게 설명해 줬다. 리투아니아 십자가 언덕에 대한 이야기다. 소련의 지배하에 있을 때 십자가 언덕은 묘지였다고 한다. 러시아 군인들이 이 묘지에 세워진 십자가를 없앴다. 낮에 러시아 군인들이 십자가를 부숴 버리면 밤에 마을 사람들은 다시 십자가를 세웠다. 장비로 십자가를 밀어 버리면 사람들이 또 십자가를 세웠다. 이것을 반복했다. 결국 소련이 포기했다고 한다.

소련으로부터 완전 독립한 이후인 1993년 교황 요한 바오로 2세가 십자가 언덕을 방문했다고 한다. 교황이 미사를 집전한 이후 십자가 언덕이 유명해졌다고 한다. 십자가 언덕을 보러 많은 관광객들이 찾아온다. 십자가 언덕은 나의 믿음을 돌아보는 계기를 가져다주었다. 박해와 핍박이 있을 때 나는 믿음을 지켜 낼 수 있을까 생각해 보는 계기가 되었다.

소중한 것은 깊이 간직해 두게 된다고 한다. 크루즈 여행은 꼭 경험하고 싶은 버킷리스트다. 크루즈 해외여행을 위해 구체적인 계획을 세워야겠다. 크루즈 여행비용은 생각보다 많이 필요할 것이다. 언제 떠날지 일정도 잡아야 한다. 크루즈 안에서 어떻게 생활하는

지도 자세히 알아보아야 한다. 인터넷에서 본 크루즈 여행은 멋지고 환상적이었다. 아내와 크루즈 여행을 갈 생각을 하니 벌써부터 설레기 시작한다.

5
책 출간 후
저자 사인회 열기

    순둥이 촌놈도 책을 쓸 수 있을까? 내 생애의 소망은 책 쓰기다. 책을 쓰면 전문가로 인정받을 수 있다. 강연할 수 있는 길이 열린다. 저자가 되면 칼럼 한 편 정도는 쉽게 쓸 수 있을 것 같다. 그래서 나는 매일 저자가 되는 꿈을 꾼다. 책을 쓸 수 있다는 자신감도 충만하다. 하지만 가끔 과연 내가 책을 쓸 수 있을지 의문이 들기도 한다. 한 번도 경험해 보지 못했기 때문이다. 책 쓰기를 방해하는 생각을 잘라 내고 싶다. 열정과 자신감만 있으면 못 할 게 없다. 남들도 다 책을 쓴다. 그런 만큼 나도 쓸 수 있다는 자신감을 갖는다. 그러면서 나는 가끔 저자 사인회를 여는 상상을 한다.

    내가 근무했던 직장은 K 공공기관이었다. 그러다 보니 출판기념회에 종종 참석할 기회가 있었다. 정치인이 출판기념회를 하면 유관기관에 초청장을 보내온다. 정치인을 담당하는 부서의 직원은 출판기념회에 참석할 사람을 정한다. 미리 부서별로 참석할 인원을 배분하기도 한다. 그래서 본의 아니게 참석하게 된다. 정치인 출판기념회는 주로 하반기에 많이 열린다. 그러다 보니 여러 곳에서 동시에 출판기념회가 열릴 때도 있다.

출판기념회는 주로 국회 부속건물이나 지역구에서 열린다. 지역구 학교나 음식점에서 출판기념회를 여는 것이다. 워낙 많은 사람들이 모이면 누가 왔는지도 잘 모른다. 방명록에서 참석 여부를 확인할 수 있을 뿐이다. 나처럼 의무적으로 참석하는 사람은 출판기념회에 큰 관심이 없다. 빨리 끝나기를 바랄 뿐이다. 정치인들이 자신을 알리려는 행사이기 때문이다.

출판기념회장 입구에는 화환이 줄지어 서 있다. 정치계, 경제계, 정부 유력인사들의 화환이 세워져 있다. 힘 있는 사람들이 보낸 화환을 보면 저자의 능력이 어느 정도인지 알 수 있다. 출판기념회장 로비 책상 위에는 수백 권의 책이 쌓여 있다. 저 많은 책들이 전부 나갈까 생각해 봤다. 방명록 옆에는 후원금 통이 놓여 있다. 투명한 유리로 된 큰 통이었다. 참석자들은 후원금을 넣고 방명록에 서명한다. 참석했다는 표시를 남기는 것이다. 한꺼번에 여러 권의 책을 가져가는 사람도 있다.

나는 정치인 출판기념회에서 주는 책에는 관심이 없다. 지나온

의정 활동 내용이 들어 있을 뿐이기 때문이다. 지금까지 어떤 활동을 해서 실적이 어느 정도인지 홍보하는 자료이기 때문이다. 축사하는 사람들도 자기 자랑을 하며 저자를 치켜세워 준다. 사람들에게 좋은 이미지를 주기 위함이다.

나는 〈변화경영연구소〉 소장 L의 출판기념회에 참석한 적이 있다. 그는 H학회 명강사 세미나에서 처음 만났다. 그는 웃음치료 전문가로 활동하고 있다. 세미나에서의 인연으로 학회 행사에 계속 참석하는 사람이다. 항상 최선을 다하는 사람이다.

그가 출판기념회 초대장을 보내왔다. 그는 무거운 분위기에 활기를 불어넣는 데 탁월한 재능이 있다. 그래서 하루 24시간이 부족할 정도로 바쁘다. 그 와중에 조금씩 원고를 써서 출판기념회까지 연다고 했다. 내게 꼭 출판기념회에 참석해 달라고 정중하게 부탁했다. 나는 '열심히 살더니만 책까지 썼구나' 하는 생각이 들었다. 존경하는 마음이 들었다. 나는 "축하한다. 출판기념회 때 만나자."라고 했다.

예전에는 주로 공적인 일로 출판기념회에 참석했다. 지인으로부터의 출판기념회 초대는 처음이었다. 출판기념회 장소는 서울시청 뒤에 위치한 한국프레스센터였다. 로비에 도착하자 안내 스태프가 반갑게 맞아 주었다. 출판기념회에는 평소 친하게 지내던 사람들이 와 있었다. 그들과 반갑게 인사했다. 그가 쾌활한 성격이라서 그런지 많은 사람들이 축하해 주는 것 같았다.

　방명록에 서명한 후, 책과 행사 안내장을 받아들고 출판기념회장으로 이동했다. 실내에는 둥근 테이블이 15개 정도 놓여 있었다. 미리 온 사람들이 3~4명씩 앉아 있었다. 테이블 위에는 약간의 다과가 놓여 있었다. 기다리는 동안 지루하지 않도록 잔잔한 음악이 흘러나왔다. 지인들끼리 담소 나누기 좋은 분위기였다.

　평소 알고 지내는 사람들이 하나둘 모였다. 저자는 분주하게 앞뒤 테이블을 돌며 반갑게 인사했다. 참석한 사람들도 즐거운 표정이다. 책을 좋아하는 사람들이라서 그럴까? 모두 훌륭해 보였다. 따뜻하고 정이 가는 출판기념회였다. '내가 만약 출판기념회를 연다면 이렇게 해야겠구나' 하고 생각했다.

　사회자의 멘트로 출판기념회가 시작되었다. 여러 사람들이 마이크를 잡고 축하의 인사말을 전했다. 이번에는 저자가 단상에 섰다. 참석한 지인들에게 감사인사를 했다. 그리고 출간한 책에 대한 얘기를 했다. 지금까지의 경험을 책에 담았다고 했다. 살아오면서 기뻤던 일, 어려웠던 일들이 들어 있다고 했다. 사람들은 그가 더 발전하기를 기원해 주었다.

　치열하게 사는 그의 모습을 보면서 본받을 게 많다고 생각했다. 그의 출판기념회에 다녀온 후 나는 더 자극을 받았다. 언젠가 나도 책을 내고 출판기념회를 하고 싶다고 생각했다.

　얼마 후 저자로부터 감사의 문자가 왔다. 나는 책 출간을 한 번 더 축하해 줬다. 그리고 참 따뜻하고 아름다운 출판기념회였다고 말해 줬다. 그는 출판기념회 참석 보답으로 케이크 교환 쿠폰을 보냈다. 그렇게 출판기념회에 참석한 사람들에게 감사 표시를 했다. 저자가 진심으로 감사하고 있다는 생각이 들었다. 무슨 일을 하든 지 진심과 사랑이 있어야 한다는 걸 알았다. 그래야 진정성이 전달되겠구나 하는 것을 느꼈다.

가끔 신문이나 인터넷에 유명작가의 사인회 기사가 실린다. 나는 유명한 작가가 글을 썼다고 책을 사지는 않는다. 특별히 좋아하는 작가도 없다. 주로 제목을 보고 난 다음 내용을 대강 살펴보고 산다. 그리고 작가 프로필을 본다. 물론 유명한 작가가 쓴 책은 신뢰가 간다. 또한 업무적으로 필요한 책은 꼭 산다.

나는 유명한 작가의 사인회에 가 보고 싶다. 유명한 작가의 사인회는 한 번도 가 본 적이 없다. 어떤 사람들은 좋아하는 작가의 사인회에 많이 간다. 나는 유명작가의 사인회에서는 어떤 이야기들이 오가는지 들어 보고 싶다. 책에 관해 참고할 정보를 얻을 수 있으면 좋겠다.

사인회에 참석했던 사람들이 쓴 후기는 다양하다. 저자와의 만남이 반가웠다는 내용이 대부분이다. 저자와의 만남을 통해 저자에 대해 많은 걸 알게 되었다는 내용도 있다. 분위기가 좋았다는 내용도 있다. 책을 사면 작가가 직접 사인을 해 주기도 한다. 작가와 사진을 찍는 사람들 모습은 행복해 보였다. 나도 좋아하는 작가로부터 직접 사인을 받는다면 기분이 좋을 것 같다.

연예인들도 책을 출간한다. 자신의 환경이나 성장 과정을 담아 책을 내기도 한다. 책을 쓰면 자신을 더 잘 드러낼 수 있다. 그래서 인지도가 높은 유명 연예인들은 책을 낸다. 반면 인기 없는 연예인은 책을 잘 쓰지 않는 것 같다. 그들에게 성공하고 싶다면 먼저 책을 쓰라고 말해 주고 싶다. 책은 인기 연예인만 쓰는 게 아니라고 조언해 주고 싶다. 인기가 없을수록 책을 써야 한다. 그리고 출판기념회도 열어야 한다. 자신을 알리는 노력을 계속해야 인기 연예인이 되지 않겠는가.

나는 저자 사인회를 이렇게 열고 싶다. 먼저 가족을 초대한다. 내가 저자라는 영광스런 자리에 설 때까지 가장 힘이 되어 준 사람들이기 때문이다. 형들을 초대해서 깜짝 놀라게 해 주고 싶다. 형들이 좋아하면 나도 덩달아 기분이 좋을 것 같다. 어느 형은 나의 책 출간이 반갑지 않을 수 있을지도 모르겠다. 왜냐하면 평소 욕심이 많은 형이기 때문이다. 그래도 나는 형을 사랑한다.

그 외에도 내 인생에 멘토 역할을 해 주신 분들을 모시고 싶다. 담임 목사님, 회사 대표님과 지도 교수님도 모시고 싶다. 나를 아는 친구들도 초대하고 싶다. 나의 성장에 기여한 고마운 분들이기 때문이다.

나는 감사 인사말을 이렇게 하고 싶다. 먼저, 참석한 사람들에게 책을 써 보라고 말하겠다. 책 쓰기는 그렇게 어려운 게 아니기 때문에 도전하라고 말하고 싶다. 예전엔 나도 책 쓰기는 아무나 하는 게 아니라고 생각했었다. 하지만 "책 쓰기는 열정과 의지만 있으면 누구나 할 수 있다."라고 얘기해 주고 싶다. 자녀들에게도 "하루 빨리 책을 쓰라."고 할 것이다. "책을 써야 성공할 수 있다."라고 말해 줄 것이다.

나는 책이 출간되면 저자 사인회를 열고 싶다. 복잡하고 어수선하지 않으면서 초라하지 않은 사인회를 열고 싶다. 간단한 다과도 나누고 싶다. 피아노 3중주의 잔잔한 선율이 흐를 수 있게 준비하고 싶다. 감사와 정성 그리고 사랑이 충만한 사인회를 열고 싶다. 참석한 사람들 모두에게 책을 선물하고 싶다. 저자의 사인을 정성껏 담아서 드리고 싶다.

그러나 나는 책 쓰기를 배우고 있는 왕초보다. 저자 사인회는 책이 출간되어야 가능하다. 그래서 책 쓰기에 집중하고 있다. 나를 아는 모든 사람들에게 부탁한다. 내가 책을 쓰고 저자 사인회를 열 수 있도록 기도해 달라고.

PART 2

많은 사람들을
치유해 주는
동기부여가 되기

-정순규-

정순규 수학 강사, 작가, 동기부여가, 이모티콘 삭가, 청소년 멘토

삶의 행복을 찾아 치열하게 방황하다가 마침내 분당의 〈김도사수학〉에서 아이들을 가르치며 꿈을 실현시키고 있다. 웹툰 작가, 가수 등 여러 버킷리스트들을 이루기 위해 노력 중이며, 저서로는 《다른 사람 신경쓰지 않는 연습》이 있다.

1

국내 최고
동기부여 코치 되기

바야흐로 체념의 시대다. 혹은 분노의 시대다. 대다수의 사람들이 주도적인 삶이 아닌 이끌려 가는 삶을 살아간다. 누구의 이끎인고 하면 '나' 아닌 '너'의 이끎이다. 자존감은 이 시대의 화두다. 스스로를 살지 못해 좌절하는 영혼은 지옥을 맛보고서야 비로소 자신을 알려고 든다. 나를 사랑해야 한다는 사실을 '뒤늦게' 깨닫는다. 하지만 괜찮다. 늦는 것이 아예 아닌 것보다야 나으니까.

나 역시 그런 사람 중 하나다. 늘 주어진 잣대에, 주어진 기준에 나를 단단히 옭아맸다. 그러다 보니 남는 것은 몸에 새겨진 짙은 상처뿐이었다. 비단 몸뿐이랴. 망가진 것은 마음이 몸보다 더했다.

나는 단란해 보이는 여느 보통 집의 외동아들로 자랐다. "행복한 가정은 모두 비슷한 이유로 행복하지만 불행한 가정은 저마다의 이유로 불행하다." 톨스토이의 명작 《안나 카레니나》의 첫 문장이다. 이 문장은 우리 가족에게도 꼭 들어맞는 것이었다. 불행이라는 것을 딱히 어떻게 정의할 수 있을까. 하지만 나는 순수한 영혼이 설렘을 잃어 가기까지 그 모든 순간이 행복했다기보다는 불행했다고 정의하고 싶다.

사람이 느낄 수 있는 실체는 오로지 자신뿐인지라. 차마 부모님을 헤아리지 못하고 늘 원망만 키워 갔다. 나는 그들의 꼭두각시가 되어 가고 있다고 느꼈다. 진정 공감 받고 사랑받는다고 느끼지 못했다. 나의 감정은 대부분 차순위였다. 나의 욕망은 늘 뒤로 미뤄지고는 했다. 나는 이러한 이유로 불행했다.

학창 시절의 나는 공부를 못하지도 않았지만 엄청 잘하지도 않은 아이였다. 공부를 왜 해야 하는지 몰랐다. 하지만 그것이 나의 미래를 보장해 준다는 달콤한 유혹에 이끌려 공부했다. 사실 달콤하기보다는 썼다. 그 유혹이라는 것이 나의 많은 것들을 포기하게 만들고 뒤로 미루게 만들었으니까. 어른들은 좋은 대학에 들어가지 못하면 좋은 삶도 없을 거라는 협박 아닌 협박을 했다. 당연히 공부에 소홀한 내 모습은 나 자신을 불안하게 만들고 두려움을 갖게 했다. 나는 죄책감으로 공부했다. 부모님의 기대, 남들의 기대에 맞추는 사람이 되기 위해서. 그리고 무엇보다 대학에 들어가면 모든 것에서 자유로워질 거라는 헛된 기대에 젖어서.

다만 당시에는 그게 망상이라는 것을 몰랐다. 보고 들은 게 온

통 대학 이야기뿐이니. 그 이후의 삶에 대해서는 생각해 본 적도 없었다. 좋은 대학 간판이 남은 내 생애를 행복하고 자유롭도록 책임져 줄 것이라고만 생각했다. 그것이 망상이라는 것을 알려 주는 사람도 없었고 알고 싶지도 않았다.

그 과정에서 내가 겪어야 했던 것들은 그리 달갑지만은 않은 것들이었다. 비교해야 했고 비교당해야 했다. 때론 우월감을 느끼며 자만하고 때로는 열등감을 느끼며 좌절했다. 사람이 소중한 줄 몰랐고 내가 소중한 줄 몰랐다. 세상에 내가 못 보고 놓쳐 버리는 것들이 얼마나 많은지 알지 못했다.

억압되었던 영혼은 대학입시가 끝나고 빅뱅처럼 폭발했다. 하루 10시간 꼬박 앉아 인터넷 강의를 듣고, 밥을 먹으면서도 책을 봤다. 혹여 잊어버릴까 봐 잠자리에 들면서도 공부했던 걸 되뇌었다. 그런 끈기와 노력, 열정은 이제 내게 없었다. 해방감이라는 뜨거운 열기는 나의 많은 것들을 증발시켰다.

철모르던 스무 살은 그제야 사춘기를 겪었다. 쉽게 포기하고 쉽게 싫증냈다. 멋대로 살았고 방황하면서도 방황하는 줄 몰랐다. 그렇게 나는 한양대 공대, 홍익대 미대, 고려대 생명과학부까지 웃지 못할 우회로를 지나왔다. 대학에 가면 끝나는 줄 알았는데 기껏 왔더니 매번 재미없는 것뿐이었다. 하기 싫은 것뿐이었다. 억압된 삶이 싫어 대학에 왔는데 책임져야 할 것은 훨씬 많아졌다. 나는 수능 공부만 할 줄 아는 바보가 되어 있었다.

겉으로는 괜찮은 척했지만 마음속으로는 곪아 가고 있었다. 난 무엇을 하며 살아가야 할까? 부모님과의 관계는 진즉에 소원해졌다. 아무것도 할 수 없는 나. 누가 도와주지 않으면 늘 혼란스러워하는 나. 내 싫은 모습들이 다 부모님 때문인 것만 같았다. 철없는 마음은 치열하게 남들을 원망했다. 나를 회복하기엔 턱도 없는 위안으로 스스로를 달랬다.

언젠가 '씨드스쿨'이라는 곳에서 중학교 2학년 멘토링을 하게 되었다. 방황했던 나의 과거가 다른 누군가에 대한 사명감으로 이어지는 건 희한한 일이었다. 욕망이 솟구쳤다. 늘 비교하고 비교당하며 자신의 꿈도 생각도 모른 채 살아가는 영혼들을 도와주고 싶다는 욕망 말이다. '나는 너에게 도움을 줄 수 있어'라는 생각. 어찌 보면 그것이 나 자신이 살아 있음을 느낄 수 있는 방법이라는 것을 직감적으로 느꼈는지도 모르겠다.

나는 2년 반 동안 4명의 아이들을 만났다. 강산이 바뀐다는 10년의 세월에도 변치 않은 것이 있었다. 그것은 바로 아이들의 죽어 가는 꿈과 설렘이었다. 이제 막 초등학교를 졸업한 지 1년밖에 안 된 아이들의 미래는 좋은 대학, 좋은 직장, 결혼, 집 장만 등으로 채워지고 있었다. 물론 모두가 그렇지는 않았지만 대부분의 아이들이 그랬다. 나와 우리가 그랬던 것처럼. 싫다면서도 학원에 매여 있고, 싫다면서도 시험과 숙제에 부담감과 책임감을 동시에 느끼는 아이들. 동화 같은 세상을 꿈꾸던 순수함은 현실이라는 천장에 부딪혀 마음 어딘가에서 고개를 푹 숙이고 있을 테다. 아이들은 그것을 다시 일으켜 세울 수 있을까? 나는 그럴 수 있다고 믿는다.

사람은 후회를 대물림하는 동물이다. 아무리 좋은 말을 해 봐야 본인이 직접 겪지 않으면 모른다. 우리가 느낄 수 있는 실체는 스스로의 감각이다. 그러니 백 번 좋은 이야기를 들어도 한 번 처절하게 겪는 편이 효과적일 수밖에.

아이들은 결코 어른들의 경험치로 그들의 삶을 살지 않는다. 스스로의 경험으로 살아간다. 우리는 무엇을 위해 그들에게 우리의 경험을 강요하는가? 나는 다만 아이들이 스스로 너무나 소중한 존재라는 사실을 깨닫기 바랄 뿐이다.

비단 아이들뿐일까. 글의 초입에서 말했듯이 세상은 혐오의 시대이자 체념의 시대다. 모든 사람 개개인이 너무나도 특별하고 소중한 존재다. 다만 어른이 되고 사회에 나오면 그들은 특별해지지 않는다. 너도 나도 좋은 부품이 되기 위해 공장에 들어가길 자처한다. 부품은 늘 생산되고 오래된 것은 녹슬게 마련이다. 기름칠을 아무리 해 봐야 성능 좋은 부품이 마냥 기다려 줄 리 만무하다. 우리는 경쟁하고 살아남아야 하는 세상에 산다. 그러다보니 우리의 꿈과 소망은 취미거리 수준에 그치게 되었고, 이에 공허함을 느끼고 자존감이 무너지게 되었다.

공허함과 무너진 자존감은 괜찮은 척한다고 진짜 괜찮아지거나 치유되지 않는다. 많은 사람들이 '어쩔 수 없잖아?', '사람 사는 게 다 그렇지 뭐'라고 자조하며 산다. 한숨 섞어 토해 내는 말들의 이면에는 체념과 좌절이 있다. '나는 왜 이렇게 사는가?'라고 생각해 봐야 현실에서 그 답이 묘연하니 생각 자체를 미룬다. 혹은 안 한다. 포기하는 것이다. 다만 무의식중에 쌓여 가는 결핍감과 외로움은 언젠간 넘쳐흐르게 마련이다. 알게 모르게 불만인 사회에 대고 외쳐 봐야 바꿀 수 없으니 세상이 곱게 보일 리 없다. 예민해지고 쉽게 분노한다. 망가진 마음은 화풀이할 대상을 잘도 찾아낸다. 찾아내야만 할지도 모른다. 표출하는 방법이야 어찌 되었든 감정은 애써 덮어 두려 할수록 발버둥치게 마련이니까.

나는 이상주의자다. 남들이 현실을 말할 때 나는 이상을 본다. 말도 안 된다고 손가락질하는 그것들을 현실이라고 믿는다.

언젠가 우리 모두는 어린아이였다. 우리의 순수함과 사랑은 아직 이 안에 있다. 바로 이 왼쪽 가슴에. 꿈을 잃고 살아가는 것이 온전히 자기 책임은 아니다. 인간이란 동물이 원래 그렇다. 쉽게 영향 받고 남을 의식한다. 우리는 혼자 살 수 없게 진화해 왔고 앞으로도 그럴 것이다. 다만 앞으로 어떻게 살아갈 것인가는 자기 책임이다.

나는 수많은 사람들에게 이렇게 얘기하는 순간을 꿈꾼다. 여러 분들은 소중한 존재라고. 그리고 체념하지 않고 충분히 행복하고 아름답게 살 수 있다고. 여러분은 체념하고 미워하기 위해 태어나지 않았다고. 설레고 사랑하기 위해 태어났다고. 함께 행복하자고.

2

아이들이 꿈을
마음껏 펼칠 수 있도록 도와주기

경기도 고양시 덕양구에는 작은 중학교가 하나 있다. 그리고 그
곳에 내 추억과 희망도 함께 있다.

덕양중학교와 내가 인연을 맺게 된 것은 대학교 2학년 때였다. 앞
서 말했던 시행착오와 방황들에 갈피를 못 잡고 있던 시절이었다. 나
는 제대하고 나서 소위 '복학 버프'라 불리는 자극에 잠시 반짝였다.
'지금에 최선을 다하면 알아서 길이 열리지 않을까?' 처음에는 그렇
게 생각했다. 나름 성과도 얻었다. 새내기를 세 번 겪고서야 비로소
학점다운 학점도 받아 보았다. 다만 도피하듯 점수에 맞춰 들어온
학부였기 때문에 밑바탕이 하나도 없었다. 계획도 없었다.

선배, 동기, 후배들은 나름의 청사진이 있었다. 연구를 하고 싶
다든지, 의대 혹은 약대로의 진학이라든지. 내 진로의 내비게이션
은 목적지를 몰랐다. 이리 돌다, 저리 돌다 결국 제자리인 걱정이

반복되었다. 나는 미래를 생각하는 것을 포기했다. 골치가 아팠다. 단 한 번도 '이 분야를 해 보겠다'라는 생각을 한 적이 없었다. 하지만 이미 나는 두 곳의 학교를 거친 상황이었다. 한 번 자퇴하니 두 번째 자퇴하는 것은 쉬웠다. 그런데 세 번은 할 수가 없었다. 초침 소리가 초조함을 자극했기 때문이다.

반짝였던 성취감은 안타깝게도 반년 조금 넘어 막을 내렸다. '이 공부 열심히 해 봐야 뭐 하지?'라는 생각이 발목을 잡았다. 되고 안 되고를 떠나서 설령 의사나 약사가 된다 한들 행복할 것 같지 않았다. 의미야 부여하기 나름이고 동기야 만들기 나름이다. 하지만 마음이 꼼짝을 안 했다. 나는 내가 하고 싶은 것을 갈망했다.

나는 어른들이 하라는 대로 했는데 왜 하나도 행복하지 않을까? 그들이 약속했던 자유는 어디에 있을까? 그때의 혼란은 합당한 답을 갈구했다. 생각은 과거로 흘러갔다. 이유를 찾기 시작했다. 하루하루 설레던 내 영혼이 왜 더 이상 기대하지 않는지를 알고 싶었다.

생각해 보면 어릴 적 나는 꿈이 많은 아이였다. 과학자, 선생님, 만화가, 화가, 자동차 디자이너, 카레이서, 운동선수 등등. 어린 날의 희망과 상상은 한계를 생각하지 않았다. '지금 좀 못하면 어때? 그냥 된 것을 상상하는 것만으로도 들뜨는데!' 어릴 때는 누구나 나를 응원해 줬다. 너는 크게 될 사람이라며 등을 토닥여 줬다.

그러나 학교와 학원을 다니며 모든 것이 달라졌다. 크게 된다는 것은 '남들처럼 살며 경쟁에서 이기는 것'을 의미했다. 세상에 하나뿐인 소중한 아이들은 그곳에 없었다. 중간고사, 기말고사, 수행평가, 논술, 수시, 정시, 내신 등 별의별 칼날들이 목을 겨누었다. 나와 친구들은 이름보다는 숫자로 평가받았다.

사실 별로 상관없었다. 만약 어른들이 약속한 것이 거짓말이 아니었다면 말이다. 그 약속은 바로 선두권에 들면 자유와 행복이 있다는 것이었다. 나는 지금 가진 것들을 내놓아야 했다. 꿈, 소망, 행복, 자유. '지금'을 담보로 맡기고 미래를 기약했다.

경쟁의 끝은 사람마다 다르게 정의된다. 누군가에게는 대학일 수도, 누군가에게는 직장일 수도 있다. 나에게는 대학이었다.

대학에 들어오고 나니 참 허탈했다. 약속받았던 자유와 행복도 없을뿐더러 담보로 맡긴 것들도 이미 녹슬어 버려지고 난 후였다. 자유와 행복은 언제나 '순간'이라는 파도를 탄다. 파도가 지나가면 그때의 자유와 행복은 영영 돌아오지 않는다.

곱씹어 보니 참 스스로가 안타까웠다. 헌데 오묘하게도 내 마음은 아이들에게로 향했다. 혹시나 나와 같은 아이들이 있지 않을까? 본인이 누군지도 모르고 살아가는 아이들. 결국 시행착오를 겪을 아이들. 그런 아이들에게 내 경험을 공유해 주고 싶었다.

그래서 나는 아이들과 만났다. 친구의 소개로 '씨드스쿨'이라는 중학생 멘토링을 알게 되었다. 처음 한 학기는 저동중학교에서, 그

후의 네 학기는 덕양중학교에서 모두 4명의 아이들과 함께했다. 본인이 사춘기임을 한껏 뽐내던 아이, 천진난만한 미소가 아름답던 아이, 생각이 깊고 마음이 따뜻하던 아이, 마냥 귀엽고 순수했던 아이.

이 아이들은 상해 가던 나의 마음에 향기를 뿌려 주었다. 도움을 준다는 명목 아래 나는 아이들로부터 배우기만 했다. 아이들의 철모르는 순수함은 고민 많던 내 머리를 멍하게 만들었다. 항상 그 시간들을 만끽했다. 나도 학생이 된 것 같았고 마냥 행복했다. 이 지면을 빌려 아이들에게 고마움을 전한다.

아이들의 고민은 이전의 나의 그것과 별반 다르지 않았다. 목표 없는 공부는 무겁다. 부담감이며 느끼기 싫은 책임감이다. 공부해야 하는 이유는 모르지만 안 하면 안 되는 이유는 안다. 학업이란 경쟁에서 뒤처지면 좋은 대학에 못 가고, 좋은 대학을 못 가면 좋은 회사에 못 가고, 좋은 회사에 못 가면 행복하지 못하기 때문이다. 실패는 명확하게 다가온다. 누구도 뒤처진 삶을 살고 싶지 않다.

반대로 공부하는 이유를 이해하려면 좋은 회사에 들어가는 것이 행복의 조건이 되어야 한다. 나는 진리처럼 받아들여지는 그 가정에 묻고 싶다. 좋은 회사에서 '어떤' 일을 할지는 알고 그러는 것인지. 남이 주는 월급을 받지 않고 행복할 방법은 없는지⋯. 우리는 아이들에게 그런 것을 생각할 기회는 주고 있는지⋯. 나는 무엇보다 아이들 스스로 생각하는 것이 중요하다고 믿는다.

한 아이는 자신감이 부족했다. 말에 힘이 없었고 사고는 부정적이었다. 나를 보는 것 같았다. 나도 속으로는 망가져 있었지만 아이들과 함께하는 순간만큼은 당당했다. 정확히 말하자면 당당함을 연기했다. 자신감을 연기했다. 만족을 연기했다. 나는 훌륭한 멘토이고 싶었다. 아이들이 사랑받고 있음을 느끼길 바랐다. 본인 스스로를 존중할 줄 알기를 바랐다. 나는 끊임없이 아이를 다독였고 늘 긍정적인 말로 기운을 북돋워 주었다. '그럴 수 있어'와 '넌 할 수 있어'를 입에 달고 살았다.

아이와 함께하는 3시간이 일주일 중에 내가 가장 '살아 있던' 날이었다. 나머지는 망망대해에 덩그러니 놓인 듯한 고립감을 느끼며 지냈다. 때로는 '내 앞가림도 못하면서 누가 누굴 멘토링하는가' 하는 자괴감도 들었다.

그러던 어느 날이었다. 아이가 내게 말했다. 본인이 점점 긍정적으로 변해 가는 것을 느낀다고. 그래서 좋다고. 그 말을 듣고 보니 그랬다. 늘 얼굴에 드리워져 있던 그림자가 환한 미소로 바뀌어 있었다. 아이는 자주 웃었다. 나는 내가 바보 같다고 느꼈다. 아이의 말을 듣고서야 아이가 바뀐 걸 알아채다니. 돌아보니 아이는 서서히 변해 가고 있었다. 많이 기뻤다.

사명감으로 시작한 첫 대외활동은 나에게 많은 것을 남겼다. 먼저 아이들과 함께 있는 시간이 나를 행복하게 해 준다는 것을 알게 되었다. 또한 여전히 비슷한 환경에서 고민하는 아이들을 구체적으로 돕고 싶다는 다짐을 하게 만들었다.

사람이 꿈을 잃기까지는 다양한 원인을 겪는다. 부모님의 영향일 수도, 선생님의 영향일 수도, 친구의 영향일 수도, 가난의 영향일 수도, 본인의 선택일 수도 있다. 이런 수많은 원인들 중에서 나는 가난이 가장 안타깝다. 이런 아이들은 꿈이 있는데도 현실이라는 장벽 때문에 포기부터 배운다. 혹은 너무 일찍부터 사회를 배운다. 한껏 꿈이 커야할 시기에 절제부터 배운다.

나는 꿈과 사랑을 가진 아이들의 성공은 빨리 이루어져야 마땅하다고 믿는다. 아이들은 소중한 존재다. 꿈보다 현실을 먼저 배우지 않았으면 좋겠다. 마음껏 상상을 펼치고 자신의 미래를 그려 봤으면 좋겠다. 다른 사람들이 듣고 허무맹랑하다며 손가락질한다면 더욱 좋다. 그만큼 그 아이는 용기 있게 꿈꾸고 있다는 뜻이니까.

머잖은 미래에 성공한 나는 이렇게 주장하고 있을 것이다. "너희들의 꿈은 가난으로 고통 받을 수 없다. 내가 옆에서 도와주겠다. 마음 놓고 꿈을 펼쳐라."라고.

3

수많은 사람들 앞에서
노래로 감동 전하기

나는 눈물이 많다. 어릴 때부터 곧잘 울었다. 부모님한테 혼나서 울고, 친구들이랑 싸워서 울고, 슬픈 노래를 듣고 울고…. 눈물 점이 있는 사람은 눈물이 많다고 한다. 옛날에는 '눈물 점 때문에 눈물이 많나 보다'고 생각했다.

"깊고 깊은 산골짝에 오막살이 집 한 채 / 금을 캐는 아버지와 예쁜 딸이 살았네

내 사랑아 내 사랑아 나의 사랑 클레멘타인 / 늙은 아비 혼자 두고 영영 어디 갔느냐."

몬트로제가 작곡, 작사한 미국 민요 〈클레멘타인〉의 가사다. 꼬마였을 때 TV에서 이 노래를 듣고 펑펑 울었다. 뭐가 그리 슬펐는

지는 모르겠다. 그냥 눈물이 났다.

나는 혼자 있는 시간이 많았다. 당시에는 외로운 줄 잘 몰랐다. 나는 그림 그리는 것을 좋아했고 상상하는 것을 좋아했다. 이야기를 만드는 것도 좋아했다. 그림을 그리면 그 도화지는 곧 내 세상이 되었다. 내 마음은 그림에 동화되었다. 그래서 혼자 있는 시간도 그리 지루하지 않았다. 상상이 곧 내 친구나 다름없었기 때문이다.

아이들의 순수함이 빛바래는 것은 참 슬픈 일이다. 아이들은 어른들의 잣대로 생각을 통제당한다. 그러면서 제멋대로 잘도 날아다니던 상상은 서서히 힘을 잃는다. 내게는 해야 될 생각들이 있었다. 그 나이에는 이러이러해야 하며, 훌륭한 사람이 되려면 저러저러해야 한다는 생각들. 다만 안타깝게도 그것들은 강요된 생각들이었다.

자유롭지 못했던 영혼은 토라졌다. 통제받는 삶에서 내 생각과 감정은 마음껏 모습을 드러내지 못했다. 그것들은 자주 거절당했다. 두려움은 점점 나를 속으로 움츠러들게 만들었다. 쏟아 내야 할 것들이 속으로만 고이니 결국은 썩었다. 많은 것들이 부정적으로 변했다. 기쁨은 슬픔으로, 행복은 좌절로, 사랑은 분노로. 언제부턴가 감정을 드러내는 것을 멈췄다. 그러면서 눈물도 멈췄다.

메마른다는 것이 이런 걸까 싶을 정도로 냉소적이었다. 하지만 때로는 일부러 웃음을 지어 내기도 했다. 그러면서 보낸 시간은 공허했다. 돌아서면 진이 빠졌다.

자라면서 기쁨보다는 좌절을 더 많이 경험했다. 나는 자연스럽게 비관적인 사람이 되었다. 내 삶의 시나리오는 비극이었다. 그리고 나는 훌륭한 주인공이었다. 그때는 깨닫지 못했는데, 돌아보면 '비극을 즐기고 있지 않았나' 하는 생각도 든다. 나는 그것을 낭만이라고 여겼을지도 모른다. 고독과 외로움을 씹는 내 모습을 누군가 알아봐 주길 기대했는지도 모른다. 사랑받고 싶었나 보다. 동정이라도 좋으니 나를 위로해 줄 사람을 진심으로 원했다.

이제는 허물어진 마음은 스스로 일어서야 한다는 것을 안다. 하지만 그때는 몰랐다. 끊임없이 바깥으로 눈을 돌리니 외로움 속에서도 외로움만 찾게 되었다. 쉽게 밖으로 나돌았다. 늦은 밤 막차는 외로움을 곱씹기 딱 좋은 장소다. 창밖으로 지나가는 사람들을 보며 생각했다. '저 사람들은 어떤 삶을 살고 있을까? 행복할까?' 불 꺼진 집들을 보며 생각했다. '저곳에 사는 사람들은 어떤 사람들일까? 행복할까?' 고요한 어둠이 내려앉은 세상은 모든 것이 질문거리였다.

혼자인 것은 쓸쓸했지만 묘한 쾌감도 있었다. 나는 일부러 슬픈 음악만 골라 들었다. 애잔한 음악들을 골라 들었다. 희망찬 노래는 재미가 없었다. 눈물로 꽉 찬 마음을 콕 찔러 줄 멜로디만 찾아 들었다. 그러면 외로움 속에서도 뭔가 짜릿했다.

애써 참았던 눈물은 슬픈 영화를 보거나 슬픈 노래를 들으면 가차 없이 쏟아졌다. 남자는 태어나서 세 번 운다는데, 나는 몇 번의 생을 더 살고 있는지 모르겠다.

이따금씩 TV나 인터넷을 통해 입이 떡 벌어지는 공연을 보게 된다. 나는 '기교가 아닌 진정성이 마음을 울린다'라는 말을 좋아한다. 실제로 내가 느끼기에도 그렇다. 뽐내려는 노래와 울리려는 노래는 느낌이 다르다. 마치 내 이야기를 노래해 주는 듯한 가수들이 좋다. 공감이 되고 위로가 되기 때문이다. 그러면 마음이 움직인다. 뒤따라 눈물이 흐른다.

"내 젊음 어느새 기울어 간 때쯤 / 그제야 보이는 당신의 난들이 가족사진 속에 미소 띤 젊은 우리 엄마 / 꽃피던 시절은 나에게 다시 돌아와서"

김진호의 〈가족사진〉이란 노래의 일부다. 몇 번을 들으며 눈물을 흘렸는지 모르겠다. 한참 부모님에 대한 원망을 키워 갈 때가 있었다. 이 노래는 나로 하여금 우리 엄마, 아빠도 삶이 처음이라는 사실을 깨닫게 해 주었다. 미움과 원망이 눈물로 씻겨 나갔다.

내 시나리오에서 노래는 훌륭한 조연이었다. 나라는 주연을 버티게 만들어 준 조력자였고 동료였다. 노래로 위로받고 치유 받았다. 사람으로부터 받지 못한 공감을 노래로부터 받았고 희망을 보았다. 나는 사람들의 '말소리'보다 '목소리'를 사랑했다. '목소리'가 하는 이야기가 좋았다. 그것은 '말소리'가 하지 못하는 많은 역할을 한다. 노래는 뜨겁다. 꽁꽁 언 마음도 노래 앞에선 녹는다.

나는 노래가 가진 힘을 안다. 많은 가수 지망생들이 말한다. 음악으로 사람들에게 위로와 용기를 주고 싶다고. 나도 말한다. 사람들에게 위로와 용기를 주고 싶다고.

어느새 '노래로써 사람들을 울린다'라는 것이 나의 버킷리스트가 되어 있었다. 나는 눈물을 사랑한다. 눈물을 보일 때 인간은 비로소 순수해진다. 솔직해진다. 어른은 아이가 된다. 아이는 더욱 아이다워진다.

나는 꿈꾸는 소년이다. 서른한 살이라는 나이에 소년이라 자칭하는 것에 거리낌은 없다. 나는 어른이고 싶지 않으니까. 나는 현실에 구속받지 않겠다고 마음먹었다.

많은 사람들이 마음을 닫고 살아간다. 혹은 상처받고 살아간다. 비교와 경쟁은 사람들의 아픔에까지 손을 뻗었다. 이제 아픈 것도 적당히 아파서는 안 된다. 그래서는 인정받지 못하니까. 아픔에서도 선두를 달려야 그나마 내세울 거리가 된다. 인정받지 못해서 아픔을 겪고 있는데, 그 아픔까지 경쟁해야 된다니 너무 슬픈 일이 아닌가.

요즘 서점에는 자존감 서적들이 넘쳐 난다. 숱한 자존감 책들이 베스트셀러를 차지하고 있다. 살기 편한 세상이기는 한데, 다들 본인을 사랑하려고 애쓰는 걸 보니 살기 좋은 세상은 아닌가 보다.

위로하는 방법과 위로받는 방법은 일대일 대응이 아니다. 누군가는 따뜻한 글귀로, 누군가는 사람들과의 만남으로, 누군가는 드라마로, 누군가는 상담으로, 누군가는 노래로 위로할 수도 위로받을 수도 있다.

나는 노래로써 사람들을 위로하고 싶다. 상처받은 사람들의 마음을 공감해 주고 싶다. 용기를 주고 싶다. 감동을 주고 싶다. 꺼진 마음에 숨을 불어넣고 싶다. 아픔은 감출수록 더 큰 아픔이 된다. 나는 사람들이 아픔을 키우지 않았으면 좋겠다. 나는 사랑을 세상의 진리라고 믿는다. 사랑은 우리가 외면할 때만 비로소 모습을 감춘다. 나는 사랑을 노래하리라. 감동으로써 마음의 자물쇠를 열고, 눈물로써 마음의 손잡이를 당기리라.

나는 감동이 좋다. 감동은 죽어 가는 마음을 살리는 심폐소생술이다. 감동이 벅차오를 때 진정 살아 있는 느낌이 든다.

요즘에는 〈Never Enough〉라는 노래에 빠져 있다. 나는 한 번 빠지면 죽어라 그 곡만 반복해서 듣는다. 이 노래가 주는 울림이 강렬하다. 뭐든 할 수 있을 것만 같다. 나의 위대한 미래가 그려진다. 멜로디가 잠자는 상상의 코털을 건드린다.

웅장한 상상 속에 빠진다. 나는 사람들 앞에서 노래하고 있다.

수많은 사람들이 숨을 죽이고 나를 바라본다. 노래가 클라이맥스로 갈수록 나는 전율하기 시작한다. 내 목소리를 따라 그들도 전율하기 시작한다. 진심을 담아 노래를 토해 낸다. 내 삶을 담고 그들의 삶을 담아 노래를 읊는다. 감동과 감격이란 폭풍우에 함께 젖는다.

4

최고급 예식장에서
결혼하기

평생 소년일 줄로만 알았던 친구들이 결혼을 한다. 아직 내 기억 속에는 마냥 철없는 친구들이다. 말끔히 차려입은 그들의 모습을 보면 괜히 낯설다. 실없는 소리를 하며 낄낄대던 시간도 차츰 줄어 간다. 오묘한 감정이 들면서도 행복해하는 모습을 보면 괜히 좋다. 그런 친구들을 보며 생각해 본다. 나는 누구와 결혼하게 될까? 내 결혼식은 어떤 모습일까?

결혼은 큰 행사다. 주위에서는 준비하느라 꽤나 골머리를 썩었다고 이야기들 한다. 막연히 생각만 했던 것을 직접 겪어 보니 만만치 않았던 것이다. 준비해야 할 것들이 많았던 것이다. 하지만 누구나 처음에는 서툴지 않겠는가. 그렇다고 결혼식을 연습할 수도 없는 노릇이다. 서투른 와중에 완벽함을 추구해야만 한다. 그게 사람 마음이다.

나는 결혼식을 행복한 축제라고 생각한다. 또한 그래야만 한다고 생각한다. 한 사람의 삶이 내게로 온다. 내 삶이 그녀에게로 간다. 그리고 하나가 된다. 결혼식은 그것을 함께 축복하는 자리다. 세상물정 모르는 나야 아직 상상을 즐길 수 있다. 하지만 현실에 맞닥뜨린 아무개들에게는 결혼이 축제이자 '숙제'다. 내 눈에는 그렇게 보인다. 그리고 그렇게 들린다.

　결혼식은 남들의 시선이 한곳에 모이는 자리이기도 하다. 내가 어떤 사람인지, 나의 부모님과 친척들은 어떤 사람인지 알리는 자리이기도 하다. 요즘 세상에 무엇 하나도 비교의 잣대를 피해 갈 수 있는 것은 없다. 사람들에게는 예식장은 어디며, 음식은 어떻고, 하객들은 누가 오는지가 흥미로운 관심사다. 결혼식은 때로 진정 축하하러 가는 자리이기도 하고 때로는 의무감에 가는 자리이기도 하다. '네가 와 줬으니 나도 간다' 혹은 '내가 가 줬으니 너도 와야 해'라는 호혜 원칙이 적용된다. 하객 수도 중요하다. 오죽하면 '하객 알바'도 있지 않은가. 돈을 받고 지인 행세를 하는 것이다. 결혼식을 풍성하게 보이고 싶은 마음은 누구라도 같을 것이다.

　결혼하기까지의 과정도 문제다. 집이니 혼수니 예물이니 준비해야 할 것들이 많다. 나는 이런 걱정들로부터 자유로운 사람들의 이야기를 하는 것이 아니다. '서민'이라 불리는 대다수 중산층의 이야기를 하는 것이다. 많은 사람들이 사랑만으로는 결혼할 수 없다고 한다. 얄궂은 세상살이가 결혼을 부담으로 만들었다. 한편으로는 쉽게 결혼하고 쉽게 이혼한다. 요즘 세상에서 이혼을 흠잡을 수는 없다. 누군들 이혼하고 싶어서 하겠는가. 사랑을 외면한 사회는 마음의 짐만 양산한다. 그 짐은 고스란히 우리들 몫이다.

다만 이러한 모습을 나쁘다거나 바람직하지 않다고 말하고 싶지는 않다. 누구나 조건 없이 축하하고 함께 행복하고 싶을 것이다. '살기 힘들다', '사람 사는 게 다 그렇지'라는 말을 숨처럼 내뱉는 사람들 마음속에도 변치 않는 사랑이 있다.

나는 결혼식을 허례허식이라고 생각했던 적이 있었다. '사랑하는 사람과의 평생을 기약하는 순간이 꼭 북적여야 할 필요가 있을까?'라고 생각했다. 어른이 되어 가며 상처도 받다 보니 꼭 함께하지 않아도 될 사람들이 늘어났다. 무엇보다 나 자신과 내가 사랑하는 사람이 제일 중요했다. 남들의 시선을 신경 쓰며 그들의 기대를 채워 주는 것보다 우리가 만족하는 것이 중요했다. 불과 몇 달 전까지의 이야기다.

나는 스스로 별 욕심이 없는 사람이라고 생각했다. 물욕이 별로 없었다. 나는 시계나 옷, 전자기기에 그다지 흥미가 없었다. 남의 시선을 많이 신경 쓰는 것치고는 외면보다 내면의 부족함이 더 커서 그랬나 보다. 누가 '그것 좀 바꿔야겠다'라거나 '하나 사 줄까?'라고 얘기하기 전까지는 그럴 필요성을 못 느꼈다.

한때 처절하게 좌절을 겪었다. 죽고 싶었지만 무서웠고, 끝내기에는 내 삶이 아까웠다. 그래서 희망을 바라보았다. 그때부터였다. 성공에 대한 순수한 욕망이 살아나기 시작한 것은. 성공이라는 것은 단순히 돈을 많이 버는 것에 그치지 않는다. 호화로운 생활에 그치지 않는다. 그것은 내가 한 번쯤 해 보고 싶고 이루고 싶은 것들을 모두 성취하며 풍족하게 사는 것을 뜻한다.

나는 〈한책협〉의 〈1일 특강〉에 참석한 적이 있다. 책을 쓰고 싶다는 막연한 욕망이 있었다. 우연히 김태광 작가의 《김 대리는 어떻게 1개월 만에 작가가 됐을까》를 읽고 〈한책협〉을 알게 되었다. 책 쓰는 법을 알려 준다고 해서 멀리 분당까지 찾아갔다. 얘기를 들어 보니 프랑스 파리에서도 지도를 받아 책을 냈다고 했다. '나라고 못 할 게 뭐 있을까?'라는 생각이 들었다.

그런데 강의를 통해 책 쓰기는 물론이거니와 성공에 대한 깨달음도 얻을 수 있었다. 좀더 크게 생각하게 되었다. 내가 가진 한계들을 놓아 버리는 계기가 되었다. 내가 내 욕망을 억누르고 있었던 것은 아닌가 돌아보게 되었다. '필요 없다'라고 생각했던 마음이 '나의 체념을 정당화한 것은 아니었나' 하는 생각이 들었다. 포기가 일상이 되지 않았는지 곱씹기도 했다.

나는 어린아이의 마음가짐으로 돌아갔다. 내 상상력과 설렘을 남김없이 쓰고 싶었다. 상상력은 아까워서 남기는 것이 아니라 남겨서 아까운 것이다. 그 무엇이든 상상하면 이루어진다는 자유와 믿음. 돌이켜 보면 어린 날의 설렘에는 항상 들뜬 상상이 있었다. 그것이 지금 현실에 있든 없든 전혀 중요하지 않았다.

나를 행복하게 해 주는 것들은 여러 가지가 있다. 일단 나의 안위가 그렇다. 부유하며 건강하고, 사랑하고, 나누고, 감사하며 겸손한 것. 그리고 부모님, 친구들, 내가 은혜를 입은 사람들, 함께하는 사람들 모두가 행복한 것. 나아가서는 온 세상이 사랑으로 하나가 되는 것이 그렇다. 부유하면 나는 물론이고 주위 사람들도 만족시켜 줄 수 있다. 앞서 얘기했듯 교육비가 부족한 아이들을 돕는 것 또한 나의 행복이다. '씨즈스쿨'을 통해 알게 된 《빅이슈(The Big Issue)》. 이를 통해 홈리스 분들의 자립을 돕는 것 또한 나의 행복이다. 형편이 어려운 환우들의 치료비를 지원하는 것 또한 나의 행복이다.

언젠가 강의을 통해 김태광 대표 코치의 결혼 스토리를 들었다. 김태광 대표 코치는 제주도에서 호화로운 결혼식을 올렸다. 하지만 그는 축의금을 일절 받지 않았다. 하객들의 경비와 숙박비 등 제반 비용을 그가 제공했다. 감동적이었다. 그 이야기를 들으며 생각했다. '나도 저런 결혼식을 하겠다'라고.

김태광 대표 코치는 시골의 가난한 집에서 태어났다. 그는 젊은 날에 숱한 고난을 겪었다. 말더듬증이 심해 자존감이 낮았고 형편이 어려워 끼니를 거르는 날들도 많았다. 그러나 자신의 꿈을 믿고 희망을 잃지 않았다. 결론은 이렇다. 그는 200여 권의 저서를 펴냈다. 교과서에 그의 글이 실려 있다. 그의 가르침을 받은 사람들이 베스트셀러 작가가 되었다. 분당의 제일가는 학원의 원장이다. 람보르기니, 페라리의 오너다. 최고의 성공학 강사이자 동기부여가다. 사람들이 그를 만나기 위해 줄을 선다.

성공한 사람을 직접 보고, 직접 이야기를 들으니 처음에는 충격이 컸다. 알지 못했던 것들이 물밀듯이 쏟아져 들어왔기 때문이다. 머리와 마음이 혼란스러웠다. 그런데 이제는 그 흐름을 따라간다. 타의적으로 휩쓸려 가는 것이 아니다. 내가 그 흐름을 타기로 결심했다.

내 성공은 나만의 성공이 아니게 될 것이다. 나는 이기적인 영혼이 아니다. 작은 의식으로 이룬 성공은 금세 다른 보금자리를 찾아 떠난다. 성공은 머물 자리를 안다. 나는 성공이 머물 영혼이다. 나는 나의 큰 성공을 통해 다른 이들에게 동기부여를 해 주는 사람이 되기로 결정했다. 기쁨을 주는 사람이 되기로 결정했다.

하늘이 푸르다. 바람은 선선하다. 새들은 노래한다. 나뭇가지는 살랑이며 흔들린다. 꽃향기가 황홀하다. 태양은 따뜻하다. 멀찍이 바다가 반짝이며 일렁인다. 푸른 들판에 널찍하게 테이블이 펼쳐져 있다. 미소 띤 얼굴들이 삼삼오오 모여 있다. 그랜드 피아노와 첼로가 음악을 수놓는다.

"내 인생에 한 번뿐인 이 순간에 당신들과 함께 있음이 너무나도 큰 기쁨입니다. 함께 감격하고 함께 웃어 주는 당신들이 있어 행복합니다." 마주 보는 두 눈에도 행복이 가득하다. 그렇게 신랑과 신부는 평생을 약속한다. 티끌만큼도 부족하지 않은 바로 이 순간. 지금 나의 영혼은 2배가 된다.

　나는 크게 성공한다. '최고급 예식장에서 결혼하기'라는 버킷리스트는 사치가 아니게 될 것이다. 나의 가장 기쁜 순간에 가장 사랑하는 사람들과 함께하기로 한다. 그 순간을 풍족하고 풍요롭게 즐긴다. 사람들은 나를 축복하고 나는 사람들을 축복한다. 그들은 기뻐하고 즐기며, 함께 행복해한다. 결혼식이 부담되는 현실의 제약들은 우리들 앞에서 아무것도 아니게 될 것이다.

5

내면과 외면으로
동기부여 되는 사람 되기

나는 어릴 적 만화를 좋아했다. 당시에 인기 있던 웬만한 만화는 거의 다 봤다. 한창 《드래곤볼》이 단행본으로 나올 때였다. 일주일마다 서점에 가서 주인아주머니께 다음 권 나왔냐고 여쭤 봤던 기억이 난다. 그뿐이랴. 나는 스포츠 만화, 순정 만화, 로봇 만화, 학습 만화 등 장르를 가리지 않고 탐독했었다.

그중에서 〈사이버 포뮬러〉는 내게 스릴이 무엇인지 알려 준 만화였다. 바로 속도감이라는 스릴을 말이다. 시원한 배기음을 내뿜으며 쌩하고 달리는 자동차의 모습이 내게는 굉장히 짜릿하게 느껴졌다. 주인공이 현란한 기술을 쓰며 한 명, 한 명 제칠 때마다 묘한 쾌감이 느껴졌다. 주인공이 굳은 의지로 액셀러레이터를 지르밟을 때면 나도 같이 힘을 주었다. 언제부터라고 할 것도 없이 나는 자연스럽게 자동차를 사랑하게 되었다.

하지만 그것이 만화 때문만은 아니었다. 우리 집에는 유난히 자동차 장난감이 많았다. 어릴 때는 자동차 바퀴가 땅에 닿으면 보일락 말락 찌그러지는 그 모양이 괜히 마음에 들었다. 그리고 신기했다. 그래서 자동차를 쥐고 한참을 이리 굴렸다, 저리 굴렸다 했던 기억이 난다. 그림 그리는 것을 좋아해서 자동차를 많이 따라 그리기도 했다. 보고 그리면 똑같이 못 그리는 것이 아쉬워 내 멋대로 자동차를 그려 내기도 했다. 정 똑같이 그리고 싶을 때는 사진 위에 종이를 대고 따라 그렸다.

옛날에는 오락실이 인기가 많았다. 아이들이 한창 좋아했던 게임은 격투 게임이었다. 타격감과 기술이 적중할 때의 희열을 모르는 바는 아니었다. 다만 나는 격투 게임을 못했다. 남들 100원 쓸 때, 나는 1,000원을 써야 했다. 상대방이 총알을 한 방 쏴서 맞춘다면, 나는 열 번 쏴서 한 번 맞출까 말까 하는 실력이었다고 보면 된다. 대개 못하면 재미를 붙이기가 힘들다. 그래서 나는 얼마 되지 않아 격투 게임을 그만두게 되었다.

대신에 나는 레이싱 게임을 했다. 지금 보면 엄청 엉성한 그래픽인데 그때 내 눈에는 굉장히 실감나게 보였다. 동전을 넣으면 자동차를 골라야 한다. 다음 차례는 운전 방식을 고르는 것이다. 오토(Auto)와 매뉴얼(Manual) 둘 중에 하나를 골라야 하는데 뭘 알아야 고르지 않겠는가. 어차피 오토를 고르든 매뉴얼을 고르든 멋대로 기어를 주물럭거릴 것이었기에 아무런 상관도 없었다. 그런데 아무것도 모르는 꼬마치고는 꽤 능숙하게 즐겼다. 나는 레이싱 게임이 재미있었다.

그렇게 나는 자동차에 대한 관심이 커지기 시작했다. 그러고는 언젠가부터 카레이서가 꿈이라고 말하고 있었다. TV를 돌리다 보면 가끔 레이싱 중계가 나온다. 그러면 넋을 놓고 봤다. '부아앙' 하는 자동차 소리가 웅장한 음악 같았다. 뱀처럼 곡예를 하는 레이싱 카의 주행이 멋있었다. 어릴 때에 대부분 그렇듯이, 흥미를 호기롭게 꿈이라고 선언했다. 그 흥미가 꿈으로 무럭무럭 자라느냐, 자라지 못하느냐는 스스로에게 달려 있다. 계속 관심을 주고 키워 가다 보면 뿌리를 내리고 줄기를 뻗을 것이다. 하지만 그렇지 않으면 메말라 죽을 것이다. 카레이서라는 꿈은 나에게 그런 것이었다.

자라면서 많은 꿈들이 움트지 못한 씨앗으로 남게 되었다. 카레이서 또한 마찬가지였다. 자동차에 대한 관심은 점차 사라져 갔다. 그림 그리는 것을 좋아했던 나는 자동차를 가끔씩 그리는 것으로 위안을 삼았다. 그렇다고 딱히 아쉽거나 미련이 남은 것은 아니었다. 내 앞에는 자동차보다 더 중요한 것들이 쌓여 있었기 때문이다.

나는 1학기 만에 공대를 자퇴했다. '적성이라는 것을 따져 봐야 겠구나.'라는 생각이 들었다. 나는 대학 입학을 위해서 공부했지, 공부하기 위해서 공부한 것이 아니었다. 대학 입학 이후에 더 어려운 공부들이 날 기다리고 있을 줄은 몰랐다. 그때 비로소 내 흥미와 취미를 들여다보게 되었다.

　내 교과서는 늘 낙서투성이였다. 샤프로 그림을 그리다 보면 여백이 꽉 찼다. 그래서 샤프심이 안 나오게 꾹 넣어 놓고 그리기도 했다. 그러면 종이에 도랑이 패듯이 그림의 흔적이 남는다. 지울 필요 없이 더 많이 그릴 수 있는 것이다. 그림은 항상 내 삶의 일부였다. 그래서 나는 자동차 디자이너가 되고 싶었다. 진지한 고민 후 나온 결론이냐 물어본다면 아니라 답하겠다. 마치 어릴 때 "나는 ~가 될 거야"라고 외치던 것처럼 막연하기 그지없었다. 길은 찾아야겠고 답은 모르겠으니 일단 막 던져 본 것 같다.

　그러다 나는 운 좋게 미대에 합격했다. 하지만 그것이 내가 자동차 디자이너가 된다는 뜻은 아니었다. 난 그림을 특출하게 잘 그려서 합격한 것이 아니었다. 단지 동기들보다 조금 앞섰던 수능 성적과 "공대를 때려치우고 꿈을 좇아 왔다"라는 대답이 행운을 만들어 준 것이었다. 나는 학교생활에 적응하지 못했다. 수업도 어려웠고 친구들도 잘 사귀지 못했다. 적응을 못하니 재미가 없었다. 재미없는 것을 견딜 만한 끈기와 의지는 내게 없었다. 그런 것들은 수능 시험장에 이미 다 두고 온 상태였다. 자연스럽게 학교를 나가지 않게 되었다. 나는 제적당했다.

　학적은 있어야겠으니 다시 공부를 했다. 수능이라는 목표만큼은 정말 명확했다. 그리고 나는 그것에 특화되어 있었다. 그 말인즉슨, 그것 말고 나는 아무것도 할 줄 아는 것이 없는 사람이었다는 뜻이다. 주입식 교육이 참 훌륭한 인재를 만들어 놓았다. 수능만 보는 직업이 있었다면 나는 기꺼이 해냈을지도 모르겠다.

나는 운전면허를 늦게 취득했다. 친구들은 대부분 수능 후에 운전면허를 땄다. 나는 수능을 끝내고, 노는 것 외에는 아무것도 하기 싫었다. 어차피 운전할 일도 없을 거라고 생각했다. 실제로도 그랬다.

나는 제대하고 비로소 운전대를 잡을 수 있었다. 아빠가 평일에 차를 안 쓰셔서 주중에는 차가 온전히 내 차지였다. 처음에는 5분 거리를 운전할 때도 아빠가 조수석에서 도와주셨다. 한번은 주말에 무슨 시험을 보느라 한 고등학교에 간 적이 있었다. 집에 돌아가는 길에 연습도 할 겸 아빠께 차를 끌고 와 달라고 부탁드렸다. 나는 시험이 끝나서 홀가분한 마음으로 운전석에 탔다. 아빠는 조수석에 초조하게 탔겠지만. 집에 어렵사리 도착하고 나서 아빠가 말했다. 너는 운전하면 안 되겠다고. 한동안 집 앞 10분 거리도 내비게이션 없이는 갈 줄을 몰랐으니 그럴 만도 했다.

그러던 것도 벌써 2년이 다 되어 간다. 운전에 익숙해지고 난 후에는 없는 스케줄도 만들어 내어 멀찌감치 다녀오곤 했다. 도로 위를 달리면 그렇게 기분이 좋다. 날씨 좋은 날에는 더 좋다. 이따금씩 고속도로에서 다른 차를 추월할 때면 묘한 쾌감을 느끼고, 나란히 달리던 차가 은근히 앞질러 갈 때는 괜히 조바심이 나기도 한다.

이렇게 운전이 일상이 되니 어느 순간부터 '차 없으면 못 살겠다'라는 생각이 들기 시작했다. 나는 운전하는 것이 재미있다. 또한 내 마음대로 갈 수 있는 선택의 자유가 있어서 좋다. 대중교통에는 없는 시간적 자유가 있어서 좋다. 내 차에는 막차가 없다. 배차 간격도 없다. 늘 나와 함께한다. 언제든, 어디로든. 나는 내 차를 갖고 싶어졌다.

그러던 중, 나는 〈한책협〉과 김태광 대표 코치님을 만나 삶에 대한 인식이 바뀌고 성공에 대한 욕망이 순수해졌다. 이왕 타는 차라면 멋지고 웅장해야 좋지 않을까? 지금은 비록 가진 것이 없지만 그 사실이 나의 찬란한 미래를 방해할 수는 없다. 매 순간 더 나은 내일을 위해 노력하는데 뭐가 두렵고 의심스러울 수 있을까? 애써 의심하려 해도 의심할 수가 없다.

나는 얼마 전 내 드림 카들을 선정했다. 람보르기니 우루스, 캐딜락 에스컬레이드, 캐딜락 XT6, 아우디 Q8. 전부 웅장한 느낌이 충만하다. 사람을 압도하는 매력이 있다. 부드럽기보다는 강하다. 나는 이런 차들을 원한다. 나는 나의 내면뿐만 아니라 외면으로도 동기부여가 되는 사람이고 싶다. 나에겐 주어진 과업이 많다. 내면의 의식을 다듬고, 외면도 멋지게 가꾸어야겠다. 나는 틀림없이 이룰 수 있다고 믿는다. 그렇게 되기를 고요한 마음으로 하나님께 기도드린다. 그 기쁨이 당신도 함께 나누는 기쁨이 될 수 있기를.

PART **3**

관심 있는
분야의
전문가 되기

-신서연-

신서연 예비 시진작가, 예비 셀프 인테리어 전문가, 예비 연예기획사 이사

미래에 연예기획사 이사로서 광고 마케팅을 하는 꿈을 그리고 있다. 또한 여러 언어에 능통해 커뮤니케이션을 잘하는 셀프 인테리어 전문가이자 사진작가로서 발돋움하길 바라며, 시간이 비는 날에는 대학교에 셀프 인테리어 강의를 다니거나 사진작가로서 전시회를 여는 것이 목표다.

1
사진작가
되기

    요즘 학생들의 관심사는 무엇일까? 공부, 스마트폰 등등 많은 것이 있겠지만 그중에 대표적인 것은 아이돌이다. 내 친구는 아이돌의 행사를 따라다니며 사진을 찍는, 흔히 말하는 홈마스터(연예인의 고퀄리티의 사진과 동영상을 촬영하여 자신의 홈페이지에 올리는 사람; 이하 홈마)다. 친구와 같은 아이돌을 좋아하지는 않지만 나 또한 아이돌을 좋아하기 때문에 그 친구를 보면서 '나도 홈마를 해보고 싶다.'라는 생각이 들었다. 하지만 나는 아이돌을 찍는 것에 한정된 홈마가 아닌, 더 나아가서 사진작가가 되기로 결심했다.

    미리 쓰는 미래의 일기 1

    나는 연세대학교 시각디자인학과에 들어갔다. 입학한 후에 나는 내 버킷리스트 중 하나인 카메라 배우기를 실천하기 위해 알바를 해서 돈을 모았다. 그렇게 모은 돈으로 카메라를 구입한 후, 카메라 학원과 포토샵 학원에 등록했다. 한동안 시간을 들여서 카메라, 포토샵을 배웠다. 자격증을 따는 등 전문적으로 준비를 하기 위해서다. 여러 자격증을 취득한 후, 취미로 내가 좋아하는 아이돌의 사진을 찍어 SNS에 올려서 나는 유명한 홈마가 되었다. 나는 아이돌에게 서포트를 넣고 팬 사인회, 콘서트, 팬 미팅 등등 많은 행사에 가서 영상과 사진을 많이 찍기도 했다. 어느 정도 홈마를 한 기간이 늘어났을 쯤에는 전시회도 열었다. 내가 홈마로서 유명해진만큼 많은 사람들이 와서 너무 뿌듯하고 보람찬 경험이었다. 사람이 여유로워지니 아이돌만 찍으려고 하지 않고 주변 풍경이나 음식 사진도 찍게 되었다. 그렇게 지내다 보니 벌써 졸업을 할 때가 다가왔다. 나는 친구와 함께 여행 계획을 짜기로 했다. 졸업을 기념한 졸업여행을 가기 위해서다. 우리는 중국에 가기로 결정했다. 하지만 친구와 나는 중국어를 잘 하지 못해서 급하게 중국어 학원에 등록했다. 중국어를 배운 후 여행을 떠나기로 한 것이다. 우리는 실전 중국어를 배워 드디어 중국으로 여행을 떠났다. 그곳에서 다양한 음식을 먹고, 풍경을 구경하면서 사진을 찍으며 행복한 시간을 보냈다.

졸업 후에는 전공을 살린 직업을 갖기 위해 친구와 함께 한 대

형연예기획사 디자인직에 입사지원서를 냈다. 1차, 2차를 거쳐 면접을 보고 결국 내가 좋아하는 아이돌이 소속된 회사에 합격하게 되었다. 그리고 기대 반, 설렘 반으로 첫 출근을 했다.

나는 회사에 들어가서 바쁜 나날을 보내다가 한 프로젝트를 성공시켰다. 그 이력으로 나는 최연소 디자인 담당 팀장으로 승진을 했다. 승진을 한 뒤에는 돈이 모여 이사를 하기로 결심했다.

이사 계약을 하고 난 뒤, 짐정리를 하려고 집을 다 뒤지다 보니 구석에 있던 나의 첫 카메라를 발견했다. 시간도 널널해서 추억팔이를 할 겸 카메라에 있는 사진들을 보다가 괜찮은 사진들만 내 개인 노트북으로 옮겼다. 그러다 이사를 하고 인테리어는 어떻게 할까 생각하던 중, 문득 셀프 인테리어를 해보고 싶다는 생각이 들었다. 나는 인터넷으로 인테리어에 필요한 재료들을 구하고 본격적으로 셀프 인테리어를 하기 시작했다. 직접 가구를 배치하고 페인트 칠을 하다보니 내 마음에 쏙 드는 집이 완성되었고, 카메라를 들고와 다양한 구도로 사진을 찍었다.

우리 집으로 집들이를 온 친구들과 얘기를 하다 인테리어가 너무 예쁘다고 칭찬을 들었다. 정리 중 발견한 노트북에 있는 사진들을 친구들에게 보여주니 한 친구가 "넌 사진 색감이나 느낌을 너무 잘 살리면서 찍는 것 같아"라고 말하며 칭찬을 해주었다. 다른 친구들도 그 친구의 말에 맞장구를 쳤다. 그러다 그 친구가 SNS에 사진을 올려보는 것은 어떠냐고 제안을 해왔다. 다른 친구들도 SNS에 올리면 열심히 홍보해주겠다며 사진을 올려보라고 부추겼다. 나는 노트북 사진들을 보다가 괜찮은 것만 몇 개 SNS에 올렸다. 내가 올린 사진들은 인터넷 상에서 화제가 되었고, 간혹 나에게 전시회에 사진을 보내줄 생각이 있냐며 연락을 해온 사람도 있었다. 하지만 나는 회사에 다니고 있기에 정중히 거절을 했다. 그러다 회사에서 인터넷상에서 화제가 된 사진의 주인이 나란 걸 알고 나에게 디자인 담당 팀장을 하면서 영상 콘텐츠 제작, 기획을 같이 맡아볼 것을 제안해왔다. 나는 흔쾌히 수락하고 쉴 새 없이 매우 바빠지기 시작했다. 하지만 주말에는 틈틈이 사진을 찍으러 다니고, 가끔 회사의 부탁을 받아 회사 소속 아이돌들을 찍으러 다녔다. 그렇게 두 달 뒤, 일본의 한 전시기획사 측에서 내가 찍은 아이돌들의 사진과 풍경 사진으로 전시회를 열고 싶다고 연락이 와서 나는 회사의 양해를 얻어 전시회 진행을 준비하게 되었다. 그동안 틈틈이 공부했던 일본어 덕분에 전시기획사측과의 의사소통에는 큰 문제가 없었다.

전시회 당일, 내 사진을 좋아하는 사람들을 포함해 아이돌의 팬들도 많이 왔다. 그러다 갑자기 장내가 웅성거리기 시작했다. 사진 속 주인공인 아이돌이 전시회에 온 것이다. 전시회는 성황리에 끝나고 나는 나를 도와준 친구에게 답례할 겸 맛있다고 소문난 레스토랑을 예약해 좋은 시간을 보냈다.

이번 전시회를 계기로 나는 회사에서 일하는 것이 아닌 자유롭

게 사진을 찍고 싶다는 생각을 하게 되었다. 그렇게 나는 회사에서
나와 그동안 모은 돈으로 여행을 다니며 사진을 찍고, 그 사진으로
전시회를 열게 되었다. 나는 여행을 다니면서 일상생활 속에서 아
름다운 순간을 사진으로 담아내는 사진작가가 되었다.

2
—
중국어, 일본어
전문가 되기

　나는 아이돌을 좋아한다. 내가 좋아하는 아이돌은 중국인, 일본인과 같은 여러 국적의 사람들이 속해있다. 그 사람들도 한국어를 배워 사용하지만 각자의 모국어를 말할 때면 나는 그 말이 무슨 뜻인지 알고 싶어 번역기를 사용해서 직접 찾아보거나 다른 사람들이 번역한 내용을 보고 이해를 하곤 했다. 하지만 나는 번역기를 돌리거나 다른 사람들이 번역한 내용을 찾기가 너무나도 힘들었다. 때문에 나는 직접 일본어와 중국어를 배워보려고 한다.

미리 쓰는 미래의 일기 2

　나는 일본어를 배우기 위해 인터넷에서 정보를 찾아봤다. 찾아보니 인터넷 강의나 학원, 혹은 독학과 같은 여러 가지 방법들이 있었지만 나는 학원을 다니기로 결심했다. 우리 동네에 때마침 일본어학원이 있어서 친구에게 일본어학원을 같이 다니지 않겠냐고 물어봤다. 그러자 친구는 자신이 학원을 다닌 적이 있다며 자신과 함께 일본어를 공부하는 것은 어떻겠냐며 제안해 왔다. 나는 조금 당황했지만 흔쾌히 수락했다.

나는 친구와 함께 근처 서점에 가서 일본어책을 샀다. 그러곤 우리 집으로 가서 공부할 공간을 찾아보았다. 여러 공간을 찾아보다가 창고로 쓰던 방을 발견했다. 그리고 나는 창고에 있던 짐을 정리하고, 청소기를 돌려 쌓여있던 먼지를 다 제거했다. 지저분했던 창고가 깨끗해졌다. 빈 공간에 책상을 들여놓자 창고는 금세 공부방으로 바뀌었다.

며칠 뒤, 친구가 우리 집에 도착해서 벨을 눌렀고 나는 바로 문을 열어줬다. 친구는 무언가를 사왔는지 손에 쇼핑백을 들고 있었다. 나는 친구가 근처 카페에서 음료수와 마카롱을 사왔다는 말에 웃었다. 나도 친구가 오기 전에 카페에서 먹을거리를 사왔기 때문이다. 친구는 내가 만든 공부방을 보면서 잘 꾸민 것 같다고 칭찬을 해주었다. 힘들었던 만큼 기분이 좋았다.

친구와 나는 구입한 책을 폈다. 경험이 있는 친구가 가르쳐준 대로 발음을 따라했다. 며칠을 반복하며 배우고 함께 공부하니 실력이 향상되었다. 어느 정도 실력을 쌓고 우리는 공부를 마무리하기로 했다. 그렇게 친구와 만나서 편히 일본어를 배우며 공부를 한 나는 일본어 자격증 시험을 치르기로 했다. 열심히 공부한 나의 시험 결과는 당연히 합격이었다.

일본어 자격증을 따니 문득 중국어도 배우고 싶어졌다. 나는 중국어를 같이 공부하자고 친구에게 제안했다. 하지만 친구는 당장 해야 할 과제가 있어 같이 공부하기에는 바쁘다며 거절했다. 그렇게 나는 혼자 중국어 공부를 하기로 결심했다.

중국어를 공부하기 위해서 나는 일본어를 배우기 전처럼 인터넷에 검색해봤다. 가만히 생각해보니 어렸을 때 아빠에게 중국어를 배운 기억이 생각났다. 나는 기억을 상기시키며 독학으로 공부해보기로 했다. 먼저 서점에 가서 중국어책을 산 뒤에 공부방에서 혼자 공부를 해봤다. 하지만 혼자 공부를 해보니 생각보다 집중이 잘되지 않았다. 그래도 꾸역꾸역 공부를 하고 중국어 자격증 시험에 응시했다. 하지만 집중을 잘하지 못하고 공부를 한 탓인지 시험에 합격하지 못했다.

중국어 자격증도 따고 싶던 나는 결국 다시 인터넷에서 검색을 했다. 그러다 나는 한 인터넷 강의 사이트에서 중국어 강의만 수강할 수 있는 프로그램을 실시하고 있다는 글을 발견했다. 후기를 보았더니 집중도 잘되고 재미있다는 글이 많았다. 나는 바로 인터넷 강의를 결제했다. 인터넷 강의를 결제하고 교재가 오기만을 기다렸다. 책이 오고 두근두근 거리는 마음으로 택배를 뜯었더니 책과 함께 무선 이어폰이 들어있었다. 무선 이어폰 밑에 있는 작은 종이를 읽어보았더니 행운의 번호에 당첨돼서 경품으로 들어있다고 적혀있었다. 나는 이어폰과 집에 있는 아이패드를 연결해 인터넷 강의를 들었다. 인터넷 강의를 들으면서 이해가 잘되지 않는 부분은 체크를 해놓고 반복해서 들으며 공부했다.

그렇게 나는 처음 공부한 것보다 배로 노력했다. 그리고 떨리는 마음으로 중국어 자격증 시험을 보러갔다. 많은 노력을 해서인지 결과는 합격이었다. 나는 너무 기뻐서 친구에게 중국어 자격증 시험에 합격했다는 소식을 전했다. 내 말을 들은 친구는 웃으면서 축하를 해줬다.

나는 친구에게 중국과 일본여행을 가자고 권유했다. 며칠 뒤, 친구와 만나 함께 여행계획을 짰다. 그리고 자격증을 따기 전 적어놓았던 일상생활 용어 단어집을 챙겨가서 틈틈이 보기로 했다. 친구와 함께 하는 일본·중국 여행은 단순 여행이 아니다. 이번 여행은 자격증 공부를 하면서 쌓은 나의 외국어 실력을 실전에서 확인하게 될 것이다.

단지 아이돌에 관심이 있어서 배우고 싶다고 생각한 중국어, 일본어였지만 막상 자격증을 따기 위해 배우고 나니 나는 실생활에서 사용할 수 있는 기회가 많음을 알게 되었다. 또한 한 분야에서 전문가가 된다는 것은 정말 힘든 일이라는 것을 느낄 수 있었다. 앞으로는 중국어, 일본어뿐만 아니라 다른 나라의 언어들도 완벽하게 공부해서 그 언어 분야에서도 전문가가 되고 싶다.

3
—
셀프 인테리어
전문가 되기

미리 쓰는 미래의 일기 3

나는 연세대학교 실내건축학과에 합격했다. 합격한 뒤에 가족들과 친구들의 축하를 많이 받았다. 연세대학교에 기숙사가 있다기에 신청을 했는데 아무래도 내가 부산에서 살다보니 서울과 거리가 있어서 바로 합격되었다. 한동안 나는 집에서 뒹굴거리다 서울에 올라가기 전에 짐을 쌌다. 짐을 싸고 난 뒤 기숙사로 보내고 나니 갑자기 부산을 떠나서 나 혼자 서울에 갈 생각에 무섭기도 하고 신나기도 했다. 아직 대학교 수업을 들어본 것은 아니지만 앞으로의 대학생활이 많이 힘들 수도 있겠다는 생각이 들기도 하고 재밌을 것 같다는 생각도 들었다.

대학교에 입학하고 많은 일들이 있었지만 그중 하나를 꼽자면 교수님과 친해졌다는 것이다. 강의 첫날부터 지각을 해서 단단히 찍혔지만 그 뒤로 출석을 꼬박꼬박 잘 하고 강의에 늦지도 않고 일찍 와서 앞자리를 사수하기도 했다. 친구들은 나를 보면서 성실해졌다며 웃기도 했다. 과제도 성실하게 해서 학기말에는 그 과목 점수를 A를 받았다. 그리고 교수님과 함께하는 뒤풀이에서 교수님이 나를 보면서 내가 제일 많이 변했다고 말하자 내 동기들이 다 웃기도 했다. 교수님과 친해지다 보니 이것저것 나한테 심부름을 시키기도 하셨고, 졸업할 때쯤에는 교수님께서 아는 지인이 한 인테리어 회사에서 일하는데 혹시 그 회사에서 일을 해볼 생각이 없냐고 물어보셨다. 그래서 조금만 생각할 시간을 달라고 한 뒤 주변 친구들에게 그 회사의 평판에 대해 물어보았다. 친구들에 의하면 그 회사는 업무는 물론 복지도 좋다며 다들 입이 마르도록 칭찬을 하기에 교수님에게 하겠다고 했다. 부모님께 졸업을 하자마자 한 건축회사에서 일을 하게 되었다고 말하니 부모님은 웃으면서 너무 잘되었다고 말씀하셨다.

교수님께서 건축회사에 가서 간단한 면접만 본다고 하면 된다고 하셔서 나는 후다닥 준비를 하고 면접을 보러갔다. 며칠 뒤, 회사에서 합격했다는 소식을 받았다. 나는 가족과 친구들에게 합격 소식을 알렸다.

나는 졸업을 하고 아침과 저녁이 바뀌었지만 다행히도 제시간에 맞춰서 일어날 수 있었다. 출근시간에 2호선 지옥철을 타니 정말 죽을 맛이었지만 꾹 참고 회사에 출근했다. 출근해서 내가 해야 하는 일들과 부서에 있는 팀원들의 자기소개를 듣고 제자리에 앉아서 내가 해야 할 일을 시작했다. 해야 할 일을 끝내니 시간이 많이 남았다. 내 추측이긴 하지만 아마 첫날이라 할 일을 조금 내준 것 같다. 1시간 정도가 지나니 내가 들어온 기념으로 회식을 한다고 해서 짐을 싸고 회식장소로 이동했다. 맛있는 고기를 겸해 술도 마셨다. 그렇게 즐거운 회식을 끝내고 집으로 돌아와 몸무게를 재보니 1.5kg정도 늘어있었다. 친해진 동료들과 일을 하며 성실히 업무에 임했다. 그렇게 반복하다 보니 나는 어느덧 신입사원에서 차장이 되었다.

차장이 되고 너무 바빠져서 집에 거의 들어가지 않고 회사에서 반쯤 살기 시작했다. 한 프로젝트를 끝내고 휴가를 받아 지친 상태로 집으로 돌아왔다. 거의 한 달 만에 집에 온 터라 집이 말이 아니었지만 너무 피곤해서 바로 잠들었다. 다음 날, 일어나보니 어제 비몽사몽한 상태에서 본 것 보다 더 더러웠다. 일어나자마자 씻고 방을 치우기 시작했다. 방을 다 치우고 나서 휴가도 받았겠다 '집 구조를 좀 바꿔볼까?'라는 생각이 문득 들었다. 나는 나름 전공을 살려서 현재 가구배치도를 그리며 어떻게 바꿀 것인지 고민했다.

인터넷을 통해 관련 사례들을 찾아보며 조사도 했다. 그렇게 나는 구상한 대로 가구배치도를 그려보았다. 생각보다 가구가 커서 불가능할 것 같았다. 나는 다시 곰곰이 구상하다가 가구배치도를 짰다. 그리고 배치도를 보며 힘들게 가구 몇 가지를 옮겼다. 이후, 나는 셀프 인테리어를 할 때 초보에게 필요한 간단한 재료들을 인터넷에서 찾은 뒤 사러 나갔다. 사온 페인트로 칠을 하고 이것저것 꾸미니 이전과는 확 달라져 있었다. 전과 후 달라진 모습을 카메라로 찍고 취미로 하는 블로그에 업로드 했다. 그리고 나서 얼마 뒤, 인테리어를 어디서 했냐는 댓글이 붙기 시작했다. 나는 피곤한 몸을 이끌고 새로운 게시물을 게재했다.

다음 날, 친구가 만나자고 연락이 왔다. 자기가 셀프 인테리어를 하고 싶은데 혹시 도와줄 수 있냐는 것이다. 내 블로그 글을 보여주면서 이걸 보고 자기도 꾸미고 싶다고 말했다.

그 뒤 연휴가 돼서 부모님 집에 내려갔는데 오랜만에 가서 그런지 집이 많이 바뀌어있었다. 오래되어서 조금 칙칙한 감도 없지 않아 있었다. 그래서 연휴가 끝나고 남은 휴가를 써서 부모님 집도 바꿀 준비를 했다. 내 집보다 조금 넓다보니 가구배치도를 그리는데 우리 집보다 더 많은 시간이 소요되었다. 재료를 사는 데도 더 많은 돈이 들었다. 다 준비한 뒤에 언니와 돈을 모아서 부모님을 7박 8일로 유럽 여행을 보내드리고 언니와 함께 페인트칠을 하고 가구를 옮겼다. 인테리어를 끝낸 뒤에 그동안 작업했던 전과 후 사진을 찍어 내 블로그에 올렸다.

나는 내 전공을 살려 주변 지인들이 도와달라고 하면 보수 없이 도와주며 회사를 다니고 있다. 그러나 인테리어 관련해 연락해 오는 사람들이 너무 많아져 회사에 휴직계를 쓸 수밖에 없는 상황에 이르렀다. 휴직하는 동안에 지인들의 인테리어를 도와준다면, 쉬는 게 쉬는 것이 아니겠지만 나는 보람과 뿌듯함으로 행복감을 느낄 수 있을 것이다.

회사에서 일만 하는 것보다는 내가 직접 설계를 하고, 인테리어를 하는 것이 의외로 적성에 잘 맞았다. 그래서 나는 휴직계를 내고 쉬는 동안에 생각을 조금 해보려고 한다. 오늘도 지인들의 인테리어 상담이 잡혀있다.

나는 오늘부터 회사원이 아닌 셀프 인테리어 전문가로 거듭날 것이다!

PART 4

아내와 함께
세상에 필요한
존재로 살기

-이동현-

이동현 사무 가구 컨설팅 및 유통 회사 대표, 세일즈 코치, 영업인 멘토, 자기계발 작가, 동기부여가

플랜코리아 대표로 사무 가구 제안, 컨설팅, 유통 등 다양한 업무를 수행하며 운영하고 있다. 또한 〈한국영업인양성코칭협회〉를 운영하며 영업인 양성을 위한 코칭 활동도 하고 있다. 현재 작가이자 동기부여가라는 가슴 설레는 꿈을 그리며 영업인의 멘토로 활동 중이다. 저서로는 《1등의 영업 비법》이 있다.

1

부모님
집 사 드리기

나는 초등학생 시절부터 고등학생 때까지 잠을 자는 것이 두려웠다. 잠을 자다 늦은 저녁이나 새벽 시간쯤 되면 부모님의 다투는 소리에 놀라 잠이 깨곤 했다. 언제나 잠이 들 때부터 불안감에 신경이 곤두섰던 걸로 기억한다. 아버지가 어머니를 때리시는 소리, 집 안의 물건을 집어 던지시는 소리, 뭔가 깨지는 소리들, 어머니의 비명소리…. 나의 어머니와 아버지께서는 오랜 기간 그렇게 살아오셨다.

누군가에겐 사춘기가 인생에서 풋풋했던 철부지 시절로 기억될지 모르겠다. 하지만 나에겐 두 번 다시 돌아가기 싫은 악몽과 같은 시절이다. 나에게 사춘기란 단지 그런 시절이다. 나는 이런 부모님의 모습을 보며 반항심에 젖어 세상에다 온갖 원망을 해댔다. 나의 사춘기 시절은 그렇게 지나갔다.

이런 경험들 속에서도 나의 행동에 따른 결과에 책임져야 한다는 사실은 명확하게 인식하고 있었다. 그리고 부모님이 아닌 누군가를 실망시키면 안 된다는 의무감이 나를 이끌었다. 나에게 그런 존재는 지금은 돌아가신 할아버지였다. 할아버지께서 우리 집에 놀러 오시는 날은 행복했다. 적어도 그날에는 부모님이 다투시지 않으셨으니까 말이다. 나의 장래 희망, 생활습관, 태도, 정신 등 모두 할아버지의 영향 아래 있었다고 해도 무방하다. 그리고 난 그런 게 좋았다. 정신적으로 의지할 곳이라곤 할아버지밖에 없었으니까.

나는 대학 졸업 후 곧장 군대에 갔다. 대학 시절 ROTC에 지원해 장교로 가게 되었다. 자존감이라곤 전혀 없었던 당시의 나를 지탱해 줬던 유일한 자부심은 이것 하나였다. 그러던 중, 내가 없는 동안 집에 또 무슨 일이 생겼다. 이번엔 아버지가 집을 나가셨다고 했다. 더 이상 놀랍지도 않았다. 어머니와 아버지는 번갈아 가며 그렇게 살아오셨으니까.

대학생이던 남동생의 등록금이 없다고 어머니께서 연락해 오셨다. 난 급하게 돈을 마련해서 보내 드렸다. 그러다 신용카드를 만들기 위해 은행에 방문했다. 그때 나는 나도 모르는 사이에 신용불량자가 되었음을 알게 되었다. 신용불량이 뭔지도 몰라서 은행직원에게 여쭤 봤다. 그제야 알게 되었다. 내가 없는 동안 아버지께서 무슨 일을 벌이셨다는 것을.

다행히도 전역 후 취업은 즉시 되었다. 수습 기간에는 서울 본사에서 근무했다. 그러다가 어머니 혼자 계신 대구지역으로 자원해서 내려왔다. 아버지는 또 그렇게 가정을 방치해 놓으셨던 거다. 빚 독촉은 어머니 혼자 감당하시고 계셨다. 어머니와 함께 살면서 나는 어머니를 애써 외면했다. 이젠 나의 인생을 살아야 했기 때문이다. 더 이상 부모님으로 인해 나의 인생에 굴곡이 생기지 않길 기도하고 기도했다.

어머니는 그렇게 힘들게 생활하고 계시면서도 직장생활을 하는 자식에게 용돈 달라는 말씀 한 번 없으셨다. 나는 용돈이 필요하냐고 여쭤 보지도 않았다. 그땐 왜 그랬을까? 혼자서 힘들게 생활하시는 어머니를 장남인 나는 왜 애써 외면했을까? 대구에서 근무했던 1년 동안 어머니께 외식 한 번 시켜 드리지 않았다. 나 역시 그렇게도 미워했던 아버지의 모습을 점점 닮아 가고 있었다.

서울 본사로 발령받아 근무하던 중 미팅을 통해 지금의 아내를 만나게 되었다. 내 인생에서 결혼이란 나와는 상관없는 것이라 믿었다. 그전에도 다른 여성들과 몇 번의 교제를 하긴 했다. 하지만 아내를 놓친다는 생각은 단 한 번도 해 본 적이 없었다. 당시 내가 가진 것이 없어서 아내에게 멋진 청혼 이벤트를 해 주지 못한 것은 지금도 미안하다. 아버지께서 결혼식에 참석해 주셨지만, 고맙지는 않았다. 아내와 결혼생활을 시작한 후에도 아버지는 역시 밖에서 따로 사셨다.

나는 아내와 아들을 낳아 키우면서 행복하게 살았다. 난 누구보다 나의 가정에 애착을 가졌다. 적어도 나처럼 아빠로 인해 자식들이 불행하다 생각하지 않게 하겠다는 의지가 강했다. 난 아버지를 절대 닮고 싶지 않았다. 설령 아버지가 밖에서 돌아가시더라도 난 모른 체할 것이라고 가족들에게 말했다. 성인이 되고, 부모가 된 후에도 아버지를 향한 그런 내 마음은 변하지 않았다.

그렇게 결혼 후 몇 년이 흘렀을까…. 어머니께서 전화를 해 오셨다. 그러면서 "동현아! 아버지를 이제 집에 들어오시게 하는 게 어떻겠노?"라고 말씀하셨다. 난 그런 어머니를 도무지 이해할 수 없었다. 평생을 그렇게 살아오셨으면서, 또 그런 생활을 하시고 싶으실까? 아버지도 어머니와 함께 살고 싶어 하셨다. 하지만 장남인 나 때문에 실행하지 못하셨다. 착한 남동생과 여동생과 통화하시며 설득하셨지만, 내겐 전화 한 통 없으셨다. 아마도 나의 반응이 뻔하리라 예상하셨을 테니.

아무리 내가 원망하고 반대해도 아버지 인생의 동반자는 어머니다. 어머니께서 원하시는 인생을 장남이라고 결정할 권한이 없다는 생각이 들었다. 결국 못 이기는 척 어머니의 의견을 존중하고 따르기로 했다.

집으로 다시 돌아오신 아버지는 예전보다 많이 쇠약해지셨다.

어머니는 그런 아버지를 아직도 사랑하시나 보다. 얼굴에 기쁨이 그대로 묻어나신다. 어머니의 표정과 목소리가 너무 행복하게 느껴졌다. 여전히 아버지는 어머니께 그런 존재셨다.

지금 아버지는 폐기능이 거의 손상되셨다. 젊은 연세이시지만 제대로 걷지도 못하신다. 특히 겨울만 되면 건조해진 공기로 인해 연신 기침을 하신다. 이젠 기침하실 때조차 힘이 없으시다. 아버지를 뵐 때마다 가슴이 저리고 눈시울이 자꾸 뜨거워지려 한다. 어머니를 위해서 오래오래 건강하셨으면 하는 바람이다.

이제는 내가 어머니와 아버지를 모두 지켜 드려야 한다. 하지만 부모님께 전화를 드리는 건 아직도 어색하다. 내 진심을 부모님께서 아실까 봐. 어머니와 통화하면 울고 싶을 때가 많다. 그렇게 나도 모르게 울어 버리면 어머니께서 또 걱정하실까 봐….

그동안 부모님을 애써 외면했던, 미련했던 세월을 후회하고 반성한다. 대구의 좁디좁은 집에서 힘들게 생활하시는 부모님을 생각하면 언제나 마음이 불편하다. 부모님께서 편하게 거주하실 아파트를 마련해 드리는 것이 자연스럽게 나의 버킷리스트가 되었다.

부모님께선 요즘과 같은 아파트에 살아 보신 적이 없으시다. 따라서 생활의 모든 것이 불편하다. 부모님께서 편안하게 생활하실 아파트를 사 드릴 날이 얼마 남지 않았다. 부모님을 사랑하고 마음은 움직이지만 표현을 못한다. 이래서 '아들보다 딸'이란 말이 나오지 않나 싶다.

부모님은 살아오신 날보다 살아 계실 날이 적으시다. 훗날 부모님이 돌아가신 후 후회하는 모습을 나의 자식들에겐 보여 주기 싫다. 우리 부모님이 편히 거주하실 아파트 하나 장만해 드리지 못한다면, 내게도 평생의 짐처럼 죄송함이 함께할 것만 같다. 손자들이 놀러 와도 편안하실 수 있도록 34평 정도의 아파트를 구입하려 한다. 그러면 부모님은 어떤 표정을 지으실까? 생각만 해도 기분이 절로 좋아진다.

"어머니, 아버지! 큰아들이 34평 아파트 사 드릴게요. 계약하러 같이 가세요!"

2

아내를 세상에서
가장 행복한 여자로 만들기

아내와 인생의 동반자로서 함께 살겠다고 약속한 지 어느덧 17년 차에 접어들었다. 결혼 전 대구에서의 바쁜 직장생활 속에서도 난 언제나 토요일만을 기다리는 평범한 직장인이었다.

토요일 오전 근무가 끝나면 곧장 아내와 장모님께서 살고 계시던 분당으로 향했다. 운전하면서 올라가는 길은 막히곤 했다. 하지만 아내를 만날 수 있다는 생각에 모든 피로를 물리칠 수 있었다.

그렇게 나는 몇 년간의 교제를 거쳐 아내와 결혼했다. 지금은 너무나 행복한 가정을 꾸리고 있다. 남자들은 청혼할 때 "나와 결혼하면, 손에 물 묻히는 일 없게 해 줄게."라고 말하곤 한다. 나 또한 그런 상투적인 표현밖에 쓸 줄 모르는 남자 중 하나였다. 생각해 보니 남자들의 이런 약속을 믿는 여성들이 과연 얼마나 있을까 싶다. 비록 상투적인 멘트지만 남자들도 그 말을 할 때는 모두 진심이었을 것이다. 그러니 그 진심을 믿은 여성들은 희망을 가지고 결혼을 약속하는 것이고….

난 아내를 세상에서 가장 아름답고 행복한 여자로 만들어 준 적이 없었던 남편이다. 일상 속에서 아내의 관심이 무엇인지, 힘들어하는 것이 어떤 것인지, 내가 어떻게 해 줬으면 좋겠는지. 그런 말들을 내가 먼저 다가가 물어본 적이 없었다. 아내의 변한 표정을 보거나 이야기를 들은 후에나 진심을 읽을 정도로 미련했다. 이런 미련함은 지금도 마찬가지여서 나도 참 답답하다.

나의 아내는 진실로 지혜로운 여자다. '지식'과 '지혜'는 분명하게 구별된다. 지식은 때로는 상대에게 상처를 주는 무기가 된다. 하지만 지혜는 언제나 세상에 이로움을 준다. 그래서 난 아직도 아내 앞에서는 그저 그런 평범한 남편이라 생각한다.

톨스토이의 명언 중에 이런 말이 있다.

"행복한 결혼생활에서 중요한 것은 서로 얼마나 잘 맞는가보다 다른 점을 어떻게 극복해 나가느냐 하는 것이다."

짧게는 20년 이상, 길게는 그 이상의 세월을 각자의 경험과 생각 속에서 살다 두 사람이 만나게 된다. 그렇게 가정을 꾸리다 보면 당연히 충돌은 있게 마련이다. 이러한 충돌을 어떻게 풀어 나가느냐가 결혼생활에서 가장 중요한 요소가 아닌가. 그런 불필요한 충돌을 미연에 예방하는 능력에 있어서는 아내가 세상에서 최고라 인정한다.

지혜로운 아내를 만난 덕분에 난 든든한 아들들을 낳고 키우며 잘 살아간다. 물론 위기도 있었다. 하지만 지금까지 살면서 단 한 번의 부부싸움도 없었다. 아니, 아내가 지혜롭게 나를 가르쳐 준 결과라는 표현이 더 적절할 것 같다. 가정에서의 나를 비유하자면 난 '바지가장'이다. 가정의 행복을 유지하고 이끌어 가는 것은 전적으로 아내의 역할이다. 난 이런 아내에게 항상 미안하다. 아내에게 애처로운 마음을 가지고 있다. 아내와 진심을 터놓고 대화할 때는 자꾸 눈물이 나려고 한다. 그래서인지 나에겐 아내와 대화할 때 아내의 시선을 자꾸 피하는 버릇이 있다.

아내의 지혜로운 생활은 장모님에게서 물려받았다고 생각한다. 장인어른은 아내가 사춘기 시절에 갑작스럽게 돌아가셨다. 그 시절엔 장모님께서도 표현할 수 없을 정도로 힘이 드셨을 것이다. 장모님은 홀로 당시 어렸던 아내와 처남을 키우셨다. 그렇게 경제적인 면뿐만 아니라 자식 걱정까지. 장모님의 그 고통을 나는 아직도 가늠할 수가 없다.

장모님은 평생을 억척스럽게 살아오셨다. '아마도 아내가 이런 장모님의 지혜를 물려받지 않았나'라는 생각이 든다. 그렇다고 내가 장모님께 살갑게 대하는 것도 아니다. 그냥 말없는 사위일 뿐이다. 이 점은 나도 꼭 바꿔 나갈 것이다.

지나간 세월이 말해 주듯 어느덧 아내에게 흰머리와 눈가의 주름이 하나둘씩 생긴다. 아내의 조금씩 변해 가는 이런 모습에 나는 미안함과 애처로움을 더 갖게 된다. 결혼생활 동안 사랑하는 여자의 모습을 내가 이렇게 만들었나. 장모님께서 긴 세월 갖은 고생을 하시며 키운 딸에게 내가 이것밖에 못 해 주고 있나….

지금까지의 반성을 뒤로하고, 나는 아내를 위해 행동하려 한다. 힘든 일, 가슴 아픈 일이 있더라도 언제나 아내를 사랑한다는 표현을 할 것이다. 사랑하는 마음을 가슴에 담아 두고 '이해해 주겠지'라고 생각하지 않겠다. 마음에만 담고 표현하지 않으면 원래 가치의 절반밖에 되지 않는 것이 아닐까? 절반의 사랑만을 받은 아내에게 이젠 나의 모든 마음을 표현하려 한다.

얼마 전 아내가 이렇게 이야기했다. "여보, 여자는 작은 칭찬과 격려에도 크게 감동받아요. 여자들은 그래요." 남자의 입장에서 보면 도무지 이해하지 못하겠는 말이었다. 하지만 나는 순간 머릿속이 번쩍하는 충격을 받았다. 나는 평소 아내에게 칭찬을 많이 해 주는 편이라 생각하고 있었다. 그런데 아내는 그렇게 생각하지 않았나 보다.

아내를 위해 현재 상황에서 당장 경제적, 물질적으로 보답할 길은 없다. 부족하지만 진심 어린 마음과 표현으로 아내를 행복하게 해 줄 것이다. 돈이라는 건 있을 때도 있고, 없을 때도 있는 게 아닌가. 물론 아내의 생각은 다를 수도 있겠지만….

직업 특성상 나는 외근을 주로 많이 다니게 된다. 그럴 때 밖에서 예쁜 옷과 액세서리 등을 보면 항상 아내 생각이 난다. 그러면서 '아내에게 참 잘 어울리겠다. 꼭 사 줘야지'라고 결심하곤 했다. 나는 아내에게 지금까지 봐 왔던, 잘 어울릴 것 같은 제품들을 한꺼번에 사 줄 것이다. 아내가 원할 때마다 미용실과 네일숍에서 마음껏 꾸미기, 마음껏 피부 관리하기…. 이외에도 아내가 하고 싶어 하는 모든 것을 다 해 줄 것이다.

지금껏 고생했던 아내에게 내가 해 줄 수 있는 보상을 할 것이다. 아내에게 사랑한다는 마음도 표현할 것이다. 표현하지 않지만 아내도 여자의 삶을 원하고 있다. 그런데도 지금껏 묵묵히 아내와 엄마의 역할에만 충실했다. 그것이 바르게 사는 방법인 줄 알고….

이젠 내가 아내의 삶을 변화시켜 줄 차례다. 난 아내에게 경제적인 풍요로움을 통해 윤택한 삶을 영위할 수 있도록 할 것이다. 난 지금 할 수 있는 모든 노력을 하고 있는 중이다. 아내를 진심으로 사랑한다는 표현과 함께.

아내의 행복에는 장모님의 행복한 삶이 수반되어야 한다. 장모님은 한평생 고생만 하셨다. 쉬는 날도 없이 고된 일만 하시는 장모님을 생각하면 아내의 마음이 얼마나 아플지 충분히 이해가 간다. 머지않아 장모님께 매달 용돈을 드릴 것이다. 용돈은 지금의 일을 그만두셔도 충분히 생활하실 만큼의 금액이다. 장모님께서 힘든 일을 그만두시고 편안한 노년을 보내시게 된다면 이 또한 아내의 근심을 덜어 주는 일이 아닐까. 생각만 해도 행복하다.

나는 장모님, 아내 그리고 든든한 아들들과 함께 하와이로 해외여행을 갈 것이다. 결혼기념일마다 해외여행을 가기로 한 약속을 지금까지 한 번도 지키지 못했다. 난 아내에게 더 이상 약속만 하는 거짓말쟁이가 되기 싫다. 여행지는 하와이에 위치한 '포시즌스 리조트 후알랄라이'다. 장모님과 아내는 그곳에서 편안히 쉬면서 그동안 힘들었던 세월들을 회상할 것이다. '아내를 세상에서 가장 행복한 여자로 만들어 주는 것.' 이것이 내 인생 최대의 목표다. 이 목표는 내가 숨 쉬고, 의식이 있는 그날까지 계속된다.

"여보, 고마워! 사랑해!"

3

아내와 함께
유명 작가, 강연가 되기

나는 한때 독서를 즐겼다. 당시 엄청 다독(多讀)했다. 글을 써 보겠다는 생각은 하지 못했다. 책만 많이 읽으면 마음의 양식으로 고스란히 저장되는 줄 알았다. 심리적으로 위축될 때, 고민이 될 때, 휴식이 필요할 때…. 필요한 순간순간에 조금이라도 책을 읽었다. 그러다 점점 스스로에게 뭔가 부족하다는 생각이 들기 시작했다. 책을 읽기만 한 것에 아쉬움을 느낀 것이다.

나의 인생은 어린 시절 몇 년을 제외하곤 그리 평탄하지는 않았다. 대학 시절에는 친구바라기였다. 아마도 친구들과 함께 있는 시간을 통해 나의 상처를 잊고 싶어서 그랬던 것 같다. 친한 친구들과 함께 있으면 그 시간만큼은 기분이 좋았고 즐거웠다. 하지만 혼란스러웠던, 나의 정신과 마음까지 치유 받지는 못했다. 그래서 책을 가까이하게 되었다. 주로 미래에 대한 꿈, 자기계발, 성공학과 관련한 주제의 도서를 읽었다. 대학생활 중에도 반드시 성공하겠다는 의지가 강했기 때문이다.

책 쓰기를 결심하게 된 계기는 우연처럼 찾아왔다. 생소한 단체에서 발송한 한 통의 이메일을 받았다. 나는 스팸메일이라 생각하고 삭제했다. 5분쯤 흘렀을까? 갑자기 삭제한 메일의 제목에서 '책 쓰기'란 단어를 본 것 같았다. 복원 후 내용을 보니 〈한책협〉이란 카페에서 발송한 메일이었다.

수신된 메일을 통해 카페에 가입했다. 가입 후 인사말을 남기니 많은 회원분들이 반겨 주었다. 이런 카페는 처음이었다. '도대체 뭐지? 그냥 가입 인사만 했는데. 왜 이렇게 열띤 반응을 하지?' 이렇게 〈한책협〉과의 인연은 궁금증, 의문 그리고 의심으로 시작되었다.

가입 후 며칠에 걸쳐 카페의 내용들을 확인하기 시작했다. 더 많은 정보 습득을 위해 특강도 신청했다.

과거부터 인간의 마인드를 조종 기법으로 활용하는 기업들이 많았다. 주로 다단계, 보험회사, 영업사원 교육 등이 해당될 것이다. 물론 훌륭한 기법이다. 하지만 불법 다단계의 경우 부정한 목적을 위해 사람들의 의식을 변조한다. 이후 자신들의 도구로 활용하는 저질스러운 기업들이다. 이런 이유로 나는 기업에서 마인드와 관련한 내용만 나오면 먼저 의심부터 하는 습관이 생겼다.

특강을 들어 보니 많은 카페 회원들이 열광하는 이유를 알게 되었다. 이곳의 작가들은 그야말로 건강한 의식의 집합체였다. 지금껏 봐 왔던 어떠한 곳보다 책 쓰기 환경과 코칭 시스템이 잘 구축된 곳이라는 생각이 들었다.

하버드 대학 데이비드 맥클랜드 교수의 다년간의 연구 내용에는 '준거집단(reference group)'이란 표현이 있다. 세계적인 강사 브라이언 트레이시는 준거집단을 이렇게 설명한다.

"준거집단은 자신과 뜻이 맞아 사귀거나, 자신과 유사하다고 생각하는 사람들이다."

내가 느낀 〈한책협〉이란 곳은 이런 곳이었다. 책 쓰기와 함께 긍정적인 생각과 자신이 의식의 주인이 되는 과정을 함께 교육시켜 주는 곳이었다. 특강을 들은 후 〈책 쓰기 과정〉 수강신청을 했다. 더 이상 고민만 하다가 책 쓰기는 내 삶에서 영원히 실현 불가능할 것 같았기 때문이다.

내가 책을 쓰겠다고 생각하게 된 이유는 단 한 가지다. 직장생활을 하면서 품의서 작성 후 팀장, 본부장, 사안에 따라서는 대표이사까지의 결재를 받아야 했다. 그동안 내가 작성한 품의서 중 반려된 경우는 한 번도 없었다. 이 한 가지 이유로 나는 나의 재능을 믿고 책을 쓰기로 결심했던 것이다. 품의서는 상사를 설득해 자신의 기안을 승인받는 글이다. 책 쓰기는 저자가 독자와 출판사의 입장에서 생각한다. 그들에게서 공감을 얻고 감동을 주는 것을 목표로 한다. 내가 생각한 것은 이 정도였다. 난 이것을 실행에 옮기는 것뿐이었다.

나의 목표는 달성되었다. 하지만 아내와 함께 같은 꿈을 꾸면 더 행복할 것 같다. 아내에게 함께 작가가 될 의향이 있는지 물었다. 처음에는 아내가 흔쾌히 수락했다. 그러다가 며칠 후 자신 없는 대답을 한다. "여보, 나는 글솜씨가 없어요."라고.

아내의 생각은 당연한 것이다. 내가 먼저 성공한 모습을 아내에게 보여 주는 것이 순서다. 그러면 아내에게 자연스럽게 책 쓰기에 대한 의욕이 생길 것이라 생각한다.

부부가 함께 살아가고, 같은 취미와 직업을 가지는 것. 함께 생각을 공유하는 것. 진정 매력적인 삶이다. 나와 결혼한 후 아내에게는 꿈이 없었던 것 같다. 아니, 남편인 내가 아내의 꿈에 관심조차 없었다는 표현이 적절하다.

이젠 아내가 꿈꿀 수 있도록 도우려 한다. 평생 자식들과 남편 뒷바라지만 하는 아내의 모습을 원하지 않는다. 아내는 많은 재능을 가지고 있다. 다만 스스로가 그 능력을 끄집어내는 방법을 모르는 것뿐이다.

내가 생각하는 아내의 최대의 장점은 언제나 편안하게 웃는 것이다. 웃는 아내의 모습은 세상 누구보다 아름답다.

아내는 끊임없는 노력을 통해 작가로 데뷔한다. 아내의 이름으로 출간된 저서는 베스트셀러가 된다. 독자들은 평범한 주부의 삶에 울고, 웃으며 열광한다. 아내에게 여러 기관으로부터 강연 요청이 쇄도한다. 아내는 좋아서 어쩔 줄 모른다. 나는 아내의 강연 스케줄을 조정하고 있다.

아내와 나는 부부 작가와 강연가로 유명해진다. 실패한 줄 알았던 삶, 이대로 끝날 줄 알았던 삶이 작가와 강연가라는 직업을 통해 제2의 삶이 시작된 것이다. 아내와 나는 행복한 부부관계에 대해 함께 글을 쓴다. 남편이나 아내의 입장에서 쓰는 글이다보니 혼자 쓰는 글보다 독자들로부터 더욱 공감을 얻을 것이다.

우리는 위기에 빠진 부부들을 대상으로 코칭과 강연을 한다. 이혼율이 점점 높아지는 세상이다. 황혼이혼이라는 불행한 인생을 방지하기 위해 부부가 함께 노력한다. 도움이 필요한 이들을 외면하지 않고 원만한 부부생활을 하도록 도움을 준다. 진심 어린 코칭으로 행복한 세상을 함께 만들어 간다.

자신이 가진 능력으로 누군가에게 도움을 줄 수 있다면 아내 또한 보람을 느낄 것이다. 진정 아내가 세상에서 필요한 존재라는 걸 느끼게 해 줄 것이다. 상상만으로도 행복한 나의 버킷리스트는 그렇게 달성된다.

"여보, 시간 다 됐어. 강연 가자!"

4

경제적 자유 달성하기

많은 사람들의 버킷리스트에는 경제적 자유 달성하기가 포함되어 있을 것이다. 나 역시 마찬가지다. 어떤 사람은 윤택한 삶을 위해, 또 어떤 사람은 드림 카를 사기 위해 경제적 자유를 달성하려고 한다. 그렇게 사람마다 각기 다른 이유가 있다.

나는 막연하게 돈을 많이 벌어 편안하게 살아가는 건 진정한 버킷리스트가 아니라 생각한다. 단순한 희망사항이란 정도의 표현이 맞지 않을까 생각한다. 자신이 꿈꾸고 목표로 설정한 청사진은 자신의 의식과 정확히 일치해야 한다. 나는 그것을 버킷리스트라 정의한다. 반드시 달성해야 하는 버킷리스트.

초등학교 3학년 이후부터 성인이 될 때까지 집안 살림이 넉넉했던 기억이 없다. 지독한 가난이 싫어 죽고 싶을 만큼 힘들었던 때가 많이 있었다. 성인이 된 이후에도 실패와 좌절이 많았다.

나의 인생을 통틀어 가장 편안했던 시기는 군 복무 시절이었다. 군 복무 기간 동안 육체적으로는 고달팠다. 하지만 돈 걱정, 먹거리 걱정은 없었다. 군대가 사회보다 나를 더 인정해 주고, 보듬어 주는 것 같았다. 그래서 진심으로 국가를 위한다는 생각으로 군 생활에 임했다.

결혼 후에는 단순히 수입만 보면 예전보단 좋아진 것 같다. 하지만 나 혼자 살고 있을 때와는 상황이 다르다. 가족을 위한 생계비를 추가적으로 마련해야 했다. 아내와 결혼할 때 난 자신이 있었다. 아내가 전업주부여도 생계에 지장이 없을 정도의 돈을 벌어들일 수 있다는 그런 자신감이 있었다.

친구들과 만나 이야기하다 보면 자연스럽게 아내들이 주제에 오른다. "맞벌이를 했으면 좋겠는데 취업을 하지 않아.", "취직하라고 말하고 싶은데 입이 안 떨어진다." 설령 맞벌이를 하더라도 대부분 아내의 수입이 적다며 만족하지 못한다. 내가 보기엔 맞벌이를 하든 하지 않든 만족하지 못하는 건 똑같은 것 같다.

우리 가정 역시 살림이 넉넉한 편은 아니다. 난 가끔 '아내가 꿈을 가졌으면 좋겠다'는 생각을 한다. 아내가 원하는 걸 하길 소망한다. 취직을 원하면 그러라고 응원할 것이다. 아이들을 돌보고 싶으면 그렇게 하면 되고.

맞벌이가 가정의 경제생활에 도움이 되는 건 분명하다. 하지만 아내의 결정을 지지하고 응원하는 게 남편의 몫이라 생각한다.

　지금부터 나의 버킷리스트인 경제적 자유 달성하기에 대해 이야기하고자 한다.

　나의 연 수입은 30억 원이다. 수입은 책 출간, 저자 강연회, 코칭, 교육 프로그램들의 운영 및 사무 가구 유통 사업과 컨설팅을 통해 발생한다. 코칭과 교육에 포함시킬 과정의 일부도 설정되었다. 더불어 원룸 오피스텔을 신축해 부동산 임대업과 기부 사업도 함께 한다.

　1년에 최소 3권의 책을 출간한다. 매년 지속적으로. 출간 때마다 다양한 주제로 집필한다. 세일즈, 자기계발, 창업 등을 주제로 한 실용도서가 중심이 될 것이다.

　책 출간과 동시에 세일즈, 창업과 관련한 저자 강연회를 진행한다. 시중엔 많은 세일즈 분야 전문가들이 있다. 하지만 "이 중에서 과연 내가 전문가라 인정할 만한 사람이 몇 명이나 되지?"라는 질문을 던진다. 바닥부터 세일즈를 경험했다고 전문가는 아니다. 코칭을 오래 했다고 전문가는 아니다. 책 몇 권을 출간해서 전문가로 포장할 수 있는 것은 더더욱 아니다.

　이 점에서 나는 다른 전문가들과 차별성이 있다고 생각한다. 때문에 세일즈, 창업 관련 정보를 필요로 하는 이들이 내가 집필한 책과 강연에 열광한다. 강연에서 감동받은 팬들이 상담과 교육과정을 신청하는 글들이 카페에 넘쳐 난다.

코칭과 교육 프로그램을 신청하는 고객들에게 진심을 다해 지식을 전달한다. 고액의 수강료에 고객은 잠시 머뭇거릴 것이다. 하지만 나의 커리어와 능력을 보고 흔쾌히 지불할 것이다. 나는 과정을 의뢰한 모든 고객들을 성공한 사람들로 만들어 낸다. 사람들은 나를 '성공자로 만들어 주는 코치'라 부른다.

나는 사업가 백종원 대표의 마인드를 좋아한다. 그는 많은 사람들이 알고 있는 유명 프랜차이즈 기업의 대표다. 통상 프랜차이즈 본사는 가맹점, 대리점 측에 '갑' 행세를 하게 마련이다. 하지만 백종원 대표의 마인드는 남다르다. 프랜차이즈 본사가 가맹점과 함께 지향해야 할 방향을 정확히 알고 있는 사람이다. 그는 자신의 분야에 최고의 지식과 노하우를 가지고 있다. 그러면서도 대중 앞에서 겸손한 자세를 유지한다. 그래서 나는 이분을 좋아한다. 사람들은 나를 '제2의 백종원'이라 부른다.

나는 원룸 오피스텔을 신축할 것이다. 아직 위치는 정하지 못했지만 세부 운영 계획은 다음과 같다. 일부를 성적은 좋으나 가정형편이 어려운 대학생들을 위한 시설로 운영할 것이다.

5층 원룸 오피스텔 두 동을 신축한다. 각 층마다 5개의 방이 있다. 따라서 총 50개실로 이루어진 건축물이다. 이 중 25실은 유상임대, 25실은 무료 수준의 임대를 할 것이다. 대학교와 협의 후 성적은 우수하지만 집안 사정이 어려운 학생들을 먼저 추천받아 입실을 지원해 줄 것이다. 이는 대한민국의 미래를 이끌어 갈 청년들을 위해 반드시 해야 할 일이다.

이 모든 일들은 아내와 자식들이 원하는 모든 것을 해 줄 수 있게 되었다. 오랜 세월 동안 묵묵히 남편을 응원해 준 아내에게 그동안 고마웠다고 말한다. 큰아들 재원이, 둘째 아들 승원이, 셋째 아들 유준이 모두 고맙게 잘 자라 주었다. 늘 함께했던 불편함과 부족함. 이제는 그것들과 이별을 고한다.

새로 이사한 집은 신축 아파트다. 아직 어린 막내아들이 마음껏 뛰어놀 수 있는 1층의 60평 아파트다. 1층 발코니 앞에는 텃밭도 함께 있다. 가족들과 함께 행복한 아침식사를 한다.

아내는 필요한 것이 있으면 무엇이든 살 수 있는 환경이 되었다. 자식들이 원하는 것을 사 달라고 할 때 더 이상 엄마와 실랑이를 벌이지 않아도 된다. 자식들에게 필요한 것, 올바르게 자라는 데 방해가 되지 않는 것이라면 무엇이든 사 줄 수 있게 되었기 때문이다. 이런 아내의 모습을 보면서 나는 행복을 느낀다.

나의 첫 번째 버킷리스트는 부모님께 집 사 드리기였다. 더불어 내겐 어릴 적부터 내 말에 두말없이 따라 준 남동생과 여동생이 있다. 방황하던 사춘기 시절, 나는 부정적인 시각으로 세상을 봤다.

이런 나로 인해 동생들은 아무 죄도 없이 많은 피해를 보게 되었다.

성인이 된 후, 나는 나로 인해 그동안 동생들이 받았던 상처를 생각하게 되었다. 그러자니 차마 말로 다할 수 없는 미안함과 애처로움이 느껴진다. 이제 동생들에게도 능력 있고 배려심 많은 형과 오빠의 역할을 하려 한다. 동생들에게 진 마음의 빚을 평생 갚아 나갈 것이다. 혹여 동생들이 힘들어할 때, 내가 먼저 경제적, 정신적 도움의 손길을 내밀 것이다.

부모님, 장모님, 남동생 가족, 여동생 가족, 처남 가족들을 모두 데리고 해외여행을 갈 것이다. 총 18명이다. 가까운 해외여행을 가도 만만치 않은 비용이 들 것이다. 그러나 비용 걱정은 전혀 없다. 나의 수입이 나날이 증가하고 있기 때문이다. 가족들 모두 즐겁고 행복한 공짜 여행을 즐길 것이다.

이렇게 '경제적 자유 달성하기'란 나의 소중한 버킷리스트는 반드시 실현될 것이다.

5

가족에게 진 빚을
모두 갚아 행복해지기

2003년, 나는 평범한 직장인이었다. 평일에는 정신없이 일을 했다. 주말에는 소파에 누워 하루 종일 TV를 보면서 평일의 고단함을 달랬다.

그러던 어느 날 아내가 첫째의 임신 소식을 회사로 알려왔다. 임신한 아내는 얼마나 두려웠던지 울면서 전화했다. 하지만 나는 온 세상을 다 가진 기분이었다. 기뻐서 소리를 지를 뻔했다. 그때 나는 아빠가 된다는 기분을 처음 알게 되었다. 지금도 첫째, 둘째, 셋째 아들의 얼굴을 물끄러미 바라보는 버릇이 있다. 너무나 행복하고 든든하다. 세 아들이 아내의 배 속에서 가족들과 처음 인사하던 날. 난 지금도 그때를 모두 기억한다.

아내를 위해 맛있는 음식을 사 주고 싶었다. 아내가 좋아하는 갈빗집으로 향했다. 아내가 원하는 음식을 주문하게 했다. 메뉴판을 보던 아내의 표정이 순간 굳어졌다. 가격 때문이라 직감했다. 아내를 위해 왔으니 마음껏 주문하자고 말했다. 아내는 굳이 저렴한 가격의 메뉴를 시키려 했다. 그런 아내의 모습이 못마땅해 가장 비싼 메뉴로 내가 주문해 버렸다.

갈비는 너무 부드러웠다. 아내의 입맛에도 잘 맞는 것 같았다. 주문을 더 하려고 하자 아내가 만류했다. "여보, 배불러요."라면서. 소갈비 1인분을 2명이 먹고 배가 부를 리 없었지만 아내는 한사코 주문을 만류했다.

한없이 작아지는 나 자신이 초라하게 느껴졌다. 나는 임신한 아내를 위해 갈비조차 마음껏 사 주지 못하는 남편이었다.

명절이 되면 부모님께 좋아하시는 선물과 음식들을 한 보따리 사 드리고 싶었다. 하지만 직장인 시절에는 선물들을 넉넉히 살 형편이 되지 못했다. 사업을 하는 지금도 마찬가지다. 명절이 다가올 때면 거짓말처럼 진행하던 일들이 꼬이곤 했다. 용돈도 넉넉하게 드리고 싶었다. 하지만 형편이 안 되어 1년에 단 두 번뿐인 명절에 용돈조차 드리지 못할 때가 많다. 드리더라도 적은 금액이다.

부모님은 내가 말하지 않아도 먼저 알아채신다. 아들이 힘든 상황인 것을 알고 계시는 것이다. 표정을 감추려 해도 자식은 부모님을 속이지 못한다. 나는 참 바보 같은 아들이다.

부모님은 손자들에게 먼저 사 주시려 하신다. 주머니 사정이 변

변치 못한 아들 때문이다. 내가 자식들에게 사 주지 못한 것들을 손자들에게 대신 베풀려고 하시는 것이다.

아버지는 건강이 좋지 않으셔서 집에 계신다. 어머니는 노인 요양원에서 주야간 교대근무를 하신다. 어머니의 수입으로 부모님은 생활하시는 것이다. 그런 모습에 난 또 죄송해하며 마음에 상처를 받는다. 부모님이 버시는 돈은 당신들이 생활하시는 데조차 부족하다. 난 아직도 그저 그런 형편의 아들이다. 부족한 아들을 위해 부모님께서는 나를 대신해 주셨다. 그러니 부모님께 면목이 없을 뿐이다. 부모님 댁에 갔다가 집으로 올라오는 길이면 항상 생각이 많아진다.

장모님에 대해서도 애처로움과 죄송한 마음이 함께한다. 우리는 가끔 장모님과 외식을 한다. 그때마다 장모님께서 먼저 계산을 하셨다. 장모님은 젊은 시절부터 온갖 고생을 하시며 살아오신 분이시다.

몇 년 전 사업이 많이 위축되어 나는 사업을 접기도 했다. 당시 생활비 걱정에 무엇이라도 해야만 했다. 어떻게든 돈을 마련해야 했다. 당시 아내의 얼굴도 많이 수척해졌다. 아내와 함께 많은 고민을 하다 장모님께 부탁드렸다. 염치를 무릅쓰고 장모님께서 거주하시는 아파트를 담보로 한 대출을 부탁드렸다. 장모님께서는 냉정하게 거절하셨다. 그러면서 꾸중도 많이 들었다. 하지만 난 절박했다.

그 당시 나는 자존심을 모두 버렸다. 가족들이 살아야 했고, 당장 돈이 필요했다. 가족들과 살고 있는 집을 전세로 내주고 장모님 댁에서 함께 살게 해 달라고 부탁드렸다. 아내와 아들 둘만이라도 거주할 수 있게 해 달라고 부탁드렸다.

결국 장모님께서 함께 살 수 있도록 허락해 주셨다. 그런 장모님은 우리 가족을 도와주신 은인이시다. 이렇게 난 또 장모님께 평생의 빚을 지게 되었다. 모든 가족들에게 마음의 채무자가 되었다.

때론 무능한 아빠로 보일까 봐 별것 아닌 이유로 아이들을 혼낼 때가 있다. 뒤돌아서면 자식들에 대한 미안함이 한꺼번에 몰려와 눈물을 닦게 된다. 이제야 아버지의 마음을 조금씩 이해한다. '아버지께서도 이런 심정이셨구나.'

내가 버킷리스트를 반드시 이루고야 말겠다고 마음먹은 계기가 있었다. 한때 나는 친한 친구와 매주 만나며 이야기를 나누었다. 그 친구와는 심오한 고민들, 다른 사람에게는 말하기 어려운 이야기들을 터놓고 이야기할 수 있었다.

사업을 접으려고 결심하고, 그 친구에게 힘든 상황을 털어놓았다. 친구는 진심으로 나의 이야기를 들어 주며 위로해 주었다. 그런데 친구의 태도가 조금씩 변한다는 걸 느꼈다. 친구의 입에서 은연중에 나를 무시하는 말들이 나오고 있었다. 그래도 오랜 친구라 이해하고 지나갔다. 하지만 어느 순간부터 친구는 내 면전에서 나를 무시하는 말투와 행동을 습관처럼 하고 있었다. 그리고 얼마 후 나는 주변 여러 친구들로부터 이야기를 전해 들었다. 친했던 그 친구가 나의 처지를 비웃고 있었던 것이다. 그 사실을 알고 난 후, 난 충격을 받았다. 분노가 치밀어 올랐다. 친구에게 따지고 싶었다. 하지만 그렇게 했으면 우스운 사람이 되었을 것이다. 지금은 자연스럽게 그 친구와 연락을 끊게 되었다. 세월이 지난 지금 난 이 친구를 고맙게 생각한다. 잊고 살았던 나의 버킷리스트를 명확하게 각인시켜 주었으니까.

난 반드시 성공할 것이다. 하지만 성공한 후에도 이 친구에게 연락은 하지 않을 것이다. 내가 재기한다면 시기하고 질투할 것이 불 보듯 뻔하기 때문이다. 나의 성공스토리를 주변 친구들을 통해 듣게 할 것이다.

지금부터는 이전의 생활과 이별할 때다. 나를 믿고 함께해 준 아내와 자식들을 계속 이렇게 살게 둘 순 없다. 가격과 양을 보면서 꼼꼼히 확인하는 수고는 아내에겐 아까운 시간이다. 차라리 그 시간을 활용해 아내가 원하는 것을 할 수 있도록 지원할 것이다.

이제야 인생이란 걸 조금 알 것 같다. 가장 가까웠던 가족들의 소중함을 잊고 살았다. 가까워서 항상 그 자리에 있을 거라 생각했다. 너무나 가까워서 보이지 않았다. 가까운 사람들을 먼저 챙기고 감사한 마음을 전할 것이다.

아내는 자식들이 좋아하는 고기를 부위별로 사서 맛있는 요리를 할 것이다. 부모님과 장모님께는 매달 넉넉하게 용돈을 보내 드릴 것이다. 명절이 되기 전 부모님과 장모님께 원하시는 선물을 직접 여쭤 볼 것이다. 원하시는 모든 선물들을 해 드릴 것이다. 자식들은 먹고 싶은 것, 가지고 싶은 것들을 아빠에게 솔직하게 말할 것이다. 나는 아이들이 더 이상 아빠의 주머니 사정을 걱정하지 않도록 할 것이다.

고향에 가면 부모님과 형제들이 다 모인다. 모든 가족들에게 아내와 함께 준비한 풍성한 선물보따리를 건네고, 맛있는 식사를 함께 할 것이다. 부모님은 성공한 아들에게 자주 원하시는 것을 사 달라고 하신다. 그러면 나는 기쁜 마음으로 부모님께 선물을 준비해 드릴 것이다.

장모님께서도 주위 분들께 사위 자랑을 많이 하실 것이다. 계모임을 하시는 장모님을 위해 모임 때마다 고급 식당을 예약해 드릴 것이다. 당연히 모든 비용은 사위가 계산할 것이다. 장모님께 진 빚이 너무나 많기 때문이다. 장모님 댁에서 함께 살며 신세 진 것에 보답할 것이다. 넉넉한 금액과 감사한 마음을 담아 빚을 갚아 나갈 것이다.

나의 버킷리스트는 서른 가지다. 이 모든 것은 반드시 달성될 것이다. 주변 사람들은 무모하다고 생각할 수도 있겠다. 그렇다. 난 무모한 사람이다. 평범한 삶을 거부할 것이다. 꿈을 꾸는 데는 목표만 명확하면 된다. 나의 목표는 명확하다.

버킷리스트를 달성하기까지 많은 고통과 장애물이 있을 것이다. 이제 나의 정신은 장애물 따위는 쉽게 극복할 수 있도록 프로그래밍되어 있다.

나의 버킷리스트는 대부분 가족을 위한 것이다. 그만큼 가족에게 갚을 것들이 많다. 가족에게 빚지는 것은 이제 끝났다. 가족의 행복을 위해 빚을 모두 갚아 나갈 것이다.

PART 5

사람들의
성장과 성공을 돕는
메신저로 살기

-최정남-

최정남 세일즈 마케딩 코치, 직가, 커리어 멘토, 롱기부여가

23년간 최고의 글로벌 소비재 회사에서 영업, 마케팅을 했다. 업계에 여성이 거의 없던 시기에 영업에 도전하여 자신만의 영업 시스템과 노하우를 쌓으며 지금까지 성공적인 커리어를 이어오고 있다. 결과를 내는 영업의 스킬뿐 아니라 고객에게 도움을 준다는 사명으로 〈한국세일즈코칭협회〉를 운영하며 세일즈 마케팅 코칭 전문가로 활동 중이다. 저서로는 《내성적인 박 대리는 어떻게 판매왕이 되었을까?》가 있다.

1
—
마라톤 풀코스
달리기

어릴 때 나는 운동을 못했다. 그래서 운동과는 자연히 멀어졌다. 학교 체육시간을 제외하고는 달려 본 기억도 별로 없다. 그러다 대학 졸업 후 직장을 다니면서 자기 관리의 필요성을 깨닫게 되었다. 그 기본이 건강하고 보기 좋은 외모와 생기 넘치는 에너지에서 비롯된다는 것을 알게 되었다. 그러면서 운동을 시작했다. 직장 근처의 헬스클럽에 등록해 출근 전 매일 아침을 그곳에서 시작한 것이다.

운동을 특별히 열심히 한 것은 아니지만 내 생활의 영역 안에 헬스클럽이 들어오게 되었다. 그러곤 자연스럽게 일상이 되었다. 이는 23년째 이어 오고 있는 일이다. 헬스클럽에서 처음에는 스트레칭 클래스, 요가, 웨이트 트레이닝, 피트니스 등을 했다. 하지만 지속적으로 하지는 못했다. 러닝머신에서 30분 정도 걷거나 달리는 것이 유일하게 지속하는 운동으로 남았다.

사실 달리기를 이렇게 꾸준히 하게 될 줄은 몰랐다. 특히 마라톤을 꿈꾸게 되리라곤 한 번도 상상해 보지 못했다. 매년 가을 찬란하게 물든 단풍을 배경으로 아름다운 도시 춘천에서 마라톤 대회가 열린다. TV로 그것을 볼 때마다 배경이 정말 아름답다고 생각했다. 하지만 수많은 사람들이 왜 저렇게 달리는지 이해는 되지 않았다.

하지만 사람들은 보통 1분에 120회 이상의 심장박동수로 30분 정도 달리다 보면 어느 순간 몸이 가벼워지고 머리가 맑아지는 러너스 하이(runner's high)가 온다고 말한다. 이때는 더 오래 달려도 전혀 지치지 않을 것 같다고. 계속 달리고 싶은 마음이 든다고. 그 맛에 달리기 이후의 탈진할 듯한 피로를 잊고, 다음 달리기를 준비하게 된다고 말이다.

매일 달리고, 글 쓰는 것을 일상으로 실천한다는 무라카미 하루키. 그는 에세이 《이렇게 작지만 확실한 행복》에서 마라톤 풀코스를 불건전한 영혼을 위한 스포츠로 정의했다. 달리기와 영혼은 동적인 운동과 정적인 영역으로서 반대일 것으로 보인다. 그러나 이 두 행동이 함께 가야 한다는 것이다.

세계적 명상가이자 티베트 불교의 스님인 사콩 미팜은 달리기와 명상의 연관성을 설파했다. 그는 저서 《마음에 대해 달리기가 말해 주는 것들》에서 달리기가 마음의 성장에 으뜸으로 도움이 된다고 강조한다. 긴 시간 달리고 나서 남는 것이 도대체 마음 말고 무엇이 있겠는가?

"달리기는 심장을 강화하고 체내에 산소를 공급하며 신경계에 활력을 주는 최고의 유산소 운동이다. 긴장을 이완하고 자유를 느끼게 해 주는 운동이다. 마찬가지로 명상은 마음을 강화하고 활력을 불어넣는 자연스러운 정신 운동이다. 몸과 마음에 각각 도움이 되는 것을 할 때 가장 자연스러운 조화와 균형이 생긴다는 측면에서 이 두 활동은 늘 함께 가야 한다."

나는 외국계 회사에서 일한다. 때문에 외국인 상사가 많다. 이곳에서 근무하면서 나는 높은 위치에 있는 CEO들이 세계를 돌아다니는 빡빡한 스케줄과 시차 적응을 해야 하는 환경에서도 꼭 달리기를 하는 것을 보았다. 날씨가 좋으면 호텔 주변의 코스를 달린다. 아니면 호텔 피트니스센터에서 꼭 달리기 운동을 한다.

내가 계속 달리기를 한 것. 또한 풀코스 마라톤에 도전해 보겠다고 선포하는 것. 그 이유는 사실 나 스스로 달리기를 통해 체감한 긍정적인 경험이 있어서다. 하나는 감정 다스리기이고, 다른 하나는 아이디어 얻기다.

2008년, 한창 부동산 시장이 들끓을 무렵. 나는 살고 있던 20평대 집을 오른 가격에 팔고, 30평대로 옮겼다. 새로 들어갈 집은 유례 없이 높은 가격이었다. 하지만 기존의 집을 차익을 보고 팔 수 있었기 때문에 비싸다는 생각을 하지 않고 매매 계약을 진행했다. 당시의 분위기론 부동산이 계속 상승세일 것 같았다. 그렇게 돈을 벌 수 있는 기회를 남들처럼 적극 활용해야 한다고 생각했다. 그래서 무리해서 대출을 받아 다른 부동산도 덜컥 매입해 버렸다.

그러나 이후 시장은 하락세로 돌아섰다. 엎친 데 덮친 격으로 나 모르게 가족 간에 돈거래가 있었다. 나는 가중된 이자 부담을 이기지 못했다. 결국 가장 하락장이었던 시기에 큰 손해를 떠안고 가진 것들을 처분하며 정리할 수밖에 없었다. 그리고 작은 집으로 이사했다.

이 과정에서 하루에도 몇 번씩 욱하는 감정이 치솟았다. 특히 추가 매입을 하자고 제안한 가족과 나 모르게 이루어진 돈거래는 매 순간 남 탓을 하게 만들었다. 머리로는 '이미 생긴 일이다. 나쁜 마음 가져 봐야 내 영혼만 병든다. 그만 잊어버리자'고 했다. 하지만 가슴으론 비난하는 마음, 증오하는 마음이 지워지질 않았다.

머리와 마음의 그 거리를 좁히기 위해서 나는 한동안 매일 아침 한 시간씩 헬스장에서 열심히 뛰었다. 그렇게 한참의 시간이 흐른 후 나쁜 감정은 서서히 옅어졌다. 그러면서 이 상황은 남을 탓할 문제가 아니다. 나와 우리 가족에게 생겼던 지난 일이다. 이제 어떻게 다시 재기할지 더 고민해야 한다. 그런 이성적 결론에 도달

할 수 있었다.

달리면서 내가 경험한 또 하나의 놀라운 이야기는 바로 아이디어 얻음이다. 나는 한국 사업을 총괄하는 책임을 맡고 있다. 그래서 1년에 한 번은 향후 3개년의 사업 전략과 계획을 세운다. 그리고 이를 가지고 아시아 본부인 싱가포르에 가서 글로벌 임원진 앞에서 프레젠테이션을 한다. 내가 하는 일 중에 이는 가장 중대한 일이다.

이때 나와 우리 팀이 세운 전략과 실행 계획이 잘 설득되어 매니지먼트가 승인해 주는 것이 가장 편한 길이다. 만약 부족함이 있거나 이견이 있어 승인이 안 된다고 하자. 그러면 추가적으로 사업 계획과 전략을 보완해야 한다. 일이 매우 복잡해지는 것이다. 그래서 사업 계획 프레젠테이션은 두세 달 전부터 준비한다. 아이디어는 그 이전부터 계속 고민한다.

작년 사업 계획을 준비할 때의 일이다. 대략적인 방향은 나왔다. 그러나 근사하게 프로젝트화할 수 있는 좋은 아이디어가 기한이 다가올 때까지 떠오르지 않았다. 그 기간에는 해야 할 일이 많아 헬스장에서의 아침 운동을 걸렀다. 그러곤 샤워만 한 채 아침 일찍 회사로 바로 나가서 일하곤 했다. 그렇지만 아무래도 마음에 드는 아이디어가 안 나왔다.

그러다 나는 차선의 기획으로 마무리해야 할지도 모른다는 자포자기한 심정으로 헬스장에 갔다. 머리는 가볍게, 몸은 생기를 되찾아야겠다 싶었다. 그래서 서서히 걷다가 속도를 더 높이고, 발판을 힘차게 차면서 달렸다. 그렇게 30여 분을 달렸을까? 갑자기 머릿속에 좋은 아이디어가 떠올랐다. 그것은 마치 간절하게 구하는 나의 마음과 허공에 떠돌던 어떤 에너지의 주파수가 맞은 것 같았다. 그렇게 아이디어가 내 머릿속으로 파고든 것 같은 느낌이었다.

나는 혹시 잊어버릴까 봐 황급히 러닝머신의 속도를 줄였다. 그러곤 스마트폰에 적어 두었다. 그리고 서서히 걸으면서 차근차근 어떻게 프레젠테이션을 마무리할지 생각을 정리했다. 그날 아침 헬스장을 나서 사무실로 들어갈 때 모든 계획은 최선의 안으로 준비되어 있었다. 물론 그 프레젠테이션은 아주 성공적으로 마무리되었다.

그 외에도 나는 아침에 헬스클럽에서 걷고 달리면서 마음의 안정과 에너지를 얻는다. 실용적인 아이디어까지도 얻는다. 그런 경험이 정말 많다. 그래서 나는 달리기는 마음의 운동이고 정신의 운동임을 믿는다. 현재는 10킬로미터 달리기가 대회 출전 경험의 전부다. 하지만 풀코스 마라톤은 내가 꼭 도전해야 할 버킷리스트다. 내 안에 있는 것이 무엇인지 확인하려면 '달려야 한다.' 달리기는 마음 성장의 비법이다.

2

매년 해외에서
한 달 살기

'여권지수'라는 것이 있다. 무비자로 입국할 수 있는 국가의 수로 그 순위를 매긴다. 여권의 파워라고 볼 수 있다. 2019년 초의 발표에서 한국은 일본에 이어 세계 2위에 올랐다. 이는 189개국을 비자 없이 입국할 수 있는 정도다. 싱가포르와 함께 공동 2위다. 여권의 힘뿐만 아니라 저가 항공, 생활수준 향상 등의 이유로 지난해 해외여행을 떠난 한국인 수는 약 2,900만 명이다. 매년 출국자가 10% 이상 증가하는 추세다. 한국인은 해외 출국자 수에서 세계 랭킹 10위 안에 든다.

사람들은 왜 여행을 갈까? 2박 3일의 짧은 여행이든 열흘 이상의 다소 긴 여행이든 각각의 여행에는 각기 다른 목적이 있을 것이다. 복잡한 일상에서 탈출하고 싶어서, 새로운 체험을 하고 싶어서, 사랑하는 사람과 추억을 만들기 위해서, 혹은 오롯이 나 자신을 들여다보기 위해서 사람들은 여행을 떠난다.

행복에 관한 통찰로 가득한 책 《굿 라이프》가 있다. 이 책에는 행복한 사람들의 삶의 기술 열 가지가 소개되어 있다. 저자는 소유보다 경험을 사라고 한다. 또한 걷고 명상하고 여행하라고 한다. 여행이 큰 행복을 주는 이유는 이렇다. 일하지 않고, 먹고 수다 떨고 걷고 노는 행위, 즉 사람들이 행복하다고 느끼는 활동이 한꺼번에 일어나기 때문이라고 저자는 말한다.

사람들은 여행에서 행복을 느끼는 만큼, 여행의 끝에선 못내 아쉬워한다. 그 마음을 알기라도 하는 듯, 한 달 살기 여행상품이 새로운 트렌드가 되었다. 몇 해 전 제주도 한 달 살기가 크게 유행했다. 그 이후로 해외의 여러 나라, 도시에서 한 달 살기를 시도하는 사람들이 늘고 있다.

내가 가 본 가장 긴 해외여행은 5년 전 남편과 딸아이와 스위스에서 보낸 2주다. 해외출장 겸 큰맘 먹고 떠난 가족여행이었다. 우리가 머문 곳은 스위스 서부의 몽트뢰라는 작은 도시다. 레만 호 연안에 위치한 작고 아름다운 마을이다. 이 마을은 그 단아하고 신비로운 매력으로 아티스트들의 제2의 고향이라고 불린다. 찰리 채플린이 20여 년간 머물기도 했다. 그룹 퀸의 프레디 머큐리 역시 레만 호를 사랑해 떠나지 못한 아티스트다. 그래서 몽트뢰 광장에는 그의 동상이 호수를 바라보며 세워져 있다.

우리는 호수 연안의 오래된 호텔에 머물렀다. 레만 호의 아름다운 물결과 그 너머로 보이는 눈 덮인 알프스 산은 정말이지 그림 같았다. 아침은 아침 나름의 신비가 있고, 오후의 찬란한 햇살은 행복감을 주었다. 모든 것을 파스텔 톤으로 변화시키는 석양도 감탄을 자아냈다. 우리는 관광명소로 여겨지는 융프라우며 루체른 시가지 등을 찾아다녔다. 구경하고, 사진을 찍고, 맛있는 것을 먹었다.

그 여행에서 우리가 가장 행복했던 순간, 지금도 눈 감으면 저절로 미소가 떠오르는 순간이 있다. 그것은 유명한 곳을 찾아 관광을 다니던 순간이 아니다. 숙소 근처를 느긋하게 산책하던 바로 그 기억이다. 우리는 자주 호수를 따라 걸었다. 며칠을 그렇게 다니다 보니 주변 위치를 얼추 알게 되었다.

매일 같은 시간에 개를 산책시키는 노부부와 인사도 나누었다. 대단히 특별한 일이 생기지는 않았다. 엄청난 에피소드도 없다. 다만 낯선 곳이 서서히 익숙해지는 과정이 있었다. 그러면서 이것은 여행이 아니라, 마치 다른 삶을 사는 느낌을 받았다. 그건 꽤나 매력적인 기분이었다. 만약 내가 2주간의 스위스 여행에서 유럽 전역을 일주하듯이 여러 명소를 돌아다녔다면 어땠을까? 단언컨대 다른 삶을 사는 것 같은 기분은 절대 경험할 수 없었을 것이다.

그렇다면 왜 사람들은 '한 달 여행'이 아니라 '한 달 살기'를 선망할까?

한 달 살기는 보통 한곳을 본거지 삼아 머무른다. 내가 2주 동안 한곳에 머무르며 대부분의 시간을 보낸 것처럼 말이다. 한곳에 머무른다는 것은 느긋함이다. 서로에게 집중할 수 있는 시간이다. 다른 세상 사람들의 일상을 들여다보는 신선한 경험이다. 한 달 살기에서도 관광여행 활동은 한다. 멋진 곳에 다녀오고, 맛있는 것을 먹으러 다닌다. 또한 그곳의 특별한 체험활동도 한다. 그리고 다시 머무르는 베이스로 돌아온다. 이것은 마치 여행이 아니라 하나의 다른 삶이라고 해야겠다. 원래 자리로 돌아올 때 깊은 울림을 안고 오는 여정이다.

"세계는 한 권의 책이다. 여행하지 않는 자는 그 책의 단 한 페이지만 읽을 뿐이다."

성 아우구스티누스의 유명한 말이다. 세계에 흥미롭고, 우리에게 영감을 주고, 행복을 느끼게 해 줄 곳은 너무나 많다. 다른 듯 닮은 점을 발견하는 것도 재미있다.

벨라루스라는 나라를 아는가? 유럽 동부 내륙, 러시아와 폴란드 중간에 위치한 국가다. 구소련이 붕괴되면서 1991년 독립했다. 내가 벨라루스를 아는 이유는, 현재 나의 직속 상사가 벨라루스 사람이기 때문이다. 내가 근무하는 회사는 글로벌 회사답게 매우 다양한 국적의 동료들이 있다.

벨라루스 상사와의 첫 만남은 참 어색했다. 그는 친밀해지기 위해 시시콜콜한 대화를 계속 해 나가는 스타일이 아니었다. 또한 표현 방식은 매우 직설적이었다. 동행한 이탈리아계 캐나다인과 매우 다른 스타일이었다. 물론 개인 성향이 반영되었음을 이해한다. 그러나 어떤 기질 같은 것을 느낄 수 있었다.

그런데 시간이 지나면서 그를 더 잘 알게 될수록, 겉으로 표현하는 것과 달리 내면의 진정성을 볼 수 있었다. 그는 한국 음식을 좋아한다. 특히 찌개나 탕, 김치 등을 잘 먹는다. 우리나라의 김장 풍습과 비슷한 것이 자기 나라에도 있다고 한다. 나는 벨라루스를 더 알고 싶은 마음이 생겼다. 다르지만 같은 것이 있고, 낯설지만 익숙한 것이 있다. 사람 사는 세상을 더 알고 싶은 것이다.

한 달 해외에서 살기는 그렇게 나의 버킷리스트에 올랐다. 매년 해외에서 한 달 살기 위해서는 현실적으로 극복할 것이 많다. 하지만 나는 그 방법을 찾을 것이다. 나의 한 달 살기 리스트에 오른 후보는 현재 이렇다. 핀란드, 노르웨이, 발트3국, 체코, 헝가리, 스페인, 포르투갈, 탄자니아, 일본, 몽골, 뉴질랜드, 오스트리아, 캐나다, 볼리비아 그리고 스위스의 몽트뢰.

"여행은 다른 문화, 다른 사람을 만나고, 결국에는 자기 자신을 만나는 것이다."

한비야의 말이다. 다른 문화에서 한 달 살기를 하면서 나는 얼마
나 더 멋진 나 자신을 만날 수 있을까. 생각만으로도 가슴이 뛴다.

3
—
부모님 집,
더 좋은 곳으로 옮겨 드리기

미국인이 생각하는 성공의 첫 번째가 존경받는 부모가 되는 것이라고 한다. 〈세상을 바꾸는 시간, 15분〉 강연에서 듣고 크게 공감한 말이다. 다음으로 행복한 결혼, 행복한 인간관계 등이 그 뒤를 잇는다. 이 기준이라면, 내 부모님의 인생은 매우 성공한 인생이다. 내가 우리 부모님을, 특히 어머니를 가장 존경하기 때문이다.

어머니는 묵직한 의연함과 배움에의 열정이 있는 지혜로운 분이다. 그래서 자녀는 물론 친척들에게도 존중받는다.

아버지와 어머니는 경북 지역의 농촌 출신이다. 중매로 만나 결혼한 후에 도시인 대구로 나왔다. 가진 것도 별로 없고, 배움도 길지 않고, 특별한 기술도 없이 도시에서 살아가는 것은 고단했을 것이다. 도시 노동자로 일하는 아버지와 무슨 일이든 닥치는 대로 하는 어머니 밑에서 우리 삼 남매는 넉넉하지 못하게 자랐다. 그럼에도 불구하고 내 학창 시절에 궁핍의 상처가 없는 것은 전적으로 어머니 덕분이다.

어머니는 책임감이 매우 강한 분이다. 벌이가 적은 아버지 혼자 힘으로 삼 남매를 제대로 키우기 어렵게 되었다. 그러자 어머니는 할 수 있는 모든 일을 다 하셨다. 일당을 받아 와서 우리에게 용돈을 주고 학용품을 사 주었다. 학업에 대한 신념이 강했던 어머니 덕분에 대학 진학률이 40% 이하였던 1990년대 초반에 우리 삼 남매는 모두 대학에 갈 수 있었다.

어머니는 어려울 때도 흔들림이 없었다. 감정을 드러내고 나약한 모습을 보인 적이 없었다. 주어진 상황에서 해결 방법을 찾고, 거기에 집중했다. 친인척 보증으로 집 안에 압류 딱지가 붙었을 때도, 이사를 가야 하는데 돈이 모자라는 상황에서도 어머니는 호들갑을 떨거나 초라한 모습을 보이지 않았다. 의연했다. 나중에 물어보았다. 그때 두렵지 않았느냐고. 어머니는 말했다. 앞이 캄캄하고, 두려웠다고. 하지만 울고 주저앉는다고 해결될 것은 없었다고. 그럴 때일수록 정신을 바짝 차리고 어떻게 할지에 집중해야 했다고.

외가는 시골에서 부농 축에 들었다. 그러나 8남매 모두에게 학업의 기회가 주어지지는 않았다. 외할아버지의 의식은 구시대에 머물러 있었던가 보다. 딸은 살림하다가 시집가서 또 살림하는 거라고 생각했나 보다. 배움에의 갈증이 있었던 어머니는 TV 강연을 즐겨 들으며 책을 읽었다. 지금보다 훨씬 열악했던 시절에 워킹맘이었던 만큼 시간도 여유도 없었을 것이다. 그래서 생활 속에서 애써 배움을 찾았다. 주변 사람의 이야기를 새겨듣고, 늘 스스로 좋아지려는 생각을 많이 한 듯하다.

어머니가 가장 오래 한 일은 재봉틀을 다루는 일이다. 어머니는 손재주가 남달랐다. 그 재주로 오랜 기간 남의 가게에서 일했다. 어느 날 어머니와 시장을 다녀오는 길에 새로 생긴 홈패션 가게 앞을 지나쳤다. 어머니는 "나도 저런 가게를 가지면 참 좋겠다."라고 했다. 지나가듯이 던진 말 같았다. 하지만 사실 어머니는 구체적인 꿈을 가지셨던 것 같다. 마침내 나이 48세에 어머니 이름을 단 홈패션 가게를 내었다. 다들 대단하다고 했다.

가게에서는 이불부터 쿠션, 각종 패브릭 소품을 취급했다. 대부분 어머니가 직접 디자인하고 만들었다. 그런데 직접 디자인하고, 원단을 구매하면서 문제가 생겼다. 원단 샘플 북의 디자인 이름이 죄다 영어였던 것이다. 물론 필요한 부분에 한국어를 달아 놓긴 했다. 예를 들어, 'Romantic Flower 로맨틱 플라워' 이런 식이었다. 처음에 어머니는 나에게 물어서 문제를 해결했다. 하지만 이게 아니다 싶었던지, 당장 영어공부에 돌입했다. ABC부터 배웠다. 최소한은 알아야겠다는 생각에 오십 살이 다 되어 영어를 배운 것이다.

어머니는 유식한 사람은 아닐지 몰라도 매우 지혜로운 사람이다. 자신이 다소 힘들어도 최선을 다해 사람의 도리를 한다. 남 탓을 하지 않고, 주변 사람을 배려한다. 몸이 부서질 듯 힘들어도 자식과 가족을 위해 희생한다. 이 모든 기질 때문에 어머니를 아는 사람들은 하나같이 어머니를 칭송한다. 하나님은 모든 곳에 계실 수 없어 어머니를 만드셨다는 유대인 격언이 있다. 내 어머니는 나에게 축복이다.

부모님은 맞벌이를 해도 생활을 유지하며 아이들 공부를 시키려니 돈을 모을 수가 없었을 것이다. 그래서 우리 가족은 꽤 오랫동안 셋방살이를 했다. 처음으로 우리 가족 소유의 집이 생긴 것은 내가 대학을 다니던 때였다. 어머니가 가게를 하면서 여유가 생겼다. 그래서 살던 동네의 신축 연립빌라의 4층으로 이사했다. 꽤 널찍하고, 깨끗했다. 첫 우리 집을 가지게 되어, 우리 가족은 정말 기뻤다.

그 집에서 부모님은 20년이 넘도록 살고 계신다. 자녀들은 모두 제 가정을 꾸려서 따로 살고 있다. 그래서 지금은 두 분이 사신다. 70대 중·후반인 어머니와 아버지는 다른 여느 노인들처럼 몇 가지의 약을 복용 중이다. 다리와 허리가 아픈 날도 많다. 엘리베이터 없는 빌라 4층을 오르내리기가 두 분에겐 힘이 들 것이다.

가족이 모두 모인 자리에서 집을 옮기자는 얘기가 나왔다. 가장 큰 이유는 두 분에게 계단이 점점 더 힘들어질 것이기 때문이었다.

하지만 어머니는 반대했다. 여태 잘 살았고, 계단이 운동도 되니 아무 문제없다는 것이었다. 그날의 논의는 그렇게 끝났다.

어머니는 왜 이사를 반대할까? 익숙한 동네를 떠나는 것은 부모님에게 몹시 불편할 것이다. 같은 동네의 1층 주택을 알아볼 수도 있다. 아파트로 가게 되면 엘리베이터를 이용할 수도 있다. 그러면 훨씬 편리할 텐데 말이다.

어머니에게 그 집은 처음으로 장만한 우리 집이다. 그래서 어머니에겐 4층 연립빌라 이상의 의미가 있는 것 같다. 어머니에겐 성취의 증거이기도 하기 때문이다. 자식이 모두 품을 떠나 이제는 껍데기만 남은 것 같은 노인들. 어머니는 그 집에서 우리가 북적거리며 함께 살았던 때를 추억하는 걸까.

사실 첫 번째이자 유일한 우리 집에서 식구 모두 함께 산 것은 몇 해가 되지 않는다. 집을 산 지 몇 년 뒤, 동생은 군대를 갔다. 언니는 울산으로, 나는 서울로 왔다. 어머니가 이사를 반대하는 또 다른 이유는 추가 자금의 걱정일 것이다. 자식들에게 부담을 주기 싫은 것이다. 어머니는 그런 분이다.

그러니 내가 능력을 더 키워야 한다. 그래서 이렇게 말해야 한다. 아주 잘사는 딸이 주는 돈이니 부담 갖지 마시라고. 나에게 모든 것을 주셨으니 충분히 자격이 되신다고.

부모님이 건강해야 한다. 그런 만큼 내가 곧 더 좋은 집으로 옮겨 드릴 것이다. 그 집에서 다시 20년 이상을 아들, 딸, 손자, 손녀를 맞이하며 행복하시도록.

이 버킷리스트를 본다면 아버지가 서운할 수도 있겠다. 아버지도 따뜻한 분이다. 그래서 어머니를 칭송하는 것을 한없이 기뻐할 것이다. 아버지도 어머니도 성공한 인생이다.

4

월 1억 원 버는
1인 기업가 되기

나는 23년째 외국계 회사의 영업 부문에서 일하고 있다. 소비재 회사에서 할인점, 체인 슈퍼, 편의점, 면세점 등 유통 대기업 대상으로 영업한다. 영업을 한다고 하면 사람들의 반응은 대략 이렇다. "대단하시네요. 여자분이 영업을 하시다니!" 그리고 "술 잘 드시겠네요."다.

내가 영업, 커뮤니케이션 전문가로서 1인 기업가가 되고자 하는 이유를 이야기하고 싶다.

먼저, 영업을 제대로 알리고자 한다.

앞서 말했듯 대부분의 사람들은 영업에 선입견을 가지고 있다. 항상 매출 목표 때문에 스트레스를 받는다고. 고객에게 을로서 시달린다고. 접대를 하느라 술을 많이 마신다고. 또한 고객을 찾아

밖으로 돌아다니니 몸이 힘들다고. 소모적이면서 자기 성장의 기회가 적은 일이라고.

이런 선입견에는 맞는 말도 있고, 틀린 말도 있다. 수치화된 목표가 있으니 도전적으로 비쳐질 수는 있다. 그러나 목표 없는 일이 어디 있던가? 회사가 사람 잡을 심산으로 말도 안 되는 목표를 매번 제시하는 것도 아니다. 회사마다 분위기는 다르다.

내가 일해 온 외국계 회사들은 목표를 합리적으로 협의한다. SMART라는 관점에서 검토한다. 이는 Specific(구체적이고), Measurable(측정 가능하고), Achievable(달성 가능하고), Realistic(현실적이고), Timely(기간이 정해진) 목표다. 분명 도전적인 목표를 세우지만, 근거 없이 정하진 않는다.

을로서 시달린다는 것 역시 하기 나름이다. 나는 우리 회사 대표로 고객사의 바이어에게 찾아가 영업을 한다. 그러면서 을의 대접을 받은 적은 없다. 과거에 비해 요즘에는 윤리 경영, 상생 등을 강조한다. 그런 분위기도 여기에 한몫한다.

무엇보다도 영업 대표 자신의 포지셔닝에 달려 있다. 내가 파는 제품과 속한 제품군에 관해 전문가가 되면 된다. 바이어보다 내가 훨씬 더 잘 알면 되는 것이다. 나는 그렇게 되도록 열심히 제품에 대해 공부한다. 그러면 바이어가 오히려 자문을 구한다. 그럴 때 원원하는 협력관계가 가능해진다.

술을 마시면서 하는 접대도 필수는 아니다. 잘 알다시피 요즘은 사회 분위기가 많이 바뀌었다. 부정청탁금지법이나 워라밸 추세 덕분이다. 바이어는 일 잘되게 도와주는 영업 대표를 좋아한다. 바이어도 술 마시고 노는 대상으로는 친구를 더 좋아하지 않겠는가?

고객을 만나러 다니는 것은 오히려 즐거운 일이다. 외근하면서 세상 구경, 사람 구경을 한다. 매일 똑같은 동료만 사무실에서 본다면 삶이 단조로울 것이다. 밖에서 여러 사람을 만나면 다양하게 듣고 많이 배울 수 있다.

영업이 소모적이지도 않다. 오히려 무한한 자기계발의 기회가 있다. 고객은 사람이다. 그래서 같은 고객사에서도 담당자가 바뀌면 스타일이 또 다르다. 영업을 하려면 기본적으로 사업 전략을 짜야 한다. 그러나 담당자에 따라 접근 방법은 다르다. 마치 원곡을 작곡한 후에 다른 여러 가지 버전으로 편곡을 하는 것과 같다.

내가 다닌 회사에선 영업하는 사람을 영업 대표(Sales Representatives)라고 표기한다. 물론 직급이 있다. 그러나 신임 대리일지라도 고객사를 응대하기 때문에 회사를 대표하는 사람이다. 대표로 나선다는 것은 막중한 책임이 부여되는 일이다. 하지만 그 모든 실전의 순간의 배움은 엄청난 자산이 된다.

내가 영업, 커뮤니케이션 전문가로서 1인 기업가가 되고자 하는 다른 이유는 이렇다. 몸소 터득한 지식과 노하우로 다른 이들의 성장과 성공을 돕고 싶기 때문이다. 효과적으로 일하는 방법, 더 좋은 결과를 내는 비법의 메신저가 되는 것이다.

영업에는 교재가 별로 없다. 그래도 나는 외국계 회사에서 체계적으로 교육을 받은 편이다. 대부분은 선배에게서 배운다. 운이 좋으면 훌륭한 멘토를 만나는 식이다.

외국계 영업 대표는 사업 전략 개발을 잘해야 한다. 특히 나처럼 고객사 영업을 할 경우에는 필수 역량이다. 브랜드 포트폴리오, 소비자 분석, 시장 분석, 재무제표까지 폭넓게 다룬다.

나는 이공계 전공자다. 그리고 외국계 회사의 소비재 영업으로 경력을 쌓기 시작했다. 영업도 배워야 했지만, 영어도 넘어야 할 산이었다. 회사에 입사하기 전에 외국에 나가 본 적도 없었다. 대학 시절 EBS영어로 나름 영어공부를 하기도 했다. 하지만 영어 전공자나 어학연수, 유학을 다녀온 동기와는 수준 차이가 컸다. 그래서 출근 전, 퇴근 후에 영어공부를 꾸준히 했다.

많은 직장인들이 영어 때문에 스트레스를 받는다. 그들과 영어 프레젠테이션과 이메일 같은 커뮤니케이션 실전 노하우를 공유하고 싶다. 비즈니스 영어는 영어만 잘해서는 안 된다. 한국인이라고 모두가 한국말로 사업 보고를 잘하는 것은 아니다. 이와 같은 이치다. 보통 수준의 영어로도 콘텐츠를 멋있는 스토리로 구성할 수 있다. 또한 설득력 있게 전달할 수 있다. 스킬을 제대로 배우면 된다.

《김대식의 인간 vs 기계》라는 책이 있다. 뇌 과학자인 저자는 인공지능 시대의 미래 산업 전반에 관한 통찰을 보여 준다. 내용의 일부는 이렇다. 데이터가 존재하는 영역에선 인공지능이 항상 이긴다. 하지만 이 영역에서도 인간이 살아남는 방법은 있다. 그것은 새로운 데이터를 만들어 내는 것이다. 크게 보면 세 가지 범주는 사라지지 않을 것이다. 의사결정자(판사, CEO 등), 새로운 가치를 창출하는 직업, 그리고 인간과 연결된 감성 기반의 업이다.

영업은 사무 업무만 할 줄 알아서는 곤란하다. 이 직종은 매번 다른 상황에서의 의사결력력을 필요로 한다. 창의적인 문제해결 능력도 요구된다. 여기엔 인간과 연결된 감성 기반의 역량이 필수다.

나는 사람들에게 영업 경력을 가지도록 권한다. 어떤 일을 하는지 제대로 알기를 바란다. 더 잘할 수 있는 비법을 알려 주기를 원한다. 나는 반드시 영업, 커뮤니케이션 전문가로서 1인 기업가, 메신저가 될 것이다.

5
—
자녀가 스스로 원하는
삶을 살도록 코칭하기

최근 드라마 〈SKY 캐슬〉이 화제였다. 아이의 학교 엄마들 모임에 나가도 이야기는 온통 〈SKY 캐슬〉 뿐일 정도였다. 이 드라마는 0.1%의 최상류층이 모여 사는 SKY 캐슬 안에서 자식을 최고 엘리트로 키우려는 엄마들의 처절한 욕망을 다루고 있다.

모든 드라마에는 갈등 요인이 필요하다. 이 드라마에서의 그것은 부모가 원하는 성공 모습으로 자녀를 만들겠다는 욕심이다. 드라마는 공감이 작동할 때 인기가 있다. 이야기의 전개는 극단적인 상황으로 흘러간다. 그렇지만 이 드라마가 큰 인기를 끄는 이유는 많은 사람들이 비슷한 고민을 가지고 있기 때문일 것이다. 그것은 '어떻게 자녀를 키울 것인가?'다.

부모도 공부를 통해 부모력을 키워야 한다고 생각한다. 그래서 양육 유형을 배운 적이 있다. 바로 미국의 심리학자 바움린드의 네 가지 양육 태도다. 이는 애정과 통제의 높낮이에 따라 구분된다. 허용적 태도, 민주적 태도, 독재적 태도 그리고 방임형 태도가 그 네 가지다.

허용적 양육 태도는 애정은 높지만 통제는 거의 하지 않는 유형이다. 과잉보호라고 볼 수 있다. 아이가 원하는 것을 무엇이든 하게 해 주는 태도다. 허용적 양육 태도 아래서 자란 아이들은 타인에 대한 감정 배려나 자신의 감정 조절에 어려움을 보일 수 있다.

민주적 양육 태도는 애정과 통제가 모두 높은 유형이다. 사랑을 줄 때는 충분히 헌신한다. 그러나 잘못된 행동은 엄격하게 바로잡아 준다. 그래서 가장 적절한 태도로 알려져 있다. 민주적 양육 태도 아래서 자란 아이들은 독립적이고 주체적이다. 또한 사회관계도 원활한 경우가 많다.

독재적 양육 태도는 애정은 낮지만, 통제는 높은 유형이다. 매우 엄격하고, 처벌적, 지시적이다. 독재적 양육 태도 아래서 자란 아이들은 자아존중감이 낮다. 규칙을 잘 따르기 위해 순종형의 착한 아이가 되거나 공격성을 띠는 아이가 된다.

방임형 양육 태도는 애정도 낮고, 통제도 낮은 유형이다. 부모가 아이를 사랑하지 않아서일 수도 있다. 또는 삶이 너무 힘들어 지치다 보니 무관심한 태도를 보일 수도 있다. 무관심한 부모 아래서 자란 아이들은 우울감을 느끼기 쉽다. 자신이 환영받지 못한다는 생각 때문에 공격적인 모습을 보일 수 있다.

이 네 가지 중에서 나는 민주적 양육 태도를 지향한다. 이론을 알고 보면 매우 당연한 선택이다. 하지만 가끔 나 스스로의 감정 조절에 실패하기도 한다. 그래서 명령하고 엄격한 독재적 태도를 보이기도 한다. 이것은 내가 고치려고 노력하는 부분이다.

민주적 양육 태도를 내 나름대로 풀어 쓰면 이렇다. '자녀가 스스로 원하는 삶을 살도록 코칭, 양육하기.' 여기서 핵심 단어는 '스스로'와 '코칭'이다.

딸은 올해 중3이 된 학생이다. 나는 그런 딸이 스스로 선택하도록 상황을 유도한다. 뭔가를 제안할 때도 명령보단 설득하려 애쓴다. 딸이 초등학교 6학년 때 영어학원을 다니도록 제안했다. 이미 그때도 다른 친구들보다 늦게 시작한 셈이었다. 딸도 그것을 아는지 그땐 쉽게 동의했다. 그런데 얼마간 다니다가 딸이 학원을 그만두고 싶다고 했다. 왜 그러는지 한참 대화를 나누었다. 수업 방식이 이유였다. 듣고 보니 아이의 말이 틀린 것은 아니었다.

"그럼 이제 어떻게 하면 좋을까?"

나는 딸에게 물었다. 딸은 자신에게 맞는 수업 방식을 설명해주었다. 그러면서 그런 학원을 찾아서 다시 다니겠다고 했다. 우리는 함께 학원을 조사했다. 그리고 한 곳을 정했다. 활발하고, 자기 표현이 확실한 딸의 성향에 잘 맞는 선생님을 만났다. 딸은 지금까지 즐겁게 영어를 배우고 있다.

만약 딸이 첫 학원을 그만둔다고 했을 때 엄마가 무시했다면 어땠을까? 꾀부릴 생각 말고, 열심히 하라고 밀어붙였다면? 딸은 억지로 학원을 다녔겠지만, 결과는 달랐을 것이다.

내가 관찰해 보니 딸에게 영어는 교과 공부가 아니다. 온몸으로 흡수하는 하나의 문화다. 그래서인지 겨울방학 두 달 동안 미국 영어 캠프에 가고 싶다고 했다. 낯선 곳, 색다른 환경을 두려워하지 않는 것은 아이의 장점이다.

아이는 캠프에 가면 영어뿐만 아니라 많은 것을 보고, 듣고, 느낄 수 있다고 말했다. 그래서 나는 아이가 원하는 것을 들어주었다. 딸은 지금 시카고에 있다. 아주 잘 지낸다. 엄마가 억지로 보낸 것이 아니다. 스스로 선택한 것이다. 그래서 더욱 즐거울 것이다.

엄마의 양육 태도를 빗댄 신종족도 출현하곤 한다. 타이거맘, 사커맘, 헬리콥터맘, 알파맘, 베타맘, 스칸디맘 등이다. 대략은 이렇다. 타이커맘, 사커맘, 헬리콥터맘 그리고 알파맘은 엄마가 자녀의 교육과 진로를 직접 설계한다. 엄격히 통제하고, 지나치게 관여한다. 베타맘은 자녀가 원하는 삶을 우선한다. 그들은 부모의 역할을 조언자, 조력자로 본다. 스칸디맘은 최근 관심을 끌고 있는 북유럽 스타일이다. 자녀들에게 많은 자유를 주고 정서적 교감을 중요하게 생각한다.

어떤 양육 태도를 취할 것인지는 주관적인 선택이다. 다만 나는 어떤 태도를 가질 것인지 방향을 정해야 한다고 생각한다. 부모도 부모가 처음이라 서툴다는 변명은 안 통한다. 사람들은 좋은 학생, 좋은 직장인이 되기 위해 자기계발을 한다. 그렇듯이 좋은 부모가 되기 위해 공부를 해야 한다.

아이들이 축구선수라면 나는 코치가 될 것인가, 감독이 될 것인가, 심판이 될 것인가. 아니면 응원단이 될 것인가? 분명한 것은 대신 뛰어 줄 교체 선수는 절대 아니라는 점이다. 내 아이가 꾸는 꿈은 아이의 꿈이어야 한다. 부모가 그려 준 꿈이 아니라. 또한 사회가 주입한 꿈도 아니어야 한다.

사실 '스스로 원하는 삶을 살도록 코칭, 양육하기' 방식은 나에게도 어렵다. 그러니까 버킷리스트에 적은 것이다. 가장 어려운 점은 믿고 기다려 주어야 한다는 것이다. 잘 모르는 아이들에게 스스로 선택하도록 맡겨도 될까 싶은 우려와 불신. 이미 답이 뻔해 보이는 걸 아이가 고집하면 스스로 깨달을 때까지 기다릴 인내심.

몇 달 전, 딸은 나와 합의하에 수학학원을 끊었다. 반에서 수학 사교육을 받지 않는 유일한 학생인 딸은 자기 방식으로 해 보겠다고 한다. 그리고 학년 말에 성적표를 받아 왔다. 잘되고 있지 않은 것 같다. "당장 수학학원 다녀!" 이렇게 명령하고 싶은 독재적 양육 방식이 나를 유혹했다. 그러나 나는 기다리기로 했다. 아이 스스로 필요성을 느끼게 도와주려 한다. 아이 스스로 뭔가 제안해 올 것이다. 나는 아이를 믿는다. 나는 코치이자 응원단이기 때문이다.

PART 6

대한민국
땅부자로 거듭나
새 삶 시작하기

-오선미-

오선미 前 삼성생명(주) 직원, 동기부여가, 인생 2막 코치, 부동산 컨설턴트

현재 ㈜더조은금화 차장으로 일하고 있으며 일반인들도 토지를 통한 재테크를 함으로써 부동산을 소유할 수 있고 부를 이룰 수 있다는 희망을 주는 부동산 컨설턴트로 활동하고 있다. 마흔 살이 되던 해에 대기업을 그만두면서 새로운 일에 도전하고 나의 꿈을 찾아가면서 꿈은 언제든지 이룰 수 있다는 것을 경험을 했다. 이 경험으로 '마흔 살을 위한 나답게'라는 주제로 개인저서를 집필 중이다.

1
—
토지 관련
책 출간하기

난 벼농사와 고추농사로 삶을 이어 가던 농부의 딸로 태어났다. 아버지와 어머니는 매일 새벽같이 논일과 밭일을 하느라 바빴다. 우리 자식들도 학교에 다녀오면 밭으로 논으로 나가 부모님의 일을 도왔다. 그렇게 학교생활과 농사일을 함께 하면서 살았다.

그러다 가을걷이가 시작되어 수북이 쌓인 쌀을 보면 어린 마음에 '우린 부자구나….'라고 무언지 모르게 든든해졌다. 그럼에도 불구하고 아버지는 항상 돈이 없다고 하셨다. 이유인즉슨 농사짓고 나면 또 땅을 사는 데 돈을 다 썼기 때문이다.

난 그게 싫었다. 힘들게 일하고 돈이 생기면 맛있는 고기반찬도 사 먹고 싶었다. 예쁜 옷도 한 벌 챙겨 주면 좋으련만…. 땅만 사는 아버지가 가끔은 원망스럽기도 했다. 아버지가 항상 우리에게 하셨던 말인즉슨 "얘들아, 너희도 돈을 벌면 땅을 사야 한다. 땅은 거짓

말을 하지 않는다."였다. 그렇게 항상 땅을 사야 한다고 맹목적으로 우리들을 교육시키셨다. 우리는 뭔지도 모르면서 아버지의 말에 세뇌되며 자라고 있었는지도 모른다. 돈이 생기면 땅을 사야 한다는 것을 말이다.

난 고등학교를 졸업하고 삼성생명보험㈜이란 대기업에 취업했다. 그곳에서 20년간 직장생활을 했다. 아버지와 언니들은 정말 대단한 일이라고 칭찬을 아끼지 않았다. 시골에서 어찌 보면 나는 집안의 자랑이기도 했다. 힘든 직장생활이었지만 든든한 월급과 복지는 나를 20년간 직장에 다니게 했다. 회사를 그만두면 할 일이나 할 수 있는 일이 없었다. 하지만 직장은 나에게 비전이 없는 곳이었다. 마흔 살이 다 되어서도 단순 사무 일을 해야만 하는 현실이 싫었다.

나는 항상 마음속에 사표를 넣고 다녔다. 방법을 찾으면 길이 열린다고 했던가? 퇴직을 한참 고민하던 때 고등학교 단짝 친구가 미국 뉴욕에서 살고 있다고 SNS를 통해서 연락해 왔다. 부러웠고 신기했고 대단해 보였다. 나는 친구에게 이런 시골에서 미국의 뉴욕까지 가서 산다는 자체가 너무 부럽다고 했다. 그랬더니 친구가 나에게 미국에 올 것을 권유했다.

그전에도 회사에서 도피하고 싶은 마음에 해외 이민을 알아보기도 했었다. 그랬던 터라 친구의 제안에 솔깃했다. 나는 회사를 그만두었다. 시원하게 통쾌하게…. 하지만 미국행은 쉬운 게 아니었다. 아니, 하나님이 날 사랑하사 보내지 않으신 것 같다. 지금 생각해 보면 너무도 감사하다.

난 그렇게 대기업이란 큰 먹잇감을 놓았다. 이후 나의 삶은 어땠을까? 대기업을 나왔다고 아무것도 할 수 없었을까. 아니다. 내 진짜 인생은 회사를 그만둔 이후부터 시작되었다.

어렸을 때 아버지에게 세뇌당했기 때문일까. 아무것도 모르고 들어간 회사가 토지 전문회사였다. 이것은 운명이다. 아버지가 그렇게도 땅이 좋다고 한 이유가 땅을 공부하고 나니 이해되었다. 땅은 하늘이 주신 최고의 선물이다.

난 땅에 미쳐서 가족들 모임에서도 기승전'땅', 친구들 모임에서도 기승전'땅'이었다. 주변 사람들은 내가 사이비 회사에 들어갔다고 걱정하기도 했다. 난 땅의 매력에 흠뻑 빠져 있었다.

우리는 월급을 받아 생활하며 종잣돈을 모아 많은 방식으로 재테크를 한다. 은행 적금, 주식, 펀드, 보험, 유형부동산(아파트, 오피스텔, 원룸), 무형부동산(토지) 등으로 말이다. 은행의 현재 수익률은 2~3%대다. 종잣돈을 모으는 데 도움을 받을 순 있다. 하지만 돈을 키우기에는 턱없이 부족한 시스템이다. 주식은 투자자 5%만이 수익을 본다고 한다. 나머지 95%는 기관투자자나 해외투자자들에게 도움을 주는 격밖에 안 된다. 주식에 미쳐서 사는 사람들이 안타깝다.

부동산 중 유형의 부동산은 아파트나 오피스텔, 원룸들이다. 유형의 부동산은 그 가치가 땅에서부터 비롯된다. 때문에 그 가격이 끝까지 올라온 것으로서 사실상 실수요자들에게 필요한 부동산이다. 수익 또한 10~15%로 전문가들은 예상한다. 또한 직장을 그만두고 매월 수입이 없는 사람에게 필요한 투자처이기도 하다.

내가 너무도 사랑하고 있는 토지는 매력적인 투자처다. 땅의 수익률은 몇 %가 아니라 배수의 개념으로 오른다. 2배 또는 10배, 그 이상의 수익을 안겨 주기도 한다. 또한 원금이 살아 있는 안전한 투자처다. 토지는 원자재이기 때문이다.

사실상 우리나라에는 땅으로 부자가 된 사람들이 너무도 많다. 많은 사람들이 그 사실을 알고 있다. 하지만 자신이 그 주인이 될 거라는 것은 받아들이지 못한다. 왜냐하면 땅의 매입은 현재가치를 보는 게 아니라 미래가치를 보고 판단해야 하기 때문이다. 그만큼 상당히 어려운 투자처이기도 하다. 많은 사람들이 땅에 투자를 못하는 이유는 미래를 그릴 수 없기 때문이라고 한다.

난 회사에서 토지를 접해 보지 못한 사람들에게 토지의 기본적인 특성과 토지로 재테크를 해야 하는 이유 등을 상담하고 안내하고 있다. 하지만 사람들은 내 말을 쉽게 받아들이지 못한다. 왜냐하면 앞서 말한 대로 현재가치만 보고 미래가치를 믿지 못하기 때문이다. 또한 땅은 나이대별로, 용도대로, 목적대로 구입해야 한다. 그런데 사람들은 일단 집하고 가까워야 하고, 내 눈에 보여야 하고, 도로 옆에 있어야 하고, 모양이 예뻐야 한다는 등 돈이 안 되는 이야기들만 한다. 그럴 때면 난 안타깝기만 하다. 하지만 그것이 내가 필요한 이유이기도 하다고 이해한다. 그러면서 고객들을 이해시키고, 믿음을 주고, 확신이 들게 하면서 땅을 구입하게 한다.

난 고객들에게 땅을 판매하지만 미래를 판다고도 한다. 우리에게서 땅을 산 고객들은 희망을 안고 새로운 삶을 살아간다. 왜냐하면 이 땅이 나중에 가져다줄 부를 생각하며 미래를 준비하기 때문이다. 또한 노후까지 준비하기 때문이다.

난 고객들에게 희망을 파는 사람이다. 그렇기 때문에 나의 인생도 매일이 희망이다. 열정이 있으며 오직 행복뿐이다. 그런 마음 때문일까?

난 대기업을 그만두고 지금의 일을 하면서 새로운 목표와 꿈을 가졌다. 난 어려서부터 작가라는 꿈을 꾸고 있었다. 그런데 우연히 책을 읽다 〈한책협〉이라는 책 쓰기 코칭 카페를 알게 되었다.

난 땅을 파는 일 외에 작가가 되는 게 꿈이다. 간절히 원하면 이루어진다고 했던가. 나에게 〈한책협〉은 작가의 길을 갈 수 있게 도와준 동반자이자 스승이다.

난 내가 사랑하는 토지를 많은 사람들이 제대로 알기를 원한다. 구입 목적, 자금 목적, 상황에 따라 잘 맞는 토지를 구입할 수 있도록 도와주는 토지 전문 책을 쓰고 싶다. 아니, 쓸 것이다. 무조건 땅을 구입하는 게 아니라 내 상황에 맞는 토지를 잘 매입하는 방법을 책으로 쓰고 싶다.

성공은 큰 비전을 가지고 나 자신을 믿고 행동할 때 가능하다고 한다. 사람들은 이런 나를 보고 너무 큰 꿈을 꾼다고 말할 수도 있겠다. 하지만 난 나를 믿고 행동하고 있다. 분명 내 이름으로 된 토지 관련 책이 출간될 것이다. 그날을 기다리면서 나는 오늘도 열심히 달린다!

2

대한민국
땅부자 되기

"땅을 소유한 자 천하를 얻을 것이다."

몇 달 전 개봉한 영화 〈명당〉의 포스트 내용을 보았다. 난 저 말을 진심으로 신뢰하는 사람이다. 우리의 의식주는 바로 이 땅 위에서 이루어지기 때문이다. 구석기 시대부터 4차 산업 혁명 시대를 살고 있는 현재나 미래 역시 땅 위에서 모든 것이 이루어지기 때문이다.

나는 땅을 매우 좋아하고 사랑한다. 아버지의 가르침대로 절대 땅은 거짓말을 하지 않기 때문이다. 그래서인지 나는 결혼 1년 차에 남편과 함께 땅을 사기도 했다. 월급생활만 하는 젊은 부부가 어디서 용기가 나 과감하게 땅을 샀는지 지금 생각해도 참 기특하다. 결혼 1년 차라 큰돈이 없었다. 그래서 조금의 적금과 전세자금 대출, 퇴직금 중간 정산한 돈으로 땅을 구입했다. 그때 내 나이 스물일곱 살이었다. 땅은 우리에게 희망이었다. 이 땅이 앞으로 우리에게 가져다줄 부를 생각하면서 행복한 삶을 살고 있다.

땅은 소소한 행복도 함께 가져다준다. 전주 근교 땅인 그곳에 우린 내가 좋아하는 자두, 앵두 등 과실나무를 심었다. 또한 시어머니께서 그렇게도 원하시던 매실 나무도 심었다. 그 밖에 감나무도 있다. 우린 매년 그 땅에서 수확의 기쁨을 맛본다. 주말농장을 활용해서 각종 채소를 심고 풍성한 식단을 맛보기도 한다. 아이들과 함께하는 수확 체험은 그야말로 산교육이다. 더불어 우리에게 행복하고 풍요로운 삶을 안겨 준다.

우린 지금도 그 땅을 가지고 있다. 물론 10여 년 전에 구입한 가격보다 몇 배 올랐지만 팔지 않고 있다. 이후의 더 큰 수익과 꿈을 가꾸고 있기 때문이다.

땅을 사랑하는 만큼 땅은 나를 배신하지 않은 것 같다. 나는 지금 땅을 분양하는 일을 하고 있기 때문이다. 이 일이 얼마나 행복한 일인지, 얼마나 나에게 맞는 일인지 주변 지인들로부터 가끔 이런 얘기를 듣는다. 그야말로 천직이라고.

난 그래서 또 하나의 꿈을 가졌다. 바로 대한민국 땅부자가 되는 것이다. 우리나라 땅은 약 300억 평이라고 한다. 그중에서도 산이 70%를 차지한다. 그런 만큼 우리가 쓸 수 있는 가용 토지는 30%밖에 되지 않는다. 때문에 더욱 희소성이 있는 게 우리나라의 땅이다. 그래서 우리나라 땅의 매력은 무한대다.

우리나라 수많은 건물 부자들은 돈으로 건물을 산 게 아니다. 땅으로 돈을 벌어 건물을 지은 경우가 많다. 결국 땅부자들이 건물을 지은 것이다. 많은 사람들은 땅의 가치를 모른다. 때문에 지금 눈에 보이는 건물에만 관심이 있다. 나는 그게 아쉽다. 요즘 초등학생들 기준으로 조사해 보면 꿈이 '건물주'라고 한다. 웃픈 현실이지만 이해가 전혀 안 가는 부분도 아니다.

난 우리 아이들에게 돈이 생기면 땅을 사야 한다고 얘기한다. 나의 아버지가 어릴 적 우리 형제를 세뇌시키셨던 것처럼 말이다. 난 일찌감치 땅을 알았다는 게 얼마나 행복한 일인지 감사하고 감사한다.

전 세계 200여 개 국가 중에 개인이 땅을 소유할 수 있는 국가는 10% 이내 20여 개국밖에 되지 않는다고 전문가들은 말한다. 그 20개 국가 중에 대한만국이 포함되었다는 것은 엄청난 축복이다.

가장 가까운 중국만 봐도 땅은 국가 소유다. 개인이 땅을 소유할 수 없다. 그들은 땅을 소유할 수 있는 우리 국민이 축복받은 국민이라고 한다. 그런데 정작 대한민국 국민은 그것을 소수 외에는 알지 못한다. 안타까운 현실이다. 오히려 중국 사람들이 우리나라 땅을 사려고 혈안이 되어 있는 현실이 가슴 아프기도 하다. 지금도 그들은 대한민국 땅을 욕심낸다. 땅 구입 목적으로 우리나라에 여행을 오기도 한다.

난 땅을 분양하면서 돈이 생기는 대로 땅을 구입한다. 은행에 적금하듯이 등기를 저축한다. 등기가 하나하나 쌓일 때마다 너무 행복하다. 이 등기가 나중에 우리 가족에게 어떤 부를 가져다줄지 나는 안다. 그렇기 때문에 더욱더 땅을 사들인다.

땅이 있으면 어떤 것도 할 수 있다. 꿈을 이룰 수 있다. 그렇게 꿈꾸는 건물주가 될 수도 있다. 현금을 만들 수도 있고 커피숍도 할 수 있다. 뭐든지 할 수 있게 해 주는 게 땅이기 때문이다. 지금은 소소하게 모으고 있지만 난 대한민국 땅부자가 될 것이다.

등기가 100개, 200개 모아지도록 난 땅을 살 것이다. 생각하지 않은 일은 일어나지 않는다. 내가 계획한 것이기 때문에 가능하다. 난 믿는다. 내가 대한민국 땅부자로 거듭날 수 있다는 것을. 내가 땅을 사랑하는 만큼 땅도 나를 사랑하기 때문이다.

3

건물 3채 소유한
건물주 되기

　나의 고향은 논과 밭이 드넓은 시골마을이다. 초등학교 6학년 때 전주로 이사 와서 지금까지 살고 있다. 전주는 나의 제2의 고향이다. 전주시는 65만 명이 살고 있는 도시다. 처음 이사 올 때 모든 것이 높고 복잡한 전주가 마냥 신기했던 것 같다. 백화점도 신기했고 높은 아파트 건물도 신기했다. 소박한 시골 소녀였음에도 욕심이 많은 나는 백화점 주인은 누굴까. 저 빌딩의 주인은 누굴까 궁금했다. 그래도 빌딩 주인이 된다는 건 상상도 하지 못했다.

　고등학교를 졸업하던 해에 난 삼성생명(주)에 입사원서를 냈다. 서울 본사에서 2차 면접을 치르기로 되어 있었다. 시골 소녀의 첫 서울 나들이였다. 2차 면접보다 서울에 간다는 게 나로서는 더욱 기대되는 일이었다. 서울은 나에게 해외만큼이나 먼 곳이고 상상의 도시였다.

서울은 그런 나를 역시나 실망시키지 않았다. 서울의 건물들은 전주의 건물들과는 비교할 수 없을 만큼 높고 화려했다. 정말 놀라웠다. 도대체 저 건물은 얼마나 할까? 누가 주인일까? 어떻게 지었을까? 난 어지러울 정도로 서울 도시에 매료되었다. 그렇게 나는 어딘지 모르게 건물을 꿈꾸고 있었을지도 모른다.

난 간절히 원하고 그리워하면 그것을 당겨 준다는, '우주의 법칙'을 담고 있는 《시크릿》을 신뢰한다. 난 매일 아침 《시크릿》을 반복해서 읽는다. 난 부를 원한다. 그래서 부의 비밀을 매일 아침 읽고 또 읽는다. 그 덕분이었을까? 나는 건물주가 되는 방법을 알게 되었다. 물론 많은 돈을 가지고 건물을 사는 방법도 있을 것이다. 하지만 월급생활을 하며 돈을 모아 건물을 사기란 턱없는 일이다. 그렇기 때문에 난 내가 알고 있는 방법으로 건물주가 되기를 꿈꾸고 있다.

난 20층 이상 오피스텔 건물 3채 갖기를 꿈꾼다. 3채인 이유는 아들이 3명이어서인지 그냥 '3'이란 숫자가 좋기 때문이다. 그래서 난 오피스텔 3채를 갖게 될 것이다.

내가 분양하는 땅은 도시개발계획이 확정된 지역의 땅이다. 그것 또한 감사한 일이다. 우리가 일생을 살면서 도시개발 땅을 만나기란 쉬운 일이 아니다. 첫 번째는 정보를 몰라서다. 두 번째는 알아도 돈이 없어서다. 세 번째는 돈이 있어도 물건이 없어서다. 그런 만큼 도시개발 땅은 타이밍이 중요하다. 더군다나 우리가 분양하는 땅은 도시개발 땅이니 나에게는 기회이고 선물이다.

우리나라에 많은 땅이 있지만 도시개발 땅은 어떤 땅보다 투자 가치가 있고 수익이 큰 토지 상품이다. 우리나라 부자들이 예전에 막 사 놓은 땅들이 도시개발로 천지개벽해 수익을 불러일으킨다. 그들은 그것을 알기에 또 땅을 구입한다. 도시개발이 되면 이미 구입한 땅으로 건물을 지을 수 있는 환지를 받을 수 있다. 때문에 이것을 아는 사람은 끊임없이 도시개발 땅을 구입해 놓는다. 그들이 곧 건물주가 되는 것이다. 나도 같은 방식을 사용할 것이다. 지금은 건물을 살 수 있는 여건이 안 된다. 하지만 도시개발 땅은 조금씩 살 수 있기 때문에 가능하다.

나는 건물 3채를 가지고 있는 건물주가 될 것이다. 친구들은 나에게 허황된 꿈을 꾼다고 하기도 한다. 또는 욕심이 많다고도 한다. 하지만 난 그렇게 생각하지 않는다. 이 세상에는 수없이 많은 돈이 흐른다. 어떤 분은 공중에 떠다니는 돈을 잡으라고 말한다. 열심히 노력해 내가 꿈꾸고 바라는 것을 가지는 건 당연하다. 물론 선한 일도 많이 하는 선한 부자가 될 것이다. 나는 나를 믿는다.

4
베스트셀러
작가 되기

    나는 작가가 되는 것이 꿈이었다. 막연하게 작가를 꿈꾸다가 어느 날은 또 동화작가가 되고 싶어진 날이 있었다. 아들들을 키우면서 너무 순수한 아이들의 마음을 표현하고 싶었기 때문이다. 아이들에게 매일 읽어 주는 동화책 덕분에 나도 독서광이 된다. 아이들은 엄마가 읽어 주는 동화책에서 신세계를 맛본다. 그래서인지 아이들의 세계는 감히 상상이 안 간다. 그 순수함이 펜을 들고 싶어진 계기가 되었다.

    우리는 맞벌이 부부다. 그런 만큼 엄마는 늘 바쁘다. 아빠는 더 바쁘다. 그래서 우리 부부의 육아는 힘들기도 했다. 때문에 아이들을 단속하고 자야 하는 시간을 정해 두었다. 아빠는 10시가 다 되어서야 퇴근한다. 아빠가 오기 전에 아들 셋은 이부자리에 누워 있어야 한다. 눕기 전 양치는 기본이다.

어느 날 두 아들이 양치를 끝내고 신나게 뛰어놀고 있었다. 그런데 둘째가 마지막으로 양치하고 있던 순간, 현관문 비밀번호 누르는 소리가 들렸다. 아이들은 그 소리가 아빠가 비밀번호 누르는 소리임을 알았다. 양치를 끝낸 두 아들은 쏜살같이 이불 속으로 들어가 누웠다. 문제는 지금 칫솔을 물고 있는 둘째 아들이었다. 둘째 아들은 긴장했다. 빨리 이불 속에 들어가 누워야 했으니까.

그때 둘째 아들이 선택한 방법은 이랬다. 입안에 칫솔을 물고 화장실 벽에 기대어 자는 모습을 취한 것이다. 두 눈을 지그시 감고 완벽하게 자고 있는 모습을 취한 것이다. 둘째 아들에게는 완벽한 방법이었을 것이다. 본인은 자고 있으니 아무 잘못이 없는 것이다. 그런 아들을 보자 난 너무 아들이 예뻤다. 그래서 이런 순수함을 표현하고 싶어 동화작가를 꿈꾸기도 했다.

하지만 작가의 꿈은 멀고도 먼 것이었다. 표현하고 싶은 것을 내 마음대로 표현한다고 해서 책이 나오는 것은 아니었다. 그 당시 동화작가의 꿈을 안고 동화작가 되는 법 등의 책을 사서 보았다.

동화작가가 되는 것은 내가 생각했던 것처럼 쉬운 게 아니었다. 동화작가는 아이들을 키우면서 잠시 꾸었던, 스쳐 지나간 꿈이 되어 버렸다. 아이들이 한글을 떼면서 동화책을 스스로 읽게 되었다. 동화작가가 되겠다는 나의 마음 또한 멀어져 가고 있었다.

바쁜 직장생활에 꿈이란 자체를 잊고 살았다. 꿈이 있었는지도 모르게 바쁘게 30대를 달려왔다. 나는 꿈을 꾸는 사람이 아니었다. 회사의 일꾼이었다. 남편의 아내였고 아이들의 엄마였다. 하지만 그 테두리 안에서 나름 행복을 느끼며 살았다.

"인생은 모른다."라는 말을 사람들로부터 많이 듣는다. 그 말인즉슨 인생은 끝까지 살아 봐야 한다는 것이다. '지금 무엇이다'라고 결정짓기는 이르다는 것이다. 나의 30대는 직장에 묶여 살았다. 아이들 육아에 빠져 살았다. 하지만 나에게도 직장과 육아에서 벗어나는 순간이 왔다. 내 나이 마흔 살이 된 것이다. 고로 나의 인생은 이제 시작이다. 나의 꿈을 다시 한 번 생각하는 계기를 맞은 것이다.

난 열정과 도전을 좋아한다. 난 친구들에게 항상 말한다. 가고 싶은 길이면 설령 잘못되어 돌아올지라도 가 봐야 한다고. 그 길은 실패의 길이 아니라 배움의 길이라고. 그 길이 또 하나를 더 얻는 길인 걸 나는 잘 안다. 그래서 난 새로운 길이 두렵지 않다.

내 꿈은 작가였다. 글을 잘 쓰기보다 글 쓰는 걸 좋아했다. 회사에서 근무할 때도 난 일상의 재미난 사연들을 써서 동료들에게 메신저로 보냈다. 그 글을 즐겁게 읽어 주는 동료들 모습에 스스로 만족하곤 했다. 또한 SNS를 통해서 일상의 재미난 모습들을 즐겨 표현하곤 했다.

고등학교 시절에는 감성적인 시를 쓰곤 했다. 글쓰기는 나의 일상하고 그렇게 멀리 있지 않았다. 삼성이란 직장을 그만두고 지금의 부동산 일을 하면서도 다르지 않다. 난 매일 아침 나의 지인들에게, 고객들에게 희망을 주는 글을 짧게나마 보내고 있다.

많은 사람들이 불편하지 않느냐며 격려와 걱정을 하기도 한다. 하지만 난 내 글을 읽고 힘을 내는 단 한 사람을 위해서라도 매일 아침 빼먹지 않고 글을 보내고 있다. 글을 통해서 나 자신이 성장하고 있음을 느낀다. 나 스스로 변화함을 느낀다. 글에는 강력한 힘이 있기 때문이다. 그래서 나는 글쓰기를 좋아한다.

난 TV 드라마나 영화를 보면서 저 작가는 참으로 대단하다고 감탄한다. 하지만 베스트셀러 작가는 아무나 될 수 없다. 글쓰기를 전공해야 한다고 느꼈다. 엄청난 상상력을 가져야한다고 선을 그었다. 난 그냥 작가가 꿈이었다. 베스트셀러 작가는 먼 나라 이야기였다.

그도 그럴 것이 난 작가가 되기 위한 어떤 것도 전공한 적이 없다. 스펙도 없다. 책 쓰는 방법조차 모른다. 베스트셀러 작가가 되는 시스템은 따로 있다고 생각했었다. 스스로 베스트셀러 작가가 되기를 거부하고 있었던 것이다.

어느 날 책 한 권도 써 보지 않은 작가 지망생이 베스트셀러 작가를 꿈꾸게 된 계기가 있었다. 한 권의 책을 읽고 나서다. 바로 모치즈키 도시타카라는 일본 작가의 《보물지도》란 책이다. 이 책은 평범한 사람들이 가장 쉽고 재미있게 꿈을 이루는 방법이자 행운을 불러들이는 방법을 알려 주는 책이었다. 난 이 책을 읽으면서 가슴이 뜨거워졌다. 흥분을 가라앉힐 수 없었다.

이 저자 또한 평범한 사람에서 온라인 서점인 아마존의 종합 베스트셀러 1위 작가가 된 사람이다. 그렇게 선명하게 꿈을 꾸고 그렸기 때문에 가능했던 일이다. 난 매년 1월 1일이 되면 꿈을 작성한다. 나의 꿈 목록에는 '베스트셀러 작가 되기'라고 적혀 있다. 지금은 어떠한 방법도 모른다. 어떤 책으로 베스트셀러 작가가 되는지 감이 오지 않는다. 하지만 난 안다. 난 믿는다. 글쓰기를 계속하는 한 내가 베스트셀러 작가가 되리라는 것을.

5

한 달 이상 가족들과
세계여행하기

비행기 창문 쪽에 다섯 살쯤 되어 보이는 남자아이가 앉아 있다. 긴장한 모습이 역력한 채 창밖을 바라보고 있다. 그렇게 시선을 창밖에 둔 채 두 손을 양 무릎 위에 가지런히 올려놓고 있다. 가끔씩 침을 삼키는 소리가 들려온다. 옆에 앉은 엄마는 아들에게 묻는다. "아들, 어디 아프니? 몸이 안 좋은 거야?"

그때 아들이 숨을 꼴깍 삼키며 엄마에게 조용히 묻는다. "엄마, 이 비행기는 언제 싸워요?" 이 엉뚱한 질문을 한 아이는 바로 내 첫째 아들이다. 아이가 다섯 살 때의 일이다.

난 아들 셋을 둔 직장맘이었다. 온 세상일을 혼자 다 하는 듯 항상 바빴던 대기업 직장맘이었다. 난 여행을 좋아했다. 하지만 사내아이 셋을 두고 며칠씩이나 멀리 여행 가는 건 어려운 일이었다.

집 가까운 공원이나 큰마음 먹고 수도권 쪽 도시를 구경하는 게 다반사였다. 우리 가족은 여행지 거리를 1시간 이내로 제한을 두고 여행을 하곤 했다.

아들 셋도 셋이지만 큰아들 밑의 어린 쌍둥이 아들들을 건사한다는 건 그리 쉬운 일이 아니었기 때문이다. 그러던 중 나를 안타깝게 여긴 언니들이 제안해왔다. 자신들이 쌍둥이들을 돌볼 테니 큰아이만 데리고 제주도 여행이라도 다녀오라고. 그렇게 쌍둥이들을 맡기고 남편과 나, 큰아들 셋만 제주도 여행을 떠났던 것이다.

바쁜 엄마 탓에 비행기를 처음 타 본 다섯 살 사내아이. 그 애에게 비행기는 너무나 신기한 물체였다. 항상 책이나 TV에서만 봤던 어마어마한 물체였다. 우리 아들이 보는 비행기는 항상 양쪽에서 미사일이 발사되고 요상한 묘기를 부리며 전투하고 있었다.

그런 비행기를 아들이 타고 있었던 것이다. 그러니 이 비행기가 언제 미사일을 뿜어내고 요상한 묘기를 부릴까? 혹시라도 우리 비행기가 폭파라도 되면 어떡하나? 걱정하는 마음이 가득했던 것이다. 그래서 그렇게 긴장한 표정으로 앉아서 전투를 기다리고 있었던 것이었다. 순간 웃음이 나오기도 했지만 나는 아들에게 미안한 마음이 너무 컸다. 경험이 중요하다는 걸 다시 한 번 느꼈다. 여행을 많이 해야겠다고 생각하게 된 계기도 되었다. 하지만 세상일은 마음먹은 것처럼 그리 쉬운 일이 아니었다. 생각했던 것만큼 해외여행을 가기는 쉽지 않았다. 그래서인지 나는 언제부터인가 아이들과 함께하는 세계 일주를 꿈꾸게 되었다.

방학을 이용해서 아이들에게 경험 삼아 해외여행을 가자고 권유도 해 봤다. 하지만 고기도 먹어 본 사람이 먹는다고 아이들은 오히려 해외여행 가는 것을 즐겨하지 않았다. 그도 그럴 것이 아이들은 여행이라곤 꽃을 좋아하는 엄마 탓에 꽃구경만 하러 다녔기 때문이다. 옛것을 사랑하는 아빠는 유적지만 쫓아다녔다. 아이들에게 여행이란 힘들고 재미없는 일이었던 것이다.

여행은 간절히 가고 싶고 삶의 활력소가 되어 주는 비타민과 같다. 하지만 우리 아이들에게 여행은 어쩌면 힘들게 걸어야 하는 운동이었을지도 모른다.

나는 시골에서 자랐던 어릴 적 추억 때문에 드넓은 들판을 좋아한다. 그래서 고창 청보리축제 때가 되면 한 해도 거르지 않고 갔다. 그럴 때면 우리 쌍둥이들이 물었다. 왜 풀밭을 봐야 하냐고. 그러면 나는 혼자 심취해서 말했다. "이 넓은 보리밭 좀 봐봐. 가슴이 확 뚫리지 않니?" 그렇게 혼자 감탄하고 혼자 행복해했던 것이다. 그러면 아이들은 매년 보는 꽃을 왜 또 봐야 하냐고 불만을 터뜨리곤 했었다. 그럴 때마다 난 구슬아이스크림으로 아이들의 마음을 다독이곤 했다.

한참 아이들을 키울 때 SNS에 우리의 일상을 메모해 놓고 추억하곤 했다. 물론 여행을 다녀온 얘기들도 빠짐없이 세세하게 기록

했다. 가끔씩 그 사이트에 들어가서 추억을 되새기곤 한다. 그러다 문구 한 구절에 다시 한 번 나를 되돌아보게 된다.

여름휴가 때 안동 하회마을에 갔다. 그렇게도 더운 여름 날씨에 말이다. 날씨가 무척 더웠다고 메모되어 있었다. 하회탈을 구경하려다 아들 셋이 하회탈이 되었다고도 써 있었다. 무척 힘든 여행이었다. 엄마에게도 힘든 여행이었으니 아들들도 그런 마음이었으리라.

이제는 내가 좋아하는 여행보다 아이들과 즐길 수 있는 여행이 되기를 꿈꾼다. 그래서 무작정 떠나는 여행보다 아이들에게 힐링이 되는 여행을 하길 원한다. 요즘 나는 아이들과 대화하고 원하는 여행의 목적을 찾으려고 애쓴다. 그래서 아이들과 해외여행에 대해서 이야기를 많이 한다. 그럴 때면 아이들은 웃고 있다. 기대에 찬 얼굴이다. 어릴 적 그랬던 것처럼 엄마 아빠 마음대로, 원하는 대로의 여행이 되지 않도록 노력하고 있다.

나는 2024년에 한 달 이상의 해외여행 계획을 세워 두고 있다. 그해는 우리 쌍둥이들이 대학교에 입학하는 해다. 나는 이 꿈을 매년 꿈 카드에 기록한다. 간절하기 때문이다. 대학생이 된 세 아들과 세계여행을 하는 상상만 해도 너무나 행복하다. 배낭가방 하나씩 메고 힘든 여행을 해도 너무 행복할 것이다. 우리 큰아들은 유럽을 여행하고 싶다고 한다. 유럽 축구도 보고 싶다고 한다. 우리 가족은 유럽 축구 시즌에 맞춰 여행 가서 아들이 좋아하는 팀을 응원하고 올 것이다. 유럽 음식도 먹어 보고 싶어 하니 갖가지 음식을 맛보면서 식사를 즐길 것이다. 아이들이 원하는 행복하고 그리워하는 여행을 할 것이다.

다섯 살에 처음 비행기를 타 본 우리 큰아들은 올해 고등학교에 입학한다. 쌍둥이들은 제일 무섭다는 중학교 2학년이 된다. 하지만 아이들은 엄마와 다투지 않는다. 여행을 통해서 어찌 보면 싸워야 할 과제를 미리 했었는지도 모르겠다. 어릴 적 재미없었던 여행, 힘든 여행을 통해!

서로에게 부족했던 것들을 알기 때문에 지금은 소통을 하며 서로에게 도움이 되려고 노력한다. 우리 가족은 그동안의 여행을 통해서 또 하나의 소통이 필요하다는 걸 알게 되었다. 그래서 난 아이들과의 한 달 세계여행을 포기하지 않을 것이다.

2024년, 한 달간의 세계 일주의 시간이 오기 전에 아이들이 엄마에게 여행 가자고 할 날을 기다리고 있다. 그 여행이 해외여행이든 국내여행이든 상관없다. 함께하는 여행을 원할 뿐이다. 기대와 설렘을 안고 가는 여행 말이다. 그래서 오늘도 난 아이들과 대화를 시도하고 소통하려고 애쓴다. 사랑하는 아이들이 여행을 즐겨하는 그날까지 내 꿈은 영원할 것이다.

PART 7

1인 창업해
부자 되어
소망 이루기

-구윤영-

구윤영 보건 교사, 청소년 멘토, 자기계발 작가, 통기부여가

중학교 보건 교사로 재직 중이다. 청소년을 위한 커뮤니케이션 공간 운영이라는 가슴 설레는 꿈을 그리며 청소년들의 멘토로 상담활동을 하고 있다. 현재 '자존감을 높이는 습관'을 주제로 개인저서를 집필 중이다.

1

꿈을 키우는
청소년 커뮤니케이션 공간 만들기

어느 사회든지 다 그렇지만 학교는 다양한 학생들이 모이는 곳이다. 한 명 한 명 개인적으로 이야기를 나누다 보면 각자 개성이 다른 '작은 우주'라는 생각이 든다. 그것도 살아서 통통 튀는 우주다. 그 작은 머리에 얼마나 많은 생각들과 고민거리, 관심거리가 들어 있는지 모른다.

나는 26년 차 중학교 보건교사다. 보건실은 아픈 아이들이 찾아와 치료받는 곳이다. 그렇지만 꼭 그렇지만도 않은 것이 꾀병 환자가 반은 넘는다. 나도 눈치가 백단인지라 누가 꾀병이고 아닌지는 문을 열고 들어오는 모습만 봐도 바로 알아챈다.

학생들이 보건실을 찾는 이유는 다양하다. 20여 년 전 처음 발령받았던 당시에는 대부분 감염병이나 충치 같은 신체적 질병으로 찾아왔다. 하지만 지금은 마음이 아픈 친구들이 많이 온다. 이들이 내게는 꾀병 환자 속에 숨어 있는 진짜 환자 친구들이다.

올해 1월에 졸업한 진호는 그런 학생 중 하나다. 그는 아무 이유 없이 와서 소파에 앉아 있다가 가곤 했다. 왜 왔냐고 물으면 "힐링하러 왔어요."라고 했다. 그런데 쉬는 시간마다 힐링타임이라며 찾아오니 문제였다. "쉬는 시간엔 선생님 말고 친구들끼리 놀아야 한다."라고 몇 번을 타일러도 듣지 않았다.

호중이는 몇 달 전 전학 온 학생이다. 처음엔 눈에 잘 띄지 않았다. 그런데 어느 날인가부터 보건실에서 진호와 곧잘 어울렸다. 왜 왔냐고 물으면 그냥 실실 웃기만 했다.

유라는 2학년 여학생이다. 손에서 책을 안 놓는 학생이다. 전교에서 유라 모르면 간첩이다. 공부 시간엔 엎드려 자거나 책을 읽거나 둘 중 하나다. 쉬는 시간엔 무조건 도서실에 간다. 책 읽느라 밥도 천천히 먹는다. 그러다 보니 유라 앞에서 꼭 급식 질서가 흐트러진다. 유라는 나를 언니같이 스스럼없이 대한다. "선생님들은 어렵지 않은데 같은 학년 친구들과의 대화는 왜 이렇게 힘든지 모르겠다."고 하소연하는 학생이다.

영준이는 말이 별로 없는 학생이다. 가끔 담임 선생님이 데려와서 쉬게 하는 친구다. 그런데 침대에 눕지도 않고 의자에 조용히 앉아 있다가 간다. 묻는 말에만 단답형으로 대답한다.

신애는 이번에 졸업한 여학생이다. 사람 만나는 게 어려워서 학교 오는 게 너무 힘든 친구였다. 어쩌다 보건실에 오면 다른 학생들 다 2개씩 주는 사탕을 저에게만 한 개 줘도 아무 말을 안 했다. 나중에야 그걸 알고 "더 달라고 하지 그랬어?" 하면 "전 그런 말 하기가 너무 어려워요."라며 씩 웃었다.

그런데 이 친구들이 보건실을 자주 들락날락하더니 자주 부대끼게 되었다. 그렇게 몇 달을 지냈다. 그러더니 점점 친구가 되어 저희들끼리 보건실에서 만날 약속까지 하고 모였다. 어떨 때는 너무 시끄러워서 내가 아이들을 내쫓았던 적도 있었다. 그래도 저희들끼리 신나하며 떠들어 댔다. 이제는 이중 4명이 졸업해 각자 다른 고등학교에 진학했다. 혼자 남은 유라는 "이제 누구랑 노느냐."라며 너무 심란해한다. 졸업생들도 아쉬워하고, 나도 아쉽다.

학교에 오래 근무하면서 생각하게 되는 것은 아이들에게 친구가 얼마나 중요한가다. 대개의 학부모들은 자녀가 공부를 못하는 것이 걱정이다. 그렇지만 먼저 챙겨 봐야 할 점은 교우관계다. 남학생도 마찬가지지만 특히 여학생 같은 경우는 같이 밥 먹고 화장실 갈 수 있는 친구 한 명만 있어도 학교생활에는 문제없다. 친구가 없는 학생들은 쉬는 시간이나 조별활동 시간 등을 힘들어한다. 같이 할 친구가 없어서 머쓱하기 때문이다.

나도 초등학교 때 딱히 친한 친구가 없었다. 왜 그랬는지는 잘 기억이 안 난다. 하지만 늘 혼자 다녔었다. 동네 친구들도 남자애들 밖에 없었다. 반에서도 특별히 친한 친구가 없어서 쓸쓸하게 지냈다. 고3 때도 같은 반에 친한 친구가 없어서 1년 내내 외로워했던 기억이 있다. 갈 곳이 없는 쉬는 시간이 싫었었다.

보건실에 왔던 진호, 호중이, 유라, 영준이, 신애와 같은 친구들의 저마다의 사정은 다 다르다. 하지만 대부분 교실에서 혼자 조용히 생활하는 친구들이다. 어쩌다 보건실에서 만나게 되었고, 함께 어울리면서 즐거워했던 친구들이다. 그래도 이 학생들은 보건실에 와서 생각지 않게 친구들을 사귄 경우다. 하지만 아침부터 하교할 때까지 같은 반 친구들과 말 한마디도 제대로 하지 않고 가는 아이도 있다. 있는 듯 없는 듯 표시가 안 나는 친구다.

나는 이런 학생들이 자유롭게 놀고 갈 수 있는 온라인 공간과 오프라인 공간을 만들어 주고 싶다. 학생의 주머니 사정과 관계없이 와서 놀기도 하고 숙제도 같이 하고 원하면 저희들끼리 간단한 식사도 가능한 작은 공간. 나는 학생들이 자유로이 이 공간에 와서 친구를 사귀기를 바란다.

물론 학생들이 혼자 노는 이유들은 다 다르다. 내가 기대하는 것처럼 다른 친구들과 잘 못 어울릴 수도 있다. 하지만 그건 그때 가서 더 깊이 생각해 볼 일이다. 이 공간에서 영화도 같이 보고, 필요하다면 내가 가지고 있는 자존감 증진 프로그램도 돌리고, 독서

모임 같은 것도 해 보고 싶다.

그렇지만 우선 중요한 것은 마음 둘 곳을 만들어 주는 것이다. 가정형편이 어려워 학원에 못 가는 아이들에게는 자원봉사해 줄 과외 선생님의 연결도 생각해 본다. 누구나 다 잘살 것 같지만 요즘 세상에도 가정형편이 어려워 밥도 잘 못 먹고 다니는 학생들도 있다. 이런 친구들은 학원에 다녀보는 게 소원이기도 하기 때문이다. 청소년들, 특히 혼자 노는 청소년들에게 친구를 만날 수 있는 커뮤니케이션 공간을 제공하는 게 나의 목표다.

책을 열심히 읽는 유라도, 말없이 와서 앉아 있다가만 가는 영준이도, 사탕을 하나 더 달라는 말이 그렇게 하기 힘들다는 신애도 모두 그 미래가 어떻게 빛날지 아무도 모른다. 성인이 되어 사랑하고 결혼하고 자식을 낳아 아빠, 엄마가 되어 열심히 살아갈 이 친구들을 응원한다. 이 친구들이 밝고 건강하게 자라서 좋은 엄마, 아빠, 사회인이 되길 바란다. 나 또한 가난했고 혼자 놀기도 해 봤다. 그래서 그런지 이런 친구들이 유독 눈에 들어온다. 조금이라도 구김살이 덜 지게 컸으면 좋겠다. 덜 외로웠으면 좋겠다.

나의 버킷리스트 중의 하나는 이것이다. 내가 운영하는 청소년 커뮤니케이션 공간이 그들을 행복하게 하고 꿈을 키우는 꿈 공간이 되는 것이다.

2
—
어르신들을 위한
쉼터 운영하기

사람은 원래 고독한 존재라고 한다. 그래서인지 고독, 외로움이란 주제의 책, 영화 같은 문화 콘텐츠들이 정말 많다. 나는 다독가는 아니지만 꾸준히 책을 읽는 편이다. 그런 내가 주변 사람들에게 "세상의 모든 사람은 다 외로운 것 같아요.", "서점가의 모든 책들이 나에게 '외롭다. 외로워서 죽겠다'라며 아우성치는 것 같다니까요." 라고 말하곤 했었다. 아! 그때를 생각하면 지금도 얼굴이 빨개진다. 그건 마치 "나 외로워 죽겠어요. 그러니 제발 나를 사랑해 주세요." 라고 외치고 다니는 것과 같은 꼴이지 않는가. 그때 내가 정말 외로웠는지는 잘 기억나지 않는다.

나이 쉰 살이 넘으니 이제야 사는 게 뭔지 조금은 알 것 같기도 하고 모른 것 같기도 하다. 요즘은 애나 어른이나 '외로워 죽겠다'

라는 말을 달고 산다. 그래서 그런지 외롭다는 말이 그 깊이를 잃어 가는 것 같다. 그래서 나는 외롭다는 말을 잘 쓰지 않는다. 내가 생각하는 진짜 외로움을 아직 겪어 보지 못했기 때문이다.

나의 시어머니는 올해 85세시다. 13년 전 시아버지가 돌아가셨다. 그 후 막내아들 내외와 공주에서 살고 계신다. 자손들에게 싫은 소리 한번 안 하시는 어머니다. 그런 어머니가 지난 명절엔 한숨을 푹 쉬시더니 "헛헛하니 쓸쓸~한 게, 내 맘이 요즘 이상햐."라고 하셨다. 그러면서 당신 가슴 언저리를 문지르셨다. 나는 '많이 외로우시구나' 하는 생각이 들었다. 아들, 며느리, 손자, 손녀와 함께 사시고, 낮에는 노인회관에 다니시며 동네 어르신들과 잘 어울리시는 어머니다. 그래서 외로우실 거라는 생각은 하지 않았었다. 집에 돌아와서도 어머니의 말씀이 자꾸 생각났다. 그 말씀을 하실 때의 눈빛에서 내가 생각하는 진짜 외로움을 보았기 때문이다.

시어머니 얘기를 했으니 내 친정 엄마 얘기를 안 할 수가 없다. 친정 엄마는 이미 하늘나라에 가셨다. 다리를 다치신 후 다시 일어서지 못하셨다. 그렇게 3년을 고생하시다 돌아가셨다. 문제는 그 3년이다. 한집에 정착하지 못하시고 두 언니와 오빠 집에 번갈아 계셨었다.

요즘 내 나이 정도 되는 사람이면 '늙어서 아프면 당연히 요양 시설에 가려니' 한다. 그렇지만 그때만 해도 그렇지 못했다. 엄마는 방이 부족해서 고등학생 손자와 한 방을 써야 했다. 낮에는 혼자 계셔야 하는 날도 많았다. 엄마는 엄마대로, 언니 오빠는 언니 오빠대로 마음 아픈 시간들이었다. 지금도 고마운 것은 외할머니와 한 방을 쓰며 불만이 많았을 텐데도 얼굴 한번 붉히지 않았던 조카다. 그리고 '기꺼이 오셔서 계시라'며 먼저 손 내밀어 주신 두 형부다.

내 친정 형편을 잘 아시는 고교 은사님은 내게 "몇 달이라도 친정어머니를 모셔라. 그래야 네가 나중에 후회하지 않는다."라고 조언해 주셨다. 나는 그때 세 살, 다섯 살 된 두 아이를 키우며 맞벌이를 하고 있었다. 침대에 누워만 계시는 친정 엄마를 모셔 올 자신이 없었다. 그저 침묵했다. 그때 은사님의 말씀대로 지금 나는 '왜 휴직을 하고서라도 모실 생각을 못했는지' 후회하고 또 후회한다.

엄마는 누워 계실 때 방문을 닫지 못하게 하셨다. 추우실까 봐 문을 닫고 나오면 바로 문을 열라고 소리치셨다. 답답하다고 하셨다. 그때 엄마는 혼자 외로우셨던 것은 아니었을까. 내 마음대로 움직여지지 않는 육신과 머지않은 것 같은 죽음이 두렵고 무서웠던 것은 아니었을까. 문으로 막힌 적막한 방이 견디기 힘들었던 건 아니었을까. 엄마의 외로움과 두려움을 그땐 몰랐었다.

그렇게 엄마가 돌아가셨다. 그러고 나서 나는 노인쉼터를 운영하겠다고 다짐했다. 내가 꿈꾸는 노인쉼터는 이렇다. 외형은 마당이 넓은 시골집 느낌이고, 실내는 나름 최신식 시설을 갖추고 있다. 제일 중요한 것은 난방이다. 외풍은 전혀 없어야 할 것이다. 어르신들은 추위를 많이 타시기 때문이다.

한 방에 두 분 정도 사실 것이고, 부부를 위한 방도 따로 있다. 부부의 방은 중앙에서 제일 먼 곳에 배치한다. 부부가 함께 계셔 조금은 덜 외로우실 테니 말이다. 어르신들의 개인 비밀 공간도 꼭 마련해 드릴 것이다. 추억의 사진이며, 간직하고 싶은 물건들, 자식들이 와서 쥐어 준 용돈 등을 넣어 둘 수 있는 공간은 꼭 필요하다. 내가 나중에 아파서 요양시설에 가게 되었다고 생각하면 가장 걸리는 것이 '내 비밀일기장 같은 것들을 어디다 둘까?' 하는 것이다. 혹시 지금 웃고 있다면 웃음을 거두기 바란다. 파파 할머니라도 핑크빛 비밀일기장 같은 거 하나쯤은 가질 수 있는 거 아닌가? 요양원에서 새롭게 꽃피는 제2의 사랑도 많다고 들었다.

또한 어르신들이 몸을 움직일 수 있는 텃밭이 필요하다. 과일나무도 심어야 하니 꽤 넓은 땅이 있어야 한다. 그래서 도심지에서 운영하기는 쉽지 않을 것이다. 그렇지만 시골 속으로 깊이 들어가진 않을 것이다. 자식들이 한 번이라도 더 찾아오게 하려면 교통이 편리한 곳에 시설을 마련해야 한다.

한번은 퇴직을 앞두신 직장 동료 한 분에게 이런 말씀을 드렸다. 그랬더니 당장 부지를 살피러 나가자고 하셨다. 그래서 두세 번 정말 임장을 나가기도 했다. '이 땅은 어떠니 저 땅은 어떠니' 하며 자동차로 여기저기 드라이브했던 추억이 있다. 지금 그분은 퇴직하셨다. 가끔 만나면 잊지 않고 하시는 말씀이 있다. "빨리 퇴직하고 얼른 노인쉼터 차릴 준비햐. 나 아프면 거기 쉼터 갈 껴."

　나도 노인쉼터를 차리고 싶다. 그러나 아직 난 도심 주변에 넓은 땅을 살 만한 경제적 여유가 없다. 쉼터 건물도 지어야 하니 돈이 꽤 많이 들 것이다. 그래서 요즘 나는 안 하던 짓을 하나 하고 있다. 작가가 되겠다고 칼을 뽑은 것이다. 내 책이 많이 팔리면 인세가 나올 것이다. 그 인세를 차곡차곡 모으면 퇴직 후 쉼터를 차릴 수 있지 않을까.

　그런데 그게 또 만만치 않다. 나에게 책 쓰기를 코칭해 주시는 선생님이 '인세는 큰돈이 안 된다'라고 말씀하시기 때문이다. 그래서 이번엔 1인 창업의 꿈을 하나 더 추가했다. 혹시 이 글을 읽는 독자분들 중에 우리 쉼터에 관심이 있는 분이 있을까. 그렇다면 내게 미리 투자해 볼 생각은 없는지 묻고 싶다. 투자가 곤란하다면 1인 창업해 돈을 벌겠다는 내 꿈이라도 적극 응원해 주길 바란다. 내가 쉼터에 갈 나이에 쉼터를 운영하겠다고 나설까 봐 걱정이다.

　친정 엄마를 그렇게 보내고 다짐한 노인쉼터 운영의 꿈. 이것이 내 버킷리스트다. 내가 운영하는 쉼터에서는 모두가 행복하다. 어르신들은 진심으로 존중받고 혼자 잠들지 않는다. 직원들은 따뜻하고 감사할 줄 아는 사람들이다. 그럼에도 불구하고 입주비용은 아주 저렴한 편이다.

내 친정은 형편이 아주 어려운 편도, 여유가 있는 편도 아니었다. 요즘 요양원은 기초생활수급 혜택을 받는 어르신들 모시는 것을 선호한다고 한다. 국가에서 꼬박꼬박 비용을 지급해 주기 때문이란다. 문제는 내 과거 친정 같은 애매한 형편에 처한 어르신이다. 처음엔 자식들이 일정 금액을 모아서 요양원 비용을 꼬박꼬박 지불하지만 그렇게 1년을 넘기기가 쉽지 않다고 한다. 중간에 자식들은 비용을 연체하기 시작하다가 더 이상 찾아오지 않는다고….

내 노인쉼터 입주 대상자는 이런 분들이다. 이분들에게 비용 걱정하지 않으면서도 따뜻한 식사와 잠자리를 대접받게 해 드리고 싶다. "늙기도 설워라커든 짐을 조차 지실까"라는 시조를 들어 봤을 것이다. 늙는 것은 어찌 못한다 하더라도 짐은 지워 드리면 안 될 것이다. 이 세상의 모든 친정 엄마와 아버지를 초대한다. 가브리엘라의 집으로!

3

베스트셀러
작가 되기

업그레이드는 컴퓨터만 하는 것인 줄 알았다. 그런데 요즘 나는 내 인생을 업그레이드하는 중이다. 평소 내 꿈 중 하나가 '책 한 권 써 보는 것'이었다. 나만 그런 꿈을 꾸는 줄 알았다. 그런데 웬걸. 많은 사람들이 자신의 버킷리스트로 책 쓰기 꿈을 가지고 있었다. 자기 삶을 그려 낸 책을 한 권쯤 써 보고 싶은 것이다.

친정 엄마도 그러셨던 것 같다. 평범한 시골 아줌마였던 엄마는 옛날 얘기들을 많이 알고 계셨다. 이런저런 옛날 얘기를 해 주시다가도 끝에 꼭 하시는 말씀은 이거였다. "내가 살아온 얘기를 책으로 쓰면 10권은 넘을 껴." 내 친정 엄마만 그런가? 노인시설 봉사 활동을 다니면서 뵈었던 할머니들도 그런 말씀을 심심치 않게 하셨다. 그만큼 살아온 인생의 굴곡이 많으셨던 것이리라.

얼마 전 자기소개서를 쓰게 되었다. 쉰 살 넘어서 자기소개서를 써 보는 시간은 좀 특별한 시간이었다. 태어나서부터 지금까지의 세월 중 어디부터 써야 하나 막연했다. 그렇지만 쓰기 시작하니 구구절절 쓸 얘기가 얼마나 많던지. 쓰라는 페이지를 훨씬 넘겼다. 내가 과거가 그리 복잡한 여자인 줄 그때 처음 알았다. 목차를 정해서 차곡차곡 느낌까지 제대로 쓴다면 나도 친정 엄마 못지않은 분량의 책을 채울 수 있으리라 확신한다.

"난 학창 시절 문학소녀였다."라고 말할 수 있으면 얼마나 좋았을까? 불행히도 난 문학소녀가 아니었다. 고3 때 국어 선생님은 교과서 첫 장에 나왔던, 〈기미독립선언서〉를 쓴 독립운동가의 마음을 고스란히 담아 가르치셨던 분이었다. 지금도 나는 〈기미독립선언서〉를 목소리 높여 실제 선언하듯이 읽어 주셨던 그 선생님의 수업시간을 잊지 못한다. 덕분에 "오등은 자에 아 조선의 독립국임과 조선의 자주민임을 선언하노라"로 시작하는 〈기미독립선언서〉를 읽거나 들으면 지금도 마음 저 깊은 곳에서 무언가 쑥- 차오르는 느낌이다.

이 이야기가 여기서 끝이었으면 좋겠지만 그러지 못했다. 〈기미독립선언서〉를 선언하시던 선생님을 향해 한 학생이 손을 번쩍 들고 일어났다. 그러더니 "선생님, 우리는 고3입니다. 지금 이러실 때가 아닙니다. 진도를 나가셔야죠. 저희들 대학 가야 합니다."라고 항의한 것이다. 그 뒤에 벌어진 이야기는 독자의 상상에 맡긴다.

어쨌든 이런 국어 선생님이 지도 교사로 계신 문학동아리에 내 친구가 있었다. 동아리에 속해서 시집도 내고 각종 문학의 밤 같은 행사도 주최하곤 했다. 부러웠다. 문학 활동을 부러워했는지 아니면 그 국어 선생님과 함께한다는 게 부러웠는지 분명하지는 않다. 확실한 건 그때 시는 내게 너무 어려웠다는 것이다. 지금이라면 시가 어렵든 쉽든 무조건 동아리에 가입하고 볼 텐데…. 그때는 그런 용기가 없었다.

나는 중등 국어 2급 정교사 자격증을 가지고 있다. 자격증만 가지고 있지 실제 자격증으로 뭘 해 본 적은 없다. 장롱자격증이다. 그렇지만 내겐 소중한 자격증이다. 쓰지도 않을 자격증은 왜 가지고 있냐고 물어본다면 딱히 할 말은 없다. 그렇지만 아무래도 내 안에는 뭔가 채워지지 않은 욕구 같은 게 있는 것 같다. 문학소녀가 못 된 욕구불만인가 싶기도 하다. 하지만 하나 확실한 건 문학 작품을 읽거나 할 때 위로 같은 것을 받는다는 것이다. 그런 위로가 나를 문학 쪽으로 이끄는 것인지도 모르겠다.

방송대학 국문학과에 다닐 때였다. 과제를 하나 받았다. '만가를 직접 듣고 녹취하고 가사를 적어서 테이프와 함께 제출'하라는 것이었다. 만가는 상여가 나갈 때 부르는 노래다. 지금은 상여를 찾아보기 어렵지만 당시 시골에서는 종종 상여를 볼 수 있었다. 마침 아는 집에 초상이 났다. 양해를 구하고 상여꾼 뒤에 바짝 붙어서 만가를 녹음할 수 있었다. 집에 와서 녹음기를 틀어 놓고 옮겨 적었다. 그 과정에 내 마음에서 뭔가 쓱- 빠져나가는 느낌이 들었다.

나는 그때 친정 엄마의 고단한 삶과 죽음을 용납하지 못했었다. 고생만 하고 쓸쓸히 앰뷸런스 안에서 돌아가신 엄마의 죽음을 외면하고 있었다. 그런데 작품에 나오는 만가를 들으면서, 또 녹취한 만가를 듣고 옮겨 적으면서 삶이 원래 그렇다는 것을 어렴풋이 느꼈던 것 같다.

근대 문학작품들을 읽으면서는 아버지를 이해하게 되었다. 작품 속에 나오는 그 시대 아버지들의 이야기 속에서 내 아버지의 모습을 여럿 보게 되었다. 사람은 참 이상하다. 나만 그런 게 아니라는 걸 알면 그게 왜 위로가 되는지 모르겠다. 난 그렇게 엄마의 죽음과 아버지의 삶을 이해하게 되었다. 아니 치유 받았다는 표현이 맞을 것이다.

대학원에서는 국어교육학을 전공했다. 작품들 속에서 받은 위로와 치유가 좋았었나 보다. 남들 다 석사학위는 있어야 한다니 나도 남들 덜렁덜렁 따라간 게 국어교육학과였다. 대학원에서는 방송대학에서 접할 기회가 적었던 현대 문학작품들을 읽고 배웠다. 참 재미있었다. 초등학생이 일기 말미에 "참 재미있었다."라고 적는 딱 그 느낌이었다. 그냥 좋았다. 뭐가 좋았는지 물어보면 대답은 못한다.

그때 어떤 교수님이 나를 '문학숙녀'라고 불러 주셨다. 딱 한 번.

어쨌든 그때부터 난 자칭 문학숙녀가 되었다. 문학소녀는 못 되었어도 문학숙녀라고는 당당히 말할 수 있다. 문학숙녀의 꿈이 책 한 권 쓰는 것 정도는 지극히 자연스러운 거 아닌가? 난 문학숙녀. 문학 할머니가 되기 전에 내 이름 석 자가 선명한 책을 한 권 갖고 싶었다.

'그러나 무엇을 쓰나?' 난 소설 읽기를 좋아했다. 그렇지만 소설은 내게 언감생심이다. 그 많은 등장인물들과 그들만의 캐릭터들이 일관성을 유지해야 한다. 또한 탄탄한 스토리들을 구성해야 한다. 시는 내게 제일 어려운 장르니 꿈도 못 꾼다. 그 함축성은 그야말로 예술이다. 난 할 수 없다. 나도 친정 엄마처럼 내가 살아온 얘기밖엔 달리 다른 소재가 없다. 친정 엄마처럼 10권은 못 채워도 한 권은 어떻게 해 볼 수 있겠다. 상상만으로도 기분이 좋다.

하지만 나에게 꿈은 꾸라고 있는 것이지 이루라고 있는 게 아니었다. 얼마 전까지만 해도 그랬다는 얘기다. 책을 읽다가 어찌어찌 알게 되어 찾아간 곳이 책 쓰기를 코칭하는 곳이었다. 이제야 알게 된 것이 억울했다. 하지만 예순 살이 되어 알게 되는 것보다는 얼마나 다행인가. 지금이라도 열심히 책을 써 보기로 결심했다.

이제 내가 서두에서 말한 인생을 업그레이드하는 얘기로 돌아가 보자. 인생의 업그레이드. 생각만 해도 기분이 좋다. 책 한 권만 쓰고 끝내는 것이 아니라 작가의 길로 나서는 것이다.

평생 일방적으로 짝사랑만 했던 문학의 세계에서 내가 창조자가 된다는 것은 말할 수 없는 기쁨이고 환희다. '꿈은 꾸라고 있는 것이 아니라 이루라고 있는 것이다'라는 깨우침을 주신 그분들께 감사하다. '책 한 권 쓰기'라는 꿈은 다시 '베스트셀러 작가 되기'로 한 단계 업그레이드되었다. 나의 버킷리스트는 이것이다. '베스트셀러 작가 되기.' 이 글을 읽는 독자분들도 무엇이든 업그레이드하길 바란다.

4
혼자
유럽 자유여행 가기

"돈 없으면 대출이라도 받아서 꼭 다녀와 봐. 애들 어렸을 때 가야 돼. 영어공부에도 도움 되고 시야도 넓어지고 좋아. 꼭 가라."

가족이 함께 뉴질랜드에서 '한 달 살아 보기'를 하고 온 직장 동료의 말이다. '애들 영어공부에 도움이 된다'라는 말이 솔깃하게 들렸다. 아는 만큼 보인다고 하지 않던가? 또한 보이는 만큼 생각도 커지지 않을까 하는 막연한 기대도 한몫했다. 나도 자녀교육에 열성적인 대한민국의 엄마가 맞는가 보다.

그때 우리는 천안에서 좀 여유 있다는 사람들이 많이 사는 곳에 살고 있었다. 그러다 보니 우리 애들이 다니는 초등학교 학생들도 방학 중에 해외여행을 다닌 이야기들을 많이 한다고 했다. 해외여행을 가면 애들에게는 대화거리가 생기고, 영어공부에 대한 동기부여도 될 것 같았다. 무엇보다도 고등학교에 입학하게 되면 공부하느라 함께 가족여행 갈 시간도 없을 것 같았다. 그래서 우리 가족은 2009년 여름 10박 12일의 서유럽 여행을 가게 되었다.

버스 한번 타면 대여섯 시간을 내리 달리며 국경을 넘나드는 여행이었다. 그렇지만 힘든 줄 모르고 다녔다. 교과서에서 본 예술작품들을 직접 눈으로 보았다. 유명한 영화촬영지에서는 내가 주인공이 되어 사진도 찍었다. 일상을 탈출해 이국 풍경 속에 있다는 것만으로도 행복했다. 애들 교육 생각해서 간 여행인데 정작 더 좋아한 것은 나였다. 10박 12일의 여행은 그렇게 정신없이 지나갔다.

마지막 날 독일 공항에서 출국 수속을 밟고 있을 때였다. 해외여행이 거의 처음이던 우리는 선물로 산 과도를 기내 가방에 넣는 어처구니없는 실수를 저지르고 말았다. '아차!' 싶었지만 때는 이미 늦었다. 인솔자는 안 보이고, 일행들은 벌써 앞서 가 버렸다. 직원은 알아듣지도 못하는 말을 우리에게 마구 퍼부었다.

나는 공부 좀 한다는 중학생 큰애의 등을 떠밀면서 말했다. "도대체 뭐라는 거야? 너 영어 잘하잖아. 가서 말 좀 해 봐."라고. 한참을 머뭇거리던 아이가 울먹이며 하는 말이 "저 공항영어 안 배웠단 말이에요."였다. 그때 때마침 인솔자가 나타났다. 문제의 칼을 수화물로 부치는 것으로 사태는 일단락되었다. 그땐 정말 당황스러웠다.

이렇게 유럽 여행을 마치고 온 나는 영어공부를 해야겠다고 결심했다. 사실 처음 한 유럽 여행이 신나기도 했지만 조금 답답하기도 했다. 인솔자가 다 알아서 불편함 없이 해 줬다. 그렇지만 내 개인적인 궁금증을 인솔자가 일일이 다 해결해 줄 수는 없는 노릇이었다. 이건 여행이 아니라 관광이라는 생각이 들었다. 이것은 나뿐만 아니라 패키지여행을 해 본 사람이라면 흔히 하는 생각일 것이다.

피렌체에서는 특히 그랬다. 단테의 생가를 둘러볼 때였다. 인솔자는 내가 궁금해하는 것을 일일이 설명해 주기에는 시간도 없고, 관심도 부족했다. 내가 여행 전에 미리 공부하고 가든가 아니면 돌아와서 찾아볼 일이었다. 그런 상황에 대비해 나는 여행 가기 전 책을 사서 공부했다. 그렇지만 직접 가서 보니 궁금한 게 또 생기는 것이었다. 그래서 여행은 갔다 와서 하는 공부가 진짜 공부라고 하나 보다.

유럽 여행에서 돌아와 피렌체 곳곳을 검색해 보았다. '좀더 자세히 볼걸.', '이런 것도 있었는데 못 보고 왔네.', '거기 쓰여 있던 말이 이런 말이었구나.', '내가 갔던 곳 바로 옆에 미술관이 있었네.' 등등. 아쉬운 점이 너무 많았다.

유럽 여행 이후에 나는 몇 차례의 여행을 더 다녀왔다. 누구와 함께 가든 '이것저것 복잡하니 여행사가 다 알아서 해 주는 패키지가 최고다'라는 의견이 대다수였다. 그래서 모든 여행을 패키지로만 가게 되었다.

요즘은 해외여행을 정말 많이들 한다. 언어가 되는 사람은 자유

여행을 많이 간다. 언어가 안 되는 사람은 언어가 되는 사람과 함께 자유여행을 가든가, 아니면 패키지여행을 한다. 언어가 되더라도 패키지여행의 장점 때문에 일부러 패키지여행을 가는 사람도 많다.

그런데 나는 요즘 해외여행에 대한 관심이 조금 시들해졌다. 내리라면 내리고, 타라면 타고, 오라는 시간까지 시간 맞춰 서둘러 오고. 이미 정해진 식당에서 정해진 메뉴의 식사를 하는 것. 사지도 않을 물건에 대한 설명을 살 것 같은 표정으로 듣고 있는 것. 이런 것들이 더 이상 재미있지 않다. 자유여행을 할 자신도 없고 그렇다고 패키지여행으로 가기도 싫다. 이러지도 저러지도 못하니 그냥 안 가는 것이다.

유럽 여행 직후엔 단지 영어를 배워야겠다는 결심이 다졌다. 그런데 이제는 영어를 배워서 내가 하고 싶은 여행을 하고 싶다. 그때나 지금이나 결국은 영어가 문제이긴 하다. 하지만 그때는 영어에 집중했다면 지금은 영어보다는 여행 쪽에 중점을 더 둔다.

남편은 중국어를 할 줄 안다. 한 나라의 언어를 안다는 것은 그나라의 문화를 이해하는 데 기본인 것 같다. 남편을 보면서 드는 내 생각이다. 중국어를 알면 중국에 대한 역사는 물론이고 중국 사람들의 성향, 습관, 생각들 또 그 생각들이 어떻게 형성되게 되었는지 알게 된다.

물론 중국어를 몰라도 책이나 미디어를 통해서도 얼마든지 알

수 있을 것이다. 그러나 아 다르고 어 다른 느낌의 차이는 그 나라의 언어를 모르고서는 알기 힘들다. 사람들의 감정은 더 그런 것 같다. 책으로 알게 된 감정과 직접 대화를 통해 알게 되는 감정은 똑같지 않을 것이다.

그렇다고 내가 남편처럼 한 나라의 언어를 배워서 그 나라의 문화를 깊이 체험하고자 하는 것은 결코 아니다. 단지 나는 여행지 사람들과 소통하는 여행을 하고 싶은 것뿐이다. 독서할 때도 나는 자기 얘기만 마구 쏟아 내는 저자의 책은 도무지 읽기가 힘들다. 독자인 나도 책 속으로 들어가서 저자의 말과 생각 속에 끼어들고 싶다. 그렇게 독자에게 끼어들 수 있는 여지를 주는 책이 좋다.

그래서 나는 나와 생각이 잘 맞는 저자의 책을 만나거나, 다른 생각을 가졌다 하더라도 의사소통이 잘되는 책을 만나면 시간 가는 줄 모르고 책에 빠져든다. 여행도 그렇게 하고 싶다. 그곳 사람들의 삶 속에서 그들의 생각과 말과 행동들 속에 은근슬쩍 발을 담그고 싶은 것이다. 내게는 그런 여행이 진짜 여행으로 여겨진다.

공항영어 안 배웠다며 울먹이던 첫째도, 우리 물건 빼앗아 간다고 씩씩거리던 둘째도 이젠 다 대학생이다. 두 애들 모두 영어 고민 없이 해외여행을 잘만 다닌다. 그런데 나와 남편은 그때나 지금이나 영어가 여전히 어렵다. 퇴직이 몇 년 안 남았다. 이제야말로 영어공부를 더 이상 미뤄서는 안 될 때다.

한수희 작가는 그의 책《여행이라는 참 이상한 일》에서 "여행이란 먼 곳에서 나를 발견하는 일이다. 여행이 끝나고 나는 같은 사람이며 다른 사람이 되어 돌아온다."라고 말한다. 여행에서 마주하게 되는 것들이 자유든 두려움이든 설렘이든 외로움이든 상관없다. 여행을 마치고 돌아올 때 '사람 사는 게 다 거기서 거기지 뭐' 이 마음 하나만 가지고 오면 된다. 그럴 때 나는 여행 전과 같은 사람이면서 다른 사람이 되어 돌아오는 것이다.

'영어를 빨리 배워서 혼자 가는 유럽 자유여행.' 이것이 나의 버킷리스트다. 왜 굳이 혼자냐고? 영화 볼 때를 생각해 보면 바로 답이 나온다. 영화는 혼자 봐도 좋고 둘이 봐도 좋다. 그렇지만 그 영화에 오롯이 집중하고 싶다면 혼자 보는 게 맞다. 여행도 그렇다.

5

책 쓰기, 강연, 코칭으로
부자 되기

부자 되기, 부자 되기, 부자 되기, 부자 되기, 부자 되기, 부자 되기, 부자 되기, 부자 되기, 부자 되기, 부자 되기, 책 쓰기·강연·코칭으로 부자 되기. 열 번 다 썼다. 최근에 읽은 책에서 다음과 같은 글을 보았다. '사람은 꿈꾸는 것만 얻을 수 있다. 이것이 신이 정해 놓은 성공 진리다.' 그리고 하루에 열 번씩 그 꿈을 종이에 쓰고 상상하면 이루어진다는 것이다. 이건 너무 간단한 얘기다. 꿈이 이루어진다는데 종이에 꿈을 열 번 쓰는 것이 무엇이 힘들겠는가? 나는 꿈이 이루어진다면 백 번, 천 번도 더 쓰겠다. 그리고 상상할 것이다.

나는 꿈꾸기를 좋아했다. 남편은 내가 기분이 언짢아 보이거나 풀이 죽어 보일 때면 이렇게 물어보곤 했다.

"당신 꿈이 뭐야?"

평소에 내가 기분이 안 좋아 보이면 그렇게 물어봐 달라고 남편에게 부탁했던 말이다. 그 질문을 받으면 이상하게도 기분이 괜찮아지곤 했다.

30대 초반에는 이것저것 소소하게 갖고 싶은 것, 하고 싶은 것도 많았다. 아직 내 집도 없을 때였다. 그래서인지 예쁜 소품들로 가득 찬 내 집을 상상하는 것만으로도 즐거웠다. 아이들이 훌륭한 청년으로 자라는 것을 꿈꾸기도 했다. 어떤 직업을 가질까. 어떤 배우자를 만날까. 또한 나는 어떤 삶을 살아가게 될까. 상상의 나래는 끝이 없었다. 그 상상은 즐겁고 유쾌하고 행복했다.

그때 꾼 꿈들 중에 '부자 되기'는 없었다. 그냥 그 자리에서 행복하게 사는 것이 꿈이었다. 맞벌이 직장인으로 모을 수 있는 돈에는 한계가 있다. 월급 외엔 다른 수입은 생각하지 못했다. 빠듯한 월급이어도 둘이 함께 버니까 안정적이고 괜찮다고 생각했다. 알뜰살뜰 모아서 집도 사고 자동차도 조금 큰 것으로 바꾸고, 애들 학원 보내고. 그런 평범한 삶을 꿈꾸었다. 부자 되기는 아예 내 꿈에 없었던 것이다.

그렇게 알뜰살뜰 지금까지 잘 살았고 지금도 잘 살고 있다고 생각했다. 그런데 무엇인지 자꾸 뒤처지는 기분이 드는 것이었다. 나도 나름 열심히 살았는데…. 다들 나보다 경제적으로 더 여유 있어 보이는 것이었다.

내가 이런 얘길 하면 큰언니는 이렇게 말한다.

"너 지금 예쁘게 잘 살고 있어. 애들 둘 다 공부 잘하고, 잘 크고 있고. 부부가 다 튼튼한 직장 가지고, 건강하지. 집도 있고, 차도 있는데 뭐가 걱정이냐? 욕심 부리지 말고 살아. 위만 보지 말고 아래도 보며 살아야 해."

가만히 들어 보면 틀린 말은 아닌 것 같았다. 언니 앞에서는 '그래, 내가 욕심이지' 싶은 생각에 "알았어."라고 대답하고 물러선다.

큰언니 말대로라면 30대에 꾸었던 꿈은 그런대로 다 이룬 셈이다. 지금 남편은 내게 더이상 "당신 꿈이 뭐야?"라고 물어보지 않는다. 지금 나는 꿈꾸는 것을 별로 좋아하지 않는다. 꿈을 꾸면 기분이 좋아지는 게 아니라 오히려 기분이 가라앉기 때문이다.

나는 전부터 하고 싶은 일이 몇 가지 있었다.

첫째, 정신적으로 경제적으로 힘든 상황에 처해 있는 청소년들이 마음 놓고 쉬어 갈 수 있는 공간을 만드는 것이다. 모두 다 잘 살고 건강할 것 같지만 어려운 환경에 처해 있는 학생들이 생각보다 많다. 손 한번 잡아 주면 나을 작은 상처부터 전문적인 치료가 필요한 상처까지 각자 처한 환경들도 다양하다. 그렇지만 이들에게 공통적으로 필요한 것은 나를 알아주는 친구다. 지켜봐 주는 따뜻한 어른들의 시선이다.

내가 만들고자 하는 공간이 청소년들의 어려움을 직접 해결해 줄 수는 없을 것이다. 그렇지만 어려운 환경을 견뎌 낼 수 있는 힘을 기르는 데 도움을 줄 수는 있을 것이다.

둘째, 앞에서 언급한 학생들을 위한 장학재단을 만드는 것이다. 내가 다니는 성당의 사회복지분과에서는 이웃의 어려운 분들을 찾아 도와주는 일을 한다. 그때 나는 학생 1명을 성당과 연결해 장학금을 받도록 도와준 적이 있었다. 운동선수로 생활하다가 다시 공부를 시작한 학생이었다. 그 학생은 받은 장학금으로 3개월 동안 수학 과외를 받았다. 형편을 아신 과외 선생님이 당신도 돕고 싶다며 과외비를 적게 받고 가르쳐 주셨다. 내가 그 과정에서 깨달은 점은 '대부분의 사람들은 어려움에 처한 사람을 돕고 싶어 한다는 것'이었다.

봉사활동은 하고 싶은데 마땅한 곳을 못 찾는 사람들이 의외로 많다. 또한 하고는 싶지만 정해진 시간에 나가서 하는 봉사가 부담스러워서 선뜻 하겠다고 못 할 뿐이다. 마음이 없는 것은 아닌 것이다. 금전적으로 후원하고 싶어도 많지 않다는 마음에 쉽게 말을 꺼내지 못한다. 이런 사람들의 좋은 마음을 모아서 어려운 학생들과 연결해 주는 재단을 만들고 싶다. 일회성에 그치는 장학금이 아니다. 홀로 설 수 있을 때까지 지속적으로 지원해 주는 장학재단이다.

셋째, 어르신을 위한 쉼터를 운영하는 것이다. 늙으면 더 외로워진다. 외로운 어르신들이 돈 걱정 없이 노년을 따뜻하게 지내시다가 가시게 하고 싶다.

넷째, 언젠가는 내 이름으로 된 책을 쓰는 것이다. 그렇지만 내게 책은 아무나 쓰는 것이 아니었다. 이루어지기 힘든 꿈이었다. 앞의 세 가지 꿈도 마찬가지다. 돈이 많이 드는 일이고, 또 지속적으로 돈이 들어가는 사업이기 때문이다. 평범한 직장인에게는 이루기 어려운 꿈이다. 내 큰 꿈 네 가지는 이렇게 피어나 보지도 못하고 묻혀 있었다. 이루어지지 않을 것이라고 단정하고 꿈을 꾸니 꿀수록 의기소침해질 뿐이었다.

어느 날 책을 읽다가 〈한책협〉이라는 책 쓰기 코칭 인터넷 카페가 있다는 것을 알게 되었다. 당장 책 쓰기 코칭을 받기로 했다. 어쩌면 책 쓰기 꿈을 이룰지도 모른다는 생각에 약간 흥분되기까지 했다. 그런데 책을 쓰고자 찾아간 카페는 단순히 책 쓰기만 코칭하는 곳이 아니었다. 〈한책협〉은 인생을 코칭해 주는 곳이었다.

〈한책협〉에서 추천해 주는 도서를 읽으면서 나는 그동안 내 꿈이 왜 이루어지지 않았는지 알게 되었다. 이루어지지 않을 것을 생각하고 꾸는 꿈이 어떻게 이루어지겠는가. 당연한 결과다. 또한 〈한책협〉은 책 한 권 쓰기 코칭에서 그치는 것이 아니다. 책을 쓰고 그 책을 바탕으로 강연하고 전문가로서 코칭하는 1인 창업의 길을 제시한다. 1인 창업해 개인의 꿈을 이루라는 것이다.

나의 묻혀 있던 꿈들이 꿈틀거리는 소리가 들린다. 책 쓰기, 강연, 코칭으로 이어지는 1인 창업을 해서 부자가 되는 것이다. 부자가 되어 그동안 돈이 없어 이룰 수 없다고 생각한 나의 다른 꿈들을 이루는 것이다. 이제는 이 꿈들이 실제 현실에서 이루어지는 상상을 한다. 청소년들을 위한 공간 마련과 장학재단 설립, 어르신들을 위한 따뜻한 쉼터 운영의 꿈들이 이루어질 수 있다고 상상하니 가슴이 벅차다. 그것도 내가 오래전부터 하고 싶었던 책 쓰기를 통해 이루어질 수 있다니. 나는 이제 큰언니가 부리지 말라는, 부자가 되는 욕심을 부린다.

내가 하고 싶은 일을 하며 돈을 벌어 부자가 되는 것. 부자가 되어 다른 꿈들을 이루는 것은 기적 같은 일이다. 그 기적의 길이 보인다.

아인슈타인은 인생을 살아가는 데 오로지 두 가지 방식이 있다고 했다. '기적이란 없다고 믿고 사는 것과 어디에나 기적이 존재한다고 믿고 사는 것'이 그것이다. 나는 그동안 전자였다. 기적이란 없다고 믿고 살았다. 스스로 이룰 수 있다고 생각하는 꿈만 꾼 것이다. 그러나 이제는 아니다. 어디에나 기적이 존재한다고 믿는다. 〈한책협〉에서 그 길을 보았기 때문이다.

내 최고의 버킷리스트는 이것이다. '책 쓰기·강연·코칭으로 1인 창업해 부자 되기.' 부자가 되어 나의 세 가지 소망도 이룰 것이다. 오늘도 '책 쓰기·강연·코칭으로 1인 창업해 부자 되기'라는 꿈을 열 번씩 정성 들여 쓴다.

PART 8

대한민국
최고의 목소리
전문가 되기

-박지수-

박지수   싱어송라이더, 보컬 트레이너, CEO, 강연가, 자기계발 작가, 동기부여가

20대 CEO이자 보컬 트레이너로, 상위권 대학교와 엔터테인먼트 등 다수의 합격생을 배출시켰다. 현재 자작곡 〈엄마〉, 〈My Darling〉, 〈일기(Diary)〉를 발매하며 싱어송라이터로 활발히 활동 중이다. 앞으로 자기계발 작가, 동기부여가로서 꿈을 찾는 모든 사람들의 가슴을 뛰게 하는 일을 하고자 한다.

1

할아버지, 할머니
유럽 여행 보내 드리기

내가 세상에서 제일 사랑하는 사람은 바로 할아버지, 할머니다. 우리 할아버지는 충북 음성인 내 고향에서 존함만 대면 다 아는 유명한 분이다. 위낙 동네가 좁기도 한 데다 남기신 업적이 많기 때문이다.

할아버지께서는 공무원을 퇴직하시고 대소산업단지 관리소장으로 재직하셨다. 할머니는 음성 농협 상무님으로 재직하셨다. 매일 아침이면 할아버지는 우리를 차에 태워 할머니는 직장에, 언니와 나는 학교에 데려다주셨다. 그러고 나서 할아버지는 출근하셨다.

내가 차에서 내려 안 보일 때까지 한참을 쳐다보고서야 출발하시던 할아버지. 어린 마음에 '그냥 빨리 가시지!'라고 생각하며 얼른 교실로 뛰어 들어갔던 기억이 난다. 할아버지는 그런 나의 그 모습을 기억에 담으셨던 것 같다. 저녁에 "아가, 아침에 넘어지면 어쩌려고 뛰어 들어갔어?"라고 물어보신 걸 보면. 지금 생각하면 '그때 뒤돌아서 손이라도 한 번 더 흔들어 줄 걸…' 하는 후회가 밀려온다.

그렇게 남들 다 걸어서 학교에 다닐 때 나의 할아버지께서는 초등학교, 중학교, 고등학교까지 매일 나의 등굣길을 책임져 주셨다. 그래서 나는 단 한 번도 지각을 해 본 적이 없다. 친구들은 매일 차를 타고 등교하는 나를 부러워했다.

초등학생 시절, 그때는 용돈을 받는 애들이 드물었다. 받아도 동전 단위로 받았다. 그럴 때 언니와 나는 지폐로 용돈을 받았다. 한번은 이런 날이 있었다. 나는 주머니에 1,000원짜리 지폐가 있었고, 친구에게는 500원짜리 동전이 있었다. 나는 친구 게 더 좋아 보여서 바꾸자고 했다.

매일 아침 용돈을 담당하시던 할머니께서는 어제는 돈을 어디에 썼느냐고 물어보시곤 했다. 그때마다 나는 "누구누구 뭐 사 주고, 나는 이거 사 먹었어."라고 답했다. 그런데 그날은 친구의 동전이 더 좋아 보여서 친구와 바꿨다고 말씀드렸다. 그랬더니 충격을 받으셨는지 할머니께서는 나에게 화폐의 단위에 대해 설명해 주셨다. 그래도 나는 동전이 더 좋으니 앞으로 동전으로 용돈을 달라고 할머니께 말씀드렸다. 그래서 한동안 동전으로 용돈을 받고 기뻐했던 기억이 난다.

그뿐만 아니라 매주 월요일은 저금의 날이라 학교에 은행원이 오셔서 통장과 저금할 돈을 수거해 가셨다. 그때마다 담임 선생님께서 확인차 "누구 얼마, 누구는 얼마…"라고 큰 소리로 불러 주셨다. 당시 다른 애들은 몇천 원 단위로 저금했다. 그러다 보니 담임 선생님이 "박지수 3만 원!" 하시면 친구들은 "와!" 하고 환호성을 터뜨렸다.

사실 나는 이 모든 것이 창피했다. 할아버지, 할머니 딴에는 우리 자매가 조금 더 좋은 환경에서 자라길 바라는 마음으로 그렇게 하셨을 것이다. 그러나 나는 친구들과 조금 다르다는 생각, 평범하지 않다는 생각이 들어 싫기만 했다. 그때가 좋았던 줄도 모르고….

내가 중학교에 올라갈 무렵, 갑자기 집안 분위기가 심상치 않았다. 교복도 언니 것을 물려 입으라는 말에 울음을 터뜨리기까지 했다. 결국 할머니가 교복을 새로 맞춰 주시긴 했지만.

할머니께서는 그때부터 용돈을 주시면서 "이제 할머니도 직장생활 안 하고, 할아버지 혼자 버니까 돈을 아껴 써야 해."라고 말씀하셨다. 그냥 분위기만 봐도 '아, 우리 집은 이제 돈이 없구나!'라는 느낌이 팍 들었다. 부잣집 딸 마인드로 자란 나는 사춘기, 아니 질풍노도의 시기를 겪으면서 '왜 자꾸 돈돈 하지. 짜증나게!'라는 생각밖에 없었다. 엎친 데 덮친 격으로 할아버지는 밤마다 술을 드시고 술주정을 부렸다. 정말 싫었다.

그렇게 나는 매번 할머니, 할아버지께 화만 내고, 짜증을 부리고, 대답도 안 했다. 그런 못난 손녀딸로 중학교, 고등학교 시절을 지냈다. 그게 너무 습관이 된 나머지, 이제는 잘해 드리는 것이 더 어색해져 버렸다. 지금도 할아버지, 할머니께 말 한마디 살갑게 못 하는 나다. 하지만 더 늦기 전에, 정말 후회하기 전에 두 분께 잘해 드리고 싶은 마음뿐이다.

생각해 보니, 우리 할아버지께서는 여든 살이 다 되어 가시도록 우리 두 자매를 뒷바라지해 주셨다. 재작년이던가. 할머니께서 할아버지가 직장을 그만두셨다는 소식을 전해 주셨다. 그 말에 정말 기쁘기도 했다. 하지만 한편으로는 '아! 이제 진짜 내 차례구나'라는 생각에 씁쓸하기도 했다. 나는 정말 대한민국 최고의 불효녀.

나는 할아버지, 할머니께 조금이라도 손을 덜 벌리기 위해 일주일을 쉬지 않고 일했다. 많지 않아도 간간이 할머니께 용돈을 보내 드리곤 했다. 우리 할머니는 그걸 여기저기, 이 집 저 집에 자랑하며 다니셨다. 나는 그 모습에 마음이 아팠다. 할머니 친구분들도 어쩜 지수가 이렇게 착하게 잘 커 줬느냐며 칭찬을 아끼지 않으셨다. 내가 잘 큰 게 아니고, 두 분이 나를 이렇게 키워 주신 건데 말이다.

할아버지, 할머니께서는 오랜 시간 직장생활만 하셨다. 그러다 막상 쉬려고 하니 쉬는 게 더 이상한가 보다. 결국 할머니는 퇴직 후 바로 큰 병이 나셨다. 할아버지도 몸이 많이 안 좋아지셨다. 그렇게 즐겨 하시던 술, 담배도 일절 안 하시고, 정기검진을 받으며 노후를 보내고 계신다. 아니, 노후를 즐길 새도 없이 시간은 흘러만 간다. 두 분은 좋은 환경에서 나를 살게 해 주셨다. 그렇듯이 나도 우리 할아버지, 할머니가 여생을 좋은 것만 보고, 드시고, 즐기셨으면 좋겠다는 생각뿐이다.

여행을 좋아하는 할아버지와 언니. 여행이라면 질색하는 할머니와 나. 지난번에 삼촌이 두 분을 모시고 일본여행을 다녀왔다. 그런데 할아버지는 물론이고, 의외로 할머니가 엄청 만족해하셨다. 그 모습을 보고 좋은 데 많이 모시고 다녀야겠다는 생각이 들었다.

요즘 예능 프로그램에서도 여행을 소재로 많이 다룬다. 그것을 보시던 할아버지께서 하루는 이렇게 말씀하셨다. "따수(나의 애칭)! 유럽 여행 가자." 나는 이게 뭔 소린가 하고 거실로 나가 보았다. 그랬더니 TV에 나오는 유럽을 보시고는 하는 말씀이셨다. 우리 할아버지는 나름 TV를 통해 여행 기분을 내고 계셨던 모양이다.

'나는 한 번도 못 가 봤고, 우리 언니는 이미 유럽을 한 바퀴 돌다 왔으니 언니가 가이드를 하면 되겠다.' 이렇게 생각하면서 나는 이참에 할아버지, 할머니 모시고 다녀오고 싶었다. 할머니는 아무렇지도 않게 "어휴! 내가 저런 데를 살면서 가 보려나 모르겠네."라고 툭 내뱉으셨다. 하지만 못 갈 이유가 없다. 내가 모시고 가면 되니까. 이제 두 분은 연세가 많으셔서 다리도 많이 아프시다. 장기간 여행도 힘드시다. 그러니만큼 비행기부터 1등석으로 최고급 럭셔리

유럽 여행을 선물해 드리고 싶다.

두 분은 늘 우리 지연, 지수 자매 걱정에 잠 못 이루신다. 하지만 우리 자매도 마찬가지다. 우리 둘은 항상 "할아버지, 할머니를 위해서라도 꼭! 성공해야 한다."고 말한다. 더 늦기 전에 한적한 유럽 어느 동네에 가서 두 분이 좋은 공기를 마시게 해 드리고 싶다. 그곳의 경치를 보고 넓은 들판에 누워서 이야기도 나누며 행복한 노후를 보내게 해 드리고 싶다.

분명 우리 할머니는 귀찮다며, 그런데 뭐 하러 가느냐며 쓴소리하실 것이다. 하지만 막상 할아버지, 할머니, 언니, 나 이렇게 우리 넷이 함께라면 분명 후회 없는 여행, 평생 기억에 남는 여행, 살면서 가장 행복했던 때가 될 거라 장담한다.

2
—
목소리 전문가가 되어
모교에 기부하기

　나는 아주 어릴 적부터 노래하고 춤추는 것을 좋아했다. 성격은 말이 없고, 소심한 편이었다. 하지만 무대 위에서는 언제나 당돌했다. 어린이집에서 재롱잔치를 하던 날 설운도의 〈사랑의 트위스트〉라는 곡으로 무대에 서게 되었다. 공연하는 나를 본 학부모들은 환호성을 터뜨렸다. 간주가 나올 때 자유롭게 춤추는 구간이 있었다. 그런데 늘 조용했던 내가 트위스트를 추며 왼쪽부터 오른쪽까지 무대 전체를 흔들어 놓았기 때문이다. 무대를 마치고 사회자 아저씨께서 나에게 따로 인터뷰를 요청하셨다.

　"우리 친구 몇 살?"

　"…."

　"엄마는 어디 계세요?"

　"…."

나는 언제 그랬냐는 듯, 묻는 말에 대답도 못하는 부끄럼 많은 꼬마로 돌아왔다. 재롱잔치가 끝나고 친구 어머니들께서도 "지수가 오늘 제일 잘하더라."라고 칭찬을 아끼지 않았다.

초등학교에 올라가서도 음악시간이 가장 즐거웠다. 가창시험을 보는 날이 가장 설레었다. 집에서 혼자 피아노를 치며 예습하기도 했다. 이미 학교에서는 '노래' 하면 '박지수'라는 정의가 내려질 정도였다.

가장 기억에 남는 에피소드, 아니 자랑이라고 할 수 있는 게 있다. 내가 다녔던 수봉초등학교 교가와 조회시간이나 운동회 날 흘러나오는 애국가를 내가 녹음했다는 사실이다. 지금은 시간이 흘러 바뀌었을 수도 있겠다. 하지만 난 그 정도로 학교에서 노래로는 1인자로 통했다.

6학년 때는 옆 반 선생님 결혼식에 초대받아 생애 첫 축가를 불렀던 적도 있다. 그러다 우연히 〈충청북도 댄스 및 개그 페스티벌〉이 열린다는 포스터를 발견했다. 나는 당장 담임 선생님께 말씀드려 접수했다. 그러곤 열심히 대회를 준비했다. 일단 결과부터 말하자면 내가 초등부 대상을 받았다. 당시 소녀시대의 〈다시 만난 세계〉를 리믹스해서 춤췄다. 그날은 엄마가 행사장에 나를 보러 오셨었다. 나는 대상을 받는 나의 모습을 보여 드려 더없이 기뻤다.

중학교에 입학한 나는 더 큰 꿈을 꾸게 되었다. 지역에서 열리는 대회란 대회, 공연할 수 있는 행사무대가 있으면 무조건 참여했다. 그러면 수상은 기본이었다. 이미 지역 가수로 유명해져 초청무대에도 많이 올랐다. 자랑스러운 '음성 학생상 음악활동 부분' 표창장도 받았다. 나는 공부보다는 노래하는 게 좋았다. 주변에서도 "잘한다, 잘한다!" 칭찬해 주니 더 으스댔던 것 같다. 내 꿈은 확고했다. '가수'가 아니면 하고 싶은 게 없었다.

첫 진로를 정하는, 고등학교 입학을 앞둔 시점이 다가왔다. 친구들은 인문계, 실업계 사이에서 고민했다. 나는 당연히 예술고에 진학하기로 마음먹었다. 부모님과 상의도 하지 않은 나 혼자만의 결정이었다. 담임 선생님과 상담도 마쳤다. 담임 선생님께서는 당연히 부모님과 상의가 된 줄 알고 계셨다.

예술고 모집요강을 검색하니, 실기고사도 봐야 하고 전형료도 내야 한다고 나와 있었다. 실기야 늘 하던 대로 보면 되는 거지만, 전형료는 혼자서는 절대 해결할 수 없었다. 나는 엄마께 문자를 보냈다. 전화하면 화낼 걸 뻔히 알기 때문에 문자로 말씀드렸던 것이다. "엄마, 나 예술고에 원서 넣을 건데, 시험을 보려면 7만 원을 내야 한대." 문자가 전송되기가 무섭게 전화가 걸려 왔다. 엄마의 전화였다. 난 무서워서 안 받았다. 그러자 대신 답장이 왔다. "예술고는 무슨, 절대 안 됨."

난 화가 났다. 울면서 엄마께 전화를 걸었다. 엄마는 화부터 내셨다. 내 얘기는 들어 주지도 않았다. 나는 너무 억울했다. 내 앞길을 망치려는 부모라며 엄마께 막말도 했다.

다음 날, 담임 선생님께서 원서를 접수하자고 하셨다. 난 솔직하게 말씀드렸다. 엄마께서 허락하지 않으신다고. 선생님도 내심 아쉬우셨는지 다른 방법을 찾아보자고 하셨다. 그렇게 교무실에서 상담하고 있는데 교장 선생님께서 "지수야. 충주에 음악 중점 학교가 생긴다는데, 거기는 어때? 인문계 학교인데 음악반을 따로 운영해서 예고처럼 수업을 받을 수 있는 곳이야."라고 하시는 것이 아닌가.

난 그 말을 듣자마자 다시 엄마께 문자를 드렸다. "엄마, 우리 교장 선생님께서 그러시는데, 충주에 예고 같은 인문계 학교가 있대! 거기에는 지원해도 되지?" 그렇게 문자를 보내자마자 또 전화가 걸려 왔다. 엄마는 버럭 화를 내시면서 "엄마가 한번 안 된다고 했으면 안 되는 줄 알아야지. 왜 자꾸 네 멋대로 그러는 거야!"라고 하셨다. 나는 너무 억울했다. 선생님께서는 "지수 네가 엄마께 진솔하게 꿈에 대해 이야기하면 분명 허락해 주실 거야."라고 말씀하셨다.

'그래! 이건 언젠간 한 번쯤은 짚고 넘어가야 하는 일이야.' 그렇게 생각했기 때문에 나는 그 당시 유료였던 장문의 MMS 메시지를 엄마께 전송했다.

"엄마, 나는 일반 고등학교에는 죽을 만큼 가고 싶지 않아. 나는 노래하는 게 세상에서 제일 재밌고, 앞으로도 노래하는 사람이 되고 싶어. 한번만 엄마 딸을 믿고 면접이라도 보게 해 주면 안 돼? 딸어지면 군말 안 하고 엄마가 원하는 대로 일반 고등학교에 다닐게."

다행스럽게도 내 진심은 통했다. 엄마의 답장은 이랬다. "알겠어. 원서비 얼마야? 대신 떨어지면 다른 소리 하지 마." 난 날아갈 듯이 기뻤다. 그때부터 자기소개서를 열심히 작성했다. 또한 예상 질문 리스트도 몇 개 적어 보며 면접 준비도 똑 부러지게 했다. 합격자 발표가 있던 날. 난 당연히 가수니까 떨어질 리 없었다. 그렇게 나는 합격 소식을 주변에 알렸다. 친구들에게서 축하도 받았다. 엄마도 자식 이기는 부모 없다며 내가 원하는 방향대로 가게 두셨다.

고등학교 입학 후 첫 시험을 봤는데 1등을 했다. 역시 난 최고라고 생각했다. 2학년, 3학년 내내 1등의 자리를 지켰다. 그냥 어릴 적부터 이 분야에서는 내가 1등 하는 것이 당연하다고 생각했다. 우물 안 개구리인 줄도 모르고….

그렇게 자만심에 절어 있던 나는 대학입시에서 모두 떨어지고 말았다. 전국 각지에서 몰려온 실용음악 전공생들 사이에서 내 실력은 월등하지 못했기 때문이다. 그렇다. 나는 우리 지역, 우리 학교에서만 잘나가던 보잘것없는 아이였다.

고등학교 졸업식 전날까지도 계속 대학입시를 보러 다녔다. 친구들은 벌써 신입생 환영회에도 다녀오고, 대학 다닐 생각에 들떠 있었다. 하지만 나는 거기에 끼지 못했다. 친구들은 내 눈치를 보기 시작했다. 그 모습이 꼴 보기 싫어 친구들과 연락을 끊었다. 그러곤 아무도 없는 청주에서 재수를 준비했다. 이미 자존감은 바닥이었다. 다행히도 다음 해에 바로 수시에 합격했다. 하지만 자신이 없었다.

입시 트라우마가 있던 나는 심리적인 원인 혹은 성격장애로 인한 근긴장성 발성장애를 진단받았다. 그 덕에 대학 시절에는 노래로 학우들에게 인정받아 본 적이 없다. 내가 봐도 음치인 것 같았다. 억울했지만 그렇게 노래로는 인정받지 못했다. 하지만 말할 때 "목소리가 예쁘다, 목소리가 듣기 좋다."는 칭찬을 많이 받았다. 나는 '노래를 잘해야지, 목소리만 예쁘면 뭐 하나?'라는 생각에 그 칭찬이 썩 좋지는 않았다. 그러나 시간이 약이라고 내 노래 실력은 점점 나아졌다. 졸업 후 보컬 트레이너라는 직업도 갖게 되었다. 나에게 배워 합격한 학생들이 많이 배출되었다. 노래 실력이 느는 학생들도 생겨났다.

그러나 대학 동기들은 그런 나를 인정해 주지 않았다. "박지수가 보컬 트레이너래!"라며 뒤에서 수군거리기 바빴다. 내가 음원을 내도 "잘한다."라고 하기보다는 "목소리는 예쁘네." 정도였다. 나는 정말 노래 잘한다는 소리를 듣고 싶었다.

나는 4년간 보컬 트레이너라는 직업을 갖고 실적은 좋았지만, 당당하지는 못했다. 내가 잘 가르쳐서가 아닌, 학생들이 원래 잘한다고 생각했다. 텔레마케터로 근무하시던 분은 "선생님 덕분에 목소리가 많이 좋아졌어요. 팀장님도 그렇게 말씀하시더라고요. 감사

해요."라고 말씀하시기도 했다. 그럼에도 불구하고 나는 '그냥 예의 상 하는 말이겠지.' 하고 넘겼다. 그렇다. 나는 발성장애와 이겨 내는 과정을 겪은 만큼 목소리를 올바르게 내는 방법에 대해 잘 알고 있었던 것이다.

지금 나는 어릴 적의 버킷리스트였던 책 쓰기를 김태광 대표 코치님께 배우고 있다. 책을 써 보겠다고는 했지만 어떤 주제로 써야 할지 굉장히 막막했었다. 그런데 간단명료한 내 자기소개서를 보셨을 뿐인데 김태광 대표 코치님은 나에게 대한민국 최고의 목소리 전문가가 되라고 말씀해 주셨다. 불과 며칠 전까지만 해도 몰랐던 내 엄청난 장점을 〈한책협〉의 김태광 대표 코치님께서 발견해 주신 것이다.

나에게 말로 표현이 안 될 정도의 이상한 마음이 교차했다. '목소리 전문가'라는 단어를 들었을 때 머릿속에 무언가 팍 꽂혔다. '그래! 여태 내가 왜 몰랐을까? 나는 목소리 하나는 끝내주게 예쁜데! 이게 내 장점인데!' 어쩌면 나는 머지않아 대한민국 최고의 목소리 전문가가 될지도 모른다.

나는 보컬 전공으로서 발성장애를 극복했던 스토리를 갖고 있는, 평소 호감 가는 목소리의 장본인이다. 꾀꼬리 같은 목소리를 내는 방법을 누구보다 제일 잘 알고 있다. 목소리를 사용하는 모든 사람들을 도우며 대한민국 최고의 목소리 전문가로 성장하고 싶은 이유다.

　나는 자신 있다. 그렇기 때문에 월 수익금도 엄청날 걸 안다. 그래서 그 일부를 형편이 어려워 학업을 이어 갈 수 없거나, 곤란한 상황에 처한 모교의 후배들에게 수익금의 일부를 전달하고 싶다. 그렇게 〈박지수 장학금〉을 만들어 후배들을 좋은 세상으로 이끌어 주는 선배가 되고 싶다.

3

음원차트 1위 하고
콘서트 열기

나는 어릴 적부터 노래하는 것을 유독 좋아했다. 생각해 보니 아빠의 영향이 컸던 것 같다. 아빠께서는 언제나 방에 통기타를 두고 계셨다. 심심할 때마다 기타를 연주하며 노래를 부르셨다. 나는 엄마께 혼나면 아빠 옆에 시무룩하게 앉아 있곤 했다. 그럴 때면 내 심정과 지금 이 상황에 맞는 곡을 그 자리에서 뚝딱 만들어 즉흥적으로 불러 주셨다. 그 노래를 듣고, 감정이 북받친 내가 더 슬피 울었던 기억이 난다. 엄마는 그 모습을 보시고는 "놀고들 있네. 기타 다 부셔 버리기 전에 둘 다 그만해!"라고 말씀하셨다. 하지만 나는 그 어떤 말보다 아빠 노래에 굉장한 위로를 받았다. 그런 아빠가 너무 멋져 보였고, 존경스러웠다.

고향인 충북 음성에서 내가 노래 좀 한다고 소문났을 때 어른들은 모두 이렇게 말씀하셨다. "아빠를 닮아서 노래를 잘하네." 사실 너무 어릴 적이라 기억은 잘 안 난다. 하지만 아빠께서 밤에 공연하러 다녔던 것이 어렴풋이 기억난다. 부모는 자식의 거울이라 했던가. 내가 아빠의 재능을 물려받아 싱어송라이터의 꿈을 키워 온 게 분명하다.

2017년 5월, 나는 첫 번째 자작곡 〈엄마〉를 발매하며 싱어송라이터 박지수로 데뷔했다. 사실 엄청난 대박을 바란 것은 아니다. 스스로의 만족을 채우고자 소소하게 음악 활동을 이어 나가고 있는 중이다. 평소 주변 지인들로부터 멜로디와 가사를 잘 쓴다는 칭찬을 받고 있다. 이렇게 좋은 노래를 얼른 홍보해서 띄우라고들 한다. 하지만 굳이 그래야 되나 싶었다. 그냥 내가 만든 좋은 음악을 발매하는 것에 의미를 두고 있었다.

그런데 요즘 나의 생각이 조금씩 달라지고 있다. 이왕 이렇게 시작한 거 많은 사람들에게 내가 만든 곡을 알리고 싶어졌다. 이 분야에서도 최고가 되고 싶어졌다. 예를 들면 윤종신, 아이유처럼 말이다. 사실 한 곡이 완성되기까지는 많은 시간과 노력, 비용 등이 든다. 그런데 사람들은 한두 번 듣고 말아 버리니 허무할 때가 굉장히 많다. 나는 무명이다 보니 더욱 회의감이 들 수밖에 없다.

나는 어릴 적 가수 동방신기를 굉장히 좋아했다. 팬클럽 이름은 일명 카시오페아. 우리는 80만 카시오페아라고 주장하곤 했다.

그러면 타 가수 팬들은 저희 오빠들이 최고라 우기곤 했다. 이에 우리는 '우리 오빠들은 대한민국을 넘어서 아시아 최고'라며 맞서곤 했다. 그렇게 싸워 이겨 본 적도 있다. 이렇게 내가 따르는 가수에 대한 자부심을 갖고 큰소리쳤었다. 어린 시절을 회상하다가 나는 문득 '과연 어디선가 나를 좋아해 주는 팬들은 나에 대해 이렇게 자부심을 가질 수 있을까? 이렇게 자랑스럽게 이야기할 수 있을까?' 하는 생각이 들었다.

그렇게 한번은 심심해서 음원사이트에서 내 노래를 검색한 후 댓글을 읽어 보았다. 지인들도 많이 남겨 주셨지만 우연히 내 노래를 찾아 듣게 된 분의 댓글이 유독 눈에 띄었다. 그분은 내가 다음 음원을 발매하면 또 '노래를 잘 들었다'며 칭찬해 주셨다.

이렇게 나를 찾아 주는 사람은 분명 존재할 것이다. 나는 내가 그들을 위해 해 줄 수 있는 것은 좋은 음악을 계속해서 들려주는 것밖에 없다고 생각했다. 그리고 이제는 내 팬들과 함께할 수 있는 자리를 마련해 '우리'라는 공동체를 만들고자 한다. 새로운 앨범이 나오면 신곡 발매 기념 콘서트를 열어 이벤트를 진행하거나 소통하는 시간을 만들고자 한다. 함께하는 소통만큼 좋은 것은 없으니까.

버킷리스트가 있듯 음악하는 사람답게 박지수만의 송킷리스트 [죽기 전에 꼭 들어야(불러야) 하는 노래]를 만들고 싶다. 내가 어릴 적 아빠의 노래를 통해 위로를 받았던 것처럼 사람들에게 내 노래로 위로의 메시지를 전하고 싶다. 내가 추구하는 것은 고음을 내지르고 가창력을 돋보이게 하는 음악이 아니다. 따뜻하고, 감성적이며, 머리로 이해하기보다는 가슴으로 느끼는 음악이다. 복잡한 생각들로 힘들어하는 이들이 힘과 용기가 필요할 때면 만병통치약처럼 내 노래를 듣고 치유되었으면 좋겠다. 누가 들어도 "이 곡은 박지수 노래다!"라는 말이 나올 정도로 나만의 색깔이 뚜렷한 사람이고 싶다.

그리고 훗날에는 편법을 쓰지 않고도 무명이었던 내가 음원차트 1위를 차지할 것이다. 지인들만이 듣는 음악이 아닌, 카페나 거리에서 내 노래가 계속 흘러나올 것이다. 누군가는 내 노래를 노래방에서 불러 줄 것이다. 그렇게 나는 콘서트를 열면 전 좌석 매진 행진을 이어 가는 대한민국 최고의 싱어송라이터가 될 것이다.

4
베스트셀러 작가 되어
강연하기

책 쓰기는 누구나 꿈꾸는 버킷리스트 중 하나일 것이다. 나는 지금껏 책은 성공한 사람들만 쓰는 줄 알았다. 그러나 책은 성공하기 위해 쓰는 것이었다. 나는 지금 성공하기 위해 〈한책협〉의 김태광 대표 코치님께 책 쓰기 코칭을 받고 있다. 그렇게 인생 2막을 준비 중이다.

사실 막연하게 검색창에 '책 쓰는 법'을 검색했었다. 그러자 김태광 대표 코치님께서 운영하시는 〈한책협〉 카페가 제일 먼저 보여 접속 후 가입했다. 그러곤 차근차근 카페를 둘러보았다. 그곳에서는 회원들끼리 서로 동기부여를 해 주고 있었다. 또한 그곳에는 대표 코치님께서 배출하신 베스트셀러 작가들로 가득했다. 그 모습에 나는 그저 감탄을 내뱉기 바빴다. '나도 여기서 배우면 베스트셀러 작가가 될 수 있을까?'라고. 그러던 중 발견한 책 쓰기 〈1일

특강〉이 눈에 띄었다. 나는 '그래! 바로 이게 기회일 거야!'라고 생각하며 당장 신청했다.

특강 당일. 아니나 다를까 많은 분들이 오셨다. 곳곳에 작가분들도 앉아 계셨다. 약 6시간 동안 김태광 대표 코치님의 강의를 들었다. 나는 하나하나 빼놓지 않고 메모를 해 나갔다.

첫 번째 쉬는 시간이었다. 그 시간에 선착순으로 김태광 대표 코치님과 일대일 상담 기회를 준다고 했다. 그런 안내를 받자마자 나는 곧바로 신청했다. 그리고 대표 코치님과 이야기를 나눌 수 있었다. 대표 코치님은 현재 내 상황을 들어 보시더니 "책만 쓰면 되겠네! 내가 정말 도와주고 싶은데?"라고 말씀하셨다. 나는 그 말을 듣고 무조건 책을 써야겠다는 생각밖에 안 들었다. 그렇게 상담을 마치고 다시 강의를 들었다. 대표 코치님 말씀이 더욱 귀에 쏙쏙 박혔다. 강의가 끝나고 집으로 돌아가는 버스 안. 머릿속엔 온통 '책 써야지, 책 써야지!'라는 생각뿐이었다.

그러나 마땅한 상황이 마련되지 않았다. 아쉬운 대로 〈한책협〉 카페에서 일상을 보냈다. 계속 좋은 기운을 받고, 정보를 받아 보던 중 또 〈1일 특강〉이 열린다는 소식을 들었다. 나는 재수강을 신청했다.

역시나 그날도 성공에 목마른 수많은 분들이 오셨다. 심지어 재수강하시는 분들도 넘쳐 났다. 그 이유가 뭘까. 재수강한 사람으로서 말하자면 이 특강은 들으면 들을수록 공부가 되기 때문이다. 성공 기운 등 좋은 에너지를 받아 갈 수 있기 때문이다. 나는 재수강 때도 상담을 신청했다. 눈썰미 좋은 대표 코치님은 나를 단번에 알아봐 주셨다. "경희 대학원생?" 나는 날아갈 듯이 기뻤다. 날개만 있었다면 이미 훨훨 날아가 버렸을지도 모를 일이다.

'이번에는 꼭! 〈책 쓰기 과정〉에 등록하리라.' 그렇게 난 코치님들의 도움을 받아 어렵사리 책 쓰기 수업을 듣게 되었다. 그런 나를 보고 내 주위 사람들은 이렇게 말했다. "굳이 지금 책을 써야 해? 논문이나 써!" 역시 특강에 다녀온 사람과 다녀오지 않은 사람의 마인드는 여기에서부터 차이가 난다.

나는 '지금 왜 책을 써야 하는지'보다 '베스트셀러 작가가 되면 뭐 하지?'를 고민 중이다. 일단 나는 대한민국 최고의 책 쓰기 코치님께 코칭 받고 있다. 그러니만큼 나만 열심히 잘 따라간다면 반드시 결과는 좋을 것이라 장담한다. 왜냐하면 이미 첫 번째 주제 정하기 수업에서 굉장한 주제를 대표 코치님으로부터 선물 받았기 때문이다.

대표 코치님께서는 나도 몰랐던 나의 재능을 발견해 주셨다. 바로 나의 목소리다. 대표 코치님께서 내게 해 주신 말씀은 "대한민국 최고의 목소리 전문가가 되어라!"였다. 그 말씀을 듣는 순간 '내가 잘할 수 있을까?'보다도 '대박이야!'라는 생각밖에 안 들었다. 그럼 나에겐 이제부터 목소리 전문가가 될 일만 남았다. 미래를 상상하며 이루어 나가기만 하면 된다. 그래서 한번 생각해 봤다. 내가 베스트셀러 작가가 된다면 하고 싶은 것을 말이다. 먼저, 목소리가 고민인 모든 사람들 앞에서 강연을 펼치고 싶다.

그 이유는 이러하다. 나는 실용음악 보컬 전공이기 때문에 누구보다 목소리에 대한 고민이 많다. 심지어 대학입시 트라우마로 인해 스트레스성 발성장애를 판정받았던 적이 있다. 보컬 전공생인 나에게 아주 치명적인 사건이었다. 학교를 다니는 동안 노래를 부를 수 없었다. 그래서 그 외 부수적인 음악 공부에 매진했다. 매일 피아노를 연습하거나 이론을 공부했다. 다양한 음악을 들으면서 '목이 다 나으면 꼭 이런 식으로 한번 불러 봐야지' 했다. 나는 이미지 트레이닝을 하며 완치된 나의 목소리를 상상했다.

대학 시절 과대표를 맡으면서 교수님들 일을 많이 돕곤 했다. 그러던 중 학과장님께서 공연 때 사회를 보는 것이 어떻겠냐는 제안을 하셨다. 나는 워낙 나서는 걸 좋아했다. 그런 만큼 어릴 적부터 공연 사회 담당이었다. 나는 '역시 교수님이 뭘 좀 아시는구나!' 하며 그 제안을 적극 받아들였다. 교수님께서도 똑 부러지게 잘해 낼 것 같다며 칭찬을 아끼지 않으셨다.

맞다. 나는 다 잘한다. 그 당시에는 노래 빼고 다 잘했다. 그래서 노래 외의 것들 중에서 내가 할 수 있는 일에 최선을 다했다. 내가 직접 대본도 짰다. 공연 시작에 앞서 내 소개를 했다. "안녕하세요.

15학번 보컬 전공 박지수입니다." 그리고 학교 행사인지라 전원이 무대에 올라야 했다. 내 무대도 당연히 있었다.

쉬는 시간이었다. 작곡 전공 교수님께서 나를 잠깐 부르셨다. "지수야! 너 보컬 전공이었어?", "네…." 나는 보컬 전공이 맞는데도 뭔가 부끄러웠다. 그러면서 많은 생각이 들었다. '오늘 내 노래가 영 별로였나?' 그런 내 생각을 아셨는지 교수님께서 이렇게 말씀하셨다. "나는 네가 매일 피아노만 치고, 이론 공부만 해서 작곡 전공인 줄 알았어. 너 음색 되게 좋다. 평소에 노래 좀 많이 해!" 교수님의 그 말씀에 나는 그저 얼떨떨했다.

매주 공연 수업이 있는 날이면 우리 과 전원이 공연자를 평가해야 했다. 내 피드백 종이에는 늘 이렇게 적혀 있었다. '언니, 목소리 예뻐요. 꾀꼬리 같아요. 디즈니에 나오는 공주 목소리 같아요. 음색 진짜 좋아요.' 그렇게 다들 공통된 이야기를 적어 주었다.

교수님도 지수 노래를 2년 동안 처음 들었다며 공개적으로 "얘들아, 지수 노래 잘하지?"라고 하셨다. 그 질문에 "네-."라는 대답을 받기도 했다. 또한 보컬들끼리만 듣는 보컬워크숍이란 수업이 있었다. 그런데 그 수업은 나를 가장 주눅 들게 만들었다. 실력이 적나라하게 드러나기 때문이었다.

나는 이 수업에서 노래를 부르다 울어 버린 적도 있다. 너무 자신이 없었다. 무서웠다. 학우들은 진짜 우냐며 장난치기도 했다. 그래도 교수님께서 밖에서 망신당하지 말고 우리끼리 있을 때라도 잘해 보자며 나를 달래 주셨다. 그 배려에 나는 용기 내어 한 음 한 음 소중히 불렀다.

1절이 끝나고 박수가 터져 나왔다. 물론 위로의 박수인 건 알았다. 그 수업에서는 한 명씩 장단점을 이야기해 줘야 했다. 그런데 공통된 나의 단점은 '자신감이 너무 없다. 자신감을 가져라'였다. 장점은 '노래를 이렇게 부르는 사람은 지수밖에 없다. 지수 목소리 계속 듣고 싶다. 노래 많이 해 줬으면 좋겠다.'라는 것이었다.

나는 늘 잘 부르려고만 했다. 그 '잘'의 기준을 타인에게 두고, 정작 내가 잘하는 것은 개발하지 못했다. 그러다 이렇게 책 쓰기를 통해 나의 자기계발이 시작되었다. "책 쓰기로 웬 자기계발?"이라고 할 수도 있겠다. 그렇다면 나는 〈한책협〉의 김태광 대표 코칭님을 만나기 전까지 나의 최대 장점인 최고의 목소리 전문가가 되지 못했을 것이라고 말하고 싶다.

나는 누구에게나 좋다고 평가받을 만큼 목소리를 예쁘게 내는 법을 알고 있다. 여기에다 뼈아팠던 나의 과거를 책으로 써 보며 스스로를 치유하고 싶다. 뿐만 아니라 올바르고, 건강한 목소리를 되찾을 수 있었던 비법들까지 낱낱이 책을 통해 전달하고 싶다. 그리고 나와 같은 고민을 갖고 있던 사람들이나 목소리에 고민이 있는 사람들, 힘든 고난과 역경 속에서 빠져나오는 방법을 모르는 사람들에게 도움을 주는 강연을 펼치고 싶다.

5
개인 콘텐츠 만들어
청취자들과 소통하기

요즘은 1인 크리에이터 시대다. 고등학교 시절부터 알아 오던 파워 블로거가 있다. 그분은 평범한 주부다. 그런데도 매일 뷰티, 육아, 일상 등 개인 콘텐츠를 올리며 소통하는 모습이 참 인상 깊었다. 그래서 나도 작년부터 블로그를 개설해 주제 없이 운영하고 있다. 그렇게 8개월 정도 꾸준히 하다 보니 지금은 하루 평균 방문자 수가 400명은 거뜬히 넘는다. 그냥 취미로 하고자 했는데 세 자릿수 블로그 방문자를 보니 더 큰 꿈을 안게 된다. 올해는 네 자릿수를 기대해 본다.

블로그도 블로그지만, 음악을 전공하다 보니 유튜브를 빼놓을 수가 없다. 지금까지 음악 하는 유튜버로 유명해져 성공한 사람들을 많이 봤다. 하지만 내 주변에서는 단 한 명도 보지 못했다. 다들 방법을 몰라서겠지만 '내가 시작하면 뭔가 다르지 않을까?'라는 자신감을 한번 가져 본다.

　나는 '아이디어 뱅크'라는 별명이 있을 만큼 평소 좋은 아이디어를 많이 내는 편이다. 그런데 나보다 더한 사람이 한 명 있다. 바로 우리 언니다. 우리 언니는 예전에 마케팅 회사에서도 근무했었다. 아이디어가 뛰어나 실적 또한 우수했다. 별명은 일명 '아뱅(아이디어 뱅크)'. 언니와 나에게는 같은 피가 흐르는 게 분명하다. 그래서 언니와 이야기를 나누면 아주 흥미롭다. 서로 아이디어를 주고받다 보면 '오!'라는 감탄사의 연속이다. 그중 채택된 좋은 아이디어가 몇 개 있다. 현재, 그 아이디어는 나의 콘텐츠로 삼아 세상에 알리기 위해 준비 작업 중이다.

　첫 번째, 〈음악맛집〉. 이는 '음악을 맛있게 하라!'를 슬로건으로 한다. 싱어송라이터인 내가 음악을 만드는 과정부터 음악이 맛있게 (듣기 좋게) 편곡되는 과정을 영상에 담을 예정이다.

　두 번째, 〈꾀꼬리랜드〉. 나는 평소 '꾀꼬리'라는 별명의 소유자다. 거기에다 이건 내가 감명 깊게 본 영화 〈라라랜드〉에서 아이디어를 따왔다. 내가 만든 곡이나 커버 곡 등 직접 노래하는 모습을 담고 싶다.

　세 번째, 〈뮤라밸(Music and life balance)〉. 이는 음악과 삶의 균형이라는 뜻이다. 일과 삶의 균형이란 뜻의 '워라밸(Work and life balance)'을 인용했다. 음악 관련 직업을 갖고 있기 때문에 음악과 내 삶이 조화를 이루는 모습을 브이로그(Vlog; 비디오 블로그) 형식으로 담아 보고 싶다.

네 번째, 〈송킷리스트〉. 죽기 전에 꼭 불러야(들어야) 하는 노래라는 뜻으로 버킷리스트에서 아이디어를 얻었다. 이건 내가 어릴 적부터 꿈꿔 온 심야라디오 DJ의 꿈을 이루고자 만든 것이다. 요즘에는 1인 라디오 방송도 많이 하는 것 같다. 그런 만큼 내 예쁜 목소리로 곡을 소개하고 부르고, 청취자들과 소통하면 더없이 좋은 콘텐츠가 될 것이라 장담한다.

나는 나를 위해 끊임없이 생각하고, 도전하고, 꿈꾼다. 나는 하고 싶은 건 해야지 직성이 풀리는 성격이다. 그런 탓에 뭐든 해내고 만다. 다만, 완벽주의 성향이 강하다. 그래서 완벽하지 않은 걸 용납할 수 없어한다. 완벽하게 준비되지 않으면 시작을 못한다. 하지만 책을 쓰면서 조금씩 달라지고 있는 나를 발견했다.

나는 이제 내 실수를 인정하고, 완벽하지 않음을 받아들이기로 했다. 어쩌다 보니 또 결국 과정 중에 뚝딱뚝딱 완성시켜 낸다. 아마도 이 완벽주의 성향은 타인의 시선을 의식하며 생겨난 것 같다. 하지만 이젠 '남'이 아닌, '나'를 먼저 돌봐 주니 마음이 한결 편해졌다. 내 마음이 좋아야 좋은 콘텐츠가 계속해서 탄생될 것이다. 그런 만큼 성공적인 콘텐츠를 위해서는 긍정 또 긍정적으로 생각할 것이다. 그리고 이 에너지를 많은 이들에게 전달하는 사람이 되고 싶다.

생각만 해도 설렌다. 뭔가 뿌듯하기도 하고. 구체적인 계획을 갖고 있는 나 자신을 칭찬해 주고 싶다. 내 주변 친구들은 항상 이렇게 말한다. "지수처럼 사는 사람 또 없을 거야. 쟤는 왜 이렇게 열심히 살아?" 친구들의 말처럼 나는 내가 세상에서 제일 열심히 사는 줄 알았다. 하지만 사실 그렇지도 않다.

나는 몸은 하나인데 여덟 가지의 일을 해 왔다. 싱어송라이터, 대학원생, 조교, 보컬 트레이너, 보컬 디렉터, 광고회사 마케터, 네트워크 마케터, 작가 등. 이 모든 것을 일주일 동안 반복했다. 이 모든 직업들을 프리랜서로 활동하다보니 내 스케줄은 내가 정했다. 그러다보니 나는 나를 너무 혹사시켰다. 한마디로 가성비가 떨어지게 일했다고나 할까. 앞으로는 우선순위를 정해 효율적으로 일하고 싶다. 이것도 내가 콘텐츠를 만들고 싶은 이유 중 하나다.

요즘은 온라인 시대다. 그런데도 나의 일은 아직도 발로 직접 뛰는 일이 대다수다. 나의 SNS나 블로그를 통해 나의 일이 궁금하고, 나를 만나고 싶어 하는 사람이 있으면 직접 찾아가기도 했다. 이제는 오프라인이 아닌, 온라인으로도 내가 하는 일을 자유롭게 공개하고 싶다. 그렇게 소통하며 더 궁금한 사항이 있으면 나에게 직접 찾아오게 만드는 시스템도 만들어 보고 싶다. 그러기 위해서는 내가 더 좋은 사람이 되어야 할 것이다. 내가 하고자 하는 분야를 끊임없이 공부해 나가야 할 것이다.

그렇지 않아도 이번에 대학원 동기들과 공연을 하게 되었다. 그런데 홍보도 제대로 안 되고 있다. 상황이 그러다 보니 "우리 이러다 자선공연 하는 거 아니냐, 전단지라도 돌려야 하는 것 아니냐"며 불안 아닌 불안에 떨고 있는 중이다. 공연 당일 가 봐야 알 것이다. 하지만 '만약 우리만의 콘텐츠를 만들어 온라인상에 노출시켰다면 과연 우리가 이렇게 불안해하며 떨까?' 하는 생각도 해 본다.

나는 어릴 적부터 워낙 독보적인 것을 좋아했다. 남들 하는 게 더 좋아 보이면, 그것을 더 좋게 만들어서 했다. 앞으로도 나는 개성 있게 내가 하고자 하는 것을 위해 전진 또 전진할 것이다. 지금 당장 유튜브를 공부하고, 개인 라디오를 진행할 수 있는 방법을 모색할 것이다. 음악 작업도 열심히 하며 콘텐츠 개발에 힘쓸 것이다.

나는 이렇게 책을 쓰며 인생 2막을 살고 있다. 막막했던 나의 삶에 조금씩 희망이 보인다. 글로 적어 내 생각을 정리하니, 좀더 도움이 되는 것 같다. 이 글을 통해 다시 한 번 〈한책협〉의 김태광 대표 코치님께 감사인사를 전한다. 대표 코치님은 내가 하고자 하는 것을 이미 실행하셨고, 모두 이루셨다. 나는 대표 코치님을 콘텐츠를 통해 처음 접하게 되었다. 그러니만큼 잘 배워서 1인 크리에이터 박지수로 거듭날 것이다. 나는 할 수 있다!

PART 9

밝게 빛나는
멘토들의
공간 만들기

-이하영-

이하영 외래교수, 의사, 작은 얼굴 메신서, 수소의학 메신저

의사이자 얼굴 살 관리 전문 디마레클리닉 원장이다. 대한수소의학회 총무이사며, 작가이자 동기부여가로 활동 중이다. 또한 얼굴 다이어트 전문가로서 다양한 상담 및 진료를 하고 있다. 저서로는 《미용성형의 명의 16》, 《한국의 명의들 40》이 있으며, 현재 '작은 얼굴 만드는 비법'을 주제로 개인저서를 집필 중이다.

1
작은 얼굴
메신저 되기

지금은 유튜브 시대다. 요즘 사람들은 필요한 정보가 있으면 유튜브를 통해 검색을 한다. 이에 유튜브는 관련 지식과 경험을 영상을 통해 생생하게 전달한다. 또한 사람들은 시청하는 것에서 멈추는 것이 아닌 직접 개인 채널을 열어 자신의 일상을 전하기도 한다. 더 나아가서는 전문적인 팀을 구성해서 양질의 영상을 제공하기도 한다. 이렇게 자신의 채널을 통해 인기 BJ나 크리에이터가 되면, 수십만 명의 팬을 보유할 뿐아니라 매달 수천만 원을 버는 등 경제적 이익도 얻게 된다. 유튜브는 단순 소통의 창구를 넘어 새로운 문화로 자리 잡았다.

나도 유튜브를 통해 많은 정보를 얻고 있다. '지식인'으로 대표되는 모 포털의 정보 검색 서비스는 이미 옛것이 되었다. 과거 많은 사람들이 자신의 지식과 정보를 '지식인'을 통해 주고받았다. 나 또한 '지식인'을 활용해 새로운 정보를 얻었다. 잘못된 부분은 조사와 검색을 통해 수정하기도 했다. 기업 홍보와 마케팅도 '지식인'을 통해 이루어졌다. 하지만 세상이 변하고 있다. 활자화된 정보는 힘을 잃어 가고 있다. 영상과 이미지로 대변되는 유튜브는 우리의 일상을 완전히 바꿔 놓았다.

우리나라 사람들은 글 읽는 것을 싫어한다. 책 읽기 싫어하는 것은 말할 필요도 없다. 오히려 누군가의 이야기를 듣거나 영상을 보는 것을 편하게 생각한다. 생각의 게으름 때문이다. 글자로 된 정보는 읽는 과정과 함께 생각하고 정리하는 시간이 필요하다. 논리적인 사고와 함께. 기존의 정보와 통합하는 능동적인 생각의 에너지가 필요한 것이다.

우리는 좌뇌를 통해 언어를 분석하고 의미를 파악하는 노력을 해야 한다. 하지만 대부분의 사람들은 생각의 나태를 즐긴다. 이런 상황에서 유튜브는 힘을 발휘한다. 이미지를 보여 주고 영상을 전달하며 우리의 직관을 파고든다.

우뇌는 좌뇌에 비해 영상 처리 속도가 250배나 빠르다. 좌뇌가 1초에 40비트의 속도로 정보를 처리한다면 우뇌는 1초에 10,000비트다. 글로 된 자료보다 이미지로 처리된 정보를 보다 많이 기억하는 이유다. 이런 측면에서 유튜브의 영상은 글보다 훨씬 많은 정보를 제공하고 있다. 다만 이렇게 영상화된 콘텐츠를 자신의 생각과 사고로 재정리하고 새롭게 조합하는 과정이 필요하다.

재정의된 지식은 새로운 정보로 받아들여지고 뇌의 기억세포에 저장된다. 이렇게 저장된 정보의 양은 과거에 비해 기하급수적으로 늘고 있다. 유튜브는 지식 전달과 정보 제공에 있어 놀랄 만한 혁신을 이끌고 있다. 우리에게 새로운 생활양식으로 다가오고 있는 것이다.

우리는 강한 자가 아니라 적응하는 자가 살아남는 시대에 살고 있다. 유튜브에 적응하고 그것을 잘 활용하는 사람들이 늘고 있다. 유튜브를 통해 돈을 번다. 사람들에게 좋은 정보를 제공한다. 그들의 생각과 행동을 변화시킨다. 수십만 명의 팬을 거느린 유튜버는 사회 문화를 바꾸며 선도하고 있다. 상상할 수도 없는 수익을 올리고 있다.

그런 만큼 너 나 할 것 없이 유명 유튜버가 되려고 오늘도 카메라 앞에 선다. 잘 보여 주기 위해 노력한다. 화장을 하고, 조명을 조절한다. 자신을 더욱 돋보여 주는 옷을 입기도 한다. 세트장을 만들어 전문적으로 방송하는 경우도 허다하다. 셀카 사진만큼 멋지고 핫한 영상을 위해서다. 하지만 사진에서의 이미지와 영상의 좋은 이미지에는 차이가 있다.

'싸이월드'라는 사이트가 유행했던 적이 있다. 자신의 일상을 사진이나 글로 표현해 주변 사람들과 공유하는 서비스였다. 싸이월드가 유명해진 데는 이유가 있다. 매일매일 예쁘고 잘생긴 모습을 페이지 메인 사진으로 보여 줬기 때문이다. 얼짱이라는 단어가 유행했던 시기도 싸이월드가 퍼진 시기와 일치한다.

싸이월드를 통해 좋은 외모와 호감 가는 이미지를 가진 얼짱들이 세상에 등장하기 시작했다. 팬 층이 생기기 시작하고, 그들은 연예인으로 데뷔하기도 했다. 자신의 쇼핑몰을 운영하면서 얼짱의 이미지를 잘 활용하기도 했다. 얼짱이 되기 위해 화장을 하거나 성형 수술을 받기도 했다. 심지어 포토샵을 이용해 자신의 이미지를 수정하기도 했다. 색채 보정이나 명암 수정을 통해 사진을 더욱 예쁘고 얼짱스럽게 바꾸는 과정이 기본이 되었다. 얼굴 라인을 줄이거나 눈을 크게 만드는 사람들이 늘어났다. 이미지 시대가 시작된 것이다. 얼짱 각도에서 찍는 차원을 넘어 얼짱 사진을 만드는 시대였다.

하지만 이제는 영상의 시대다. 동영상, 라이브 방송이 대세가 된 것이다. 유튜브나 개인 방송 시대에서는 포토샵으로 사진을 수정할 수 없다. 영상이 송출되는 시대에는 편집은 할 수 있어도, 인물을 바꿀 수는 없다. 그래서 사람들은 작은 얼굴에 주목하는 것이다. 영상은 실제 얼굴보다 크게 나온다. 1.3배 정도 더 퍼져 보인다는 것이 방송 쪽에서 일하는 사람들의 증언이다. 사람의 얼굴은 3차원이지만 사진과 영상은 2차원으로 보인다. 그러다 보니 퍼지고 커 보이는 것이다.

사람의 눈은 오토 포커싱 기능을 가지고 있다. 얼굴의 입체감을 느끼는 것은 우리 눈의 렌즈 기능이 좋기 때문이다. 가까운 것에 집중하면 멀리 있는 부분은 희미하게 느껴진다. 그런데 우리가 얼굴 중심에 집중해도 비슷한 일이 벌어진다. 바깥쪽 얼굴 라인이 뚜렷하게 느껴지지 않아 얼굴이 작게 보이는 것이다. 하지만 영상에서는 얼굴의 바깥 라인까지 잘 잡아진다. 때문에 더 크게 보이는 걸로 착각하게 된다. 그런 만큼 얼굴이 큰 사람은 영상에서 더 크게 보일 수밖에 없다.

작은 얼굴이 모든 여성의 로망이 되고 있다. 얼굴이 작으면 영상에서뿐만 아니라 사진이나 실제 모습에서도 매력적으로 보인다. 신체의 비율이 좋아 보이고, 눈코입이 상대적으로 뚜렷해 어려 보이기까지 한다. 사진을 찍을 때 상대방보다 뒤쪽에서 찍으려 하는 이유는 이런 현상과 무관하지 않다.

작은 얼굴을 가지기 위해 사람들은 다이어트를 하기도 한다. 처진 얼굴을 마사지하기도 한다. 심지어 성형수술을 감행하기도 한다. 하지만 모든 결과가 만족스러울 수는 없다. 올바르지 못한 의료 정보를 그대로 믿고 실천하거나 원인에 맞지 않는 치료를 한다고 하자. 그럴 경우 오히려 얼굴이 처지거나 붓거나 더 커 보이는 결과가 생기게 된다.

잘못된 생활습관을 가지고 있는 경우에도 얼굴이 커질 수 있다. 평소 체중 관리에 신경을 못 써 얼굴이 살찌는 경우나 독소와 순환

장애로 얼굴이 붓는 경우다. 얼굴 근육을 제대로 사용하지 않거나 무표정한 상태를 오래 유지해도 얼굴이 처지고 커 보이게 된다. 얼굴 살은 많아도 문제, 적어도 문제, 부어도 문제, 처져도 문제다.

작은 얼굴이 대세인 현대를 살아가는 데 있어 얼굴 살 관리는 필수가 되고 있다. 하지만 얼굴 살에 대한 올바른 정보를 구하기는 쉽지 않다. 심지어 전문가라고 불리는 사람들조차 정확한 개념 없이 여기저기서 정보를 짜깁기할 뿐이다. 그만큼 일반인들이 얼굴 살에 대한 의료지식을 얻기는 쉽지 않다.

나는 얼굴 살 관리 전문 클리닉을 10년째 해 오고 있다. 그런 만큼 이런 상황을 누구보다 잘 알고 있다. 얼굴 살에 대한 정확한 정의와 개념을 알리고, 올바른 관리법에 대한 교육이 필요한 이유다. 무작정 다이어트를 한다고 얼굴이 작아지지는 않는다. 오히려 얼굴 살이 빠지고 체중은 줄었지만 탄력이 떨어져 노안으로 바뀌거나 커 보이는 결과가 생길 수 있다. 몇몇 연예인들이 무리한 다이어트 후 화면에서 나이가 들어 보인다는 이야기를 듣는 이유다.

잘 알려진 얼굴 살의 구성 요소인 얼굴지방, 바탕질, 얼굴근육에 대한 개념 정리가 필요하다. 그리고 각 부위별로 큰 얼굴의 원인에 대한 접근이 필요하다. 또한 얼굴 살을 건강하게 하는 식습관, 생활습관, 표정습관에 대해서도 알아야 한다. 얼굴 살이 건강해지면 얼굴이 작아지고, 우리 삶도 건강해지기 때문이다.

얼굴 살에 대한 지식과 정보, 나의 경험을 알려 주려고 한다. 지금까지 알려진 의료 정보를 정리하고, 잘못 알려진 지식을 수정해서 전달하려고 한다. 얼굴 살 문제를 해결하면서 알게 된 경험을 공유할 것이다. 그래서 사람들이 똑같은 실수를 반복하지 않았으면 한다. 그것이 내가 우리 사회로부터 받은 많은 도움을 다시 되돌려 줄 수 있는 좋은 기회이자 방법이라고 생각한다.

이것이 나의 버킷리스트 '작은 얼굴 메신저'가 되고 싶은 이유다. 얼굴 살에 대한 올바른 정보를 통해 작은 얼굴을 원하는 모든 분들께 건강한 아름다움을 제공하는 것. 바로 내가 바라는 작은 얼굴 메신저로서의 삶이자 소명이다.

2

얼굴 살 다이어트
칼럼 쓰기

    나는 10년째 얼굴 살 전문 클리닉을 운영하고 있다. 얼굴 살과 관련된 여러 문제를 진단하고 치료한다. 우리는 살이라는 말에 대해 잘 알고 있는 듯하다. 하지만 정확한 개념 없이 모호하게 쓰는 경우가 대부분이라 생각한다.

    얼마 전의 일이다. 고등학교 동창들과 모임을 가졌다. 40대 남자 4명이 1년 만에 모였다. 메뉴는 보쌈과 족발이었다. 친구 A가 주문했다. "이모, 여기 보쌈, 족발 세트 대(大)자로 하나 주세요. 족발은 앞다리 살로 주시구요." 그러자 친구 B가 "이모, 비계 빼고 살 위주로 주세요. 요즈음 살이 쪄서 비계는 좀…."이라고 말했다. 마지막으로 친구 C가 친구 B를 보며 "뱃살 좀 봐라. 야, 너 살 좀 빼. 심각하다. 어릴 때의 젖살이 이젠 볼살이 되어서 터지려고 해."라고 쐐기를 박았다. 참 우울한 대화였다. 전형적인 40대 남자들의 메뉴

주문 상황이다. 내가 알기로 40대 여자들만 모여도 비슷하게 주문 한다고 한다. 앞서 주문한 상황에서 살이라는 단어가 여러 번 쓰였다. 한번 살펴보자. 앞다리 살, 비계 빼고 살, 살이 쪄서, 뱃살, 살 좀 빼, 젖살, 볼살. 이렇게 많이 쓰인 '살'은 과연 어떤 부위를 말하는 것일까?

'살'이라는 단어의 사전적 의미는 '뼈를 둘러싸 몸을 이루는 연부조직'이다. 다시 말해 뼈 바깥쪽의 부드러운 부분이 살이다. 우리는 살을 잘 알고 있다. 문제는 살을 이루는 다양한 부위를 섞어서 사용하고 있다는 점이다. 살은 피부 아래의 피하지방층, 지방 주변의 바탕질, 근육과 근막으로 이루어져 있다. 간단하게 지방, 바탕질, 근육으로 구분할 수 있다. 하지만 우리는 각 부위별 구분 없이 모호하게 쓰고 있다. 앞의 대화로 돌아가 보자.

처음 말한 '앞다리 살'은 연부조직 전체를 표현하지만, '비계 빼고 살'은 근육 부위를 말하고 있다. 나머지 '뱃살', '볼살', '젖살'은 지방 부위를 강조한 말이다. 그러면 바탕질은 어디일까? 족발을 먹을 때 껍질 부위와 순살 사이에 비계와 함께 있는, 흐물흐물한 실타래처럼 생긴 부위다. 비계(지방조직)와 섞여 있는 경우가 많아서 구분이 쉽지 않다. 하지만 바탕질에 대한 지식이 없으면 살, 특히 얼굴 살 관리에 문제가 생긴다.

이처럼 우리는 살이라는 단어를 부위에 대한 구분 없이 일상에서 편하게 사용한다. 하지만 대화는 잘 통한다. 바쁘게 살아가는 세상, 그런 구분까지 뭣 하러 하나 하시는 분들도 많다. 그렇지만 살의 각 부분에 대한 개념과 지식이 없으면 살 관리가 무척 어렵다. 살을 건강하게 하는 것은 자신의 건강을 지키는 것과 같다.

살이 건강하면 살 바깥쪽의 피부도 건강해진다. 얼굴 피부에 많은 투자를 하고 비싼 화장품을 바르는 분들이 많다. 하지만 피부 속이 무너지면 피부는 금세 무너진다. 피부 케어보다 중요한 것은 피부 속(얼굴 살) 케어다. 그리고 케어의 기본은 정확한 지식, 기본기를 다지는 것이다.

지금처럼 다이어트가 유행했던 시대가 있었을까? 다이어트 관련 책만 해도 수천 권에 이른다. 관련 방송은 검색만 해도 몇백 개가 넘는다. 주변에는 피트니스 클럽이 넘쳐 난다. 비만 클리닉도 성황이다. 얼마 전 새로 나온 다이어트 주사의 품절 사태로 인한 온라인 불법 유통 사례도 있었다. 홈쇼핑 채널의 다이어트 식품은 항상 완판 되는 효자 아이템이다. 병원에는 살을 빼기 위한 주사와 시술, 수술도 등장했다.

하지만 신기하게도 비만 인구는 점점 늘고 있다. 많은 관심을 가지고 노력하고 주변의 도움도 받는다. 하지만 결과는 정반대로 가고 있다. 왜 이전보다 덜 먹고, 더 운동하려고 노력하는데 우리나라 비만율은 점점 올라갈까? 왜 내 주변 사람들의 배는 점점 더 나올까?

많은 이유가 있겠지만 나는 무수히 많은 정보들의 홍수 속에 기본기가 부족해진 탓이라 생각한다. 스킬을 알려 주는 다이어트 팁에만 관심이 있는 것이다. 기본기를 다지지 않는 탓이다. 혹은 과거의 낡은 의료 상식에 매달린 채 새로운 지식 습득을 게을리했기 때문이다. 기본기가 틀렸기 때문이다.

과거의 지식이 옳을 때도 있지만 시간이 지나 잘못된 정보로 바뀌는 경우도 많다. 특히 통계를 기본으로 하는 의료지식은 더욱 그렇다. 따라서 다이어트에 대한 기본 지식을 정리해서 기억하고, 새로운 정보에 대해 검증해야 한다. 그 후 행동으로 실천하는 것이 필요하다.

얼굴 다이어트에 관심들이 많다. 하지만 얼굴 다이어트는 일반 다이어트와 다르다. 여기서 '다이어트'라는 말은 사실 단어 자체에 어폐가 있다. '다이어트'는 '식이조절'이라는 말이다. 따라서 '얼굴 다이어트'는 '얼굴 식이조절'이다. 하지만 우리는 '다이어트'라는 단어를 '식생활 개선을 통한 살 관리'라는 개념으로 사용한다. 여기서도 얼굴 살 다이어트를 비슷한 의미로 사용하겠다.

서점에 가 보면 다이어트에 관련된 수많은 책들이 존재한다. 제목만 봐도 다양하다. 유튜브나 포털 사이트에서 검색을 해 봐도 수천 건의 자료가 나온다. 하지만 대부분 뱃살, 내장지방, 허벅지살,

셀룰라이트 등에 대한 내용이 많다. 얼굴 살 다이어트 관련 내용은 잘 나오지 않는다. 심지어 관련 정보보다는 얼굴을 작게 하는 뷰티 제품, 화장품들만 리스트를 채우고 있다. 이른바 전문가라 자칭하는 사람들도 관련 정보를 짜깁기해서 전달하는 수준에 그치고 있다. 얼굴 살 다이어트에 대한 진정한 정보를 일반인들이 구하기 쉽지 않은 이유다.

얼굴 다이어트는 일반 다이어트와 다른 측면이 있다. 무조건 굶는다고 좋아지는 게 아니다. 얼굴 다이어트의 목적은 무조건 얼굴 살을 빼는 것이 아니다. 얼굴 살 관리를 통해 건강한 얼굴을 가지는 게 목표다. 따라서 얼굴 살은 많아도 문제지만 너무 없어도 문제다. 붓지 않고, 처짐 없이 약간의 볼살을 유지하는 게 베스트다. 건강한 얼굴 살로 인해 피부까지 건강해지는 것은 덤이다.

얼굴 다이어트는 건강한 식생활과 몸의 독소, 순환 관리를 기본으로 한다. 다이어트 시 운동이 필수인 것처럼 얼굴 근육 트레이닝도 필수다. 결국 얼굴 살 관리는 전반적인 생활습관 및 얼굴습관 개선을 기본으로 한다. 그러면 몸도 건강해지고 얼굴도 아름다워지게 된다.

이렇게 많은 장점을 가진 얼굴 살 다이어트에 대한 정보가 부족한 게 아쉽다. 나는 10년째 얼굴 살을 관리하면서 많은 환자들을 만났다. "환자보다 고객이라는 말이 맞지 않을까?", "아픈 사람도 아닌데?"라고 물으시는 분들도 있다. 하지만 그렇지 않다. 우리 병원을 찾는 많은 분들은 아픈 얼굴 살을 가지고 있다. 통증이 없고 눈에 보이는 특별한 증상이 없어 모를 뿐이다. 얼굴이 자주 붓거나 얼굴 살만 찌고 있는 경우, 거기에다가 표정도 잘 못 짓는 분들은 이미 얼굴 살이 병들어 있다.

승무원 준비를 하는 20대의 여성분이 나를 찾아왔다. 큰 키에 날씬한 몸매를 가진, 누가 봐도 매력적인 여성이었다. 고민은 이랬다. '운동을 열심히 하면서 탄수화물을 먹지 말라고 해서 밥도 거의 먹지 않고, 닭 가슴살과 과일 위주로 식사한다. 운동도 하루에 한 시간씩 규칙적으로 하는 등 철저하게 다이어트를 하고 있다. 하지만 얼굴 살만 안 빠진다.'

이분의 경우, 몸의 살은 잘 빠져서 자신이 원하는 체중과 몸매를 가지게 되었다. 그런데 문제는 얼굴이라는 것이다. 나는 환자와의 상담을 통해 결국 얼굴 살 중 바탕질에 문제가 있음을 파악했다. 그리고 바탕질에 관련된 정보와 치료법을 전해 주었다. 아픈 바탕질을 치료해야 하는데 얼굴 지방만 빼려고 하다 보니 문제가 발생한 경우다. 관리 한 달 후 그분은 몰라보게 날렵해진 턱 라인과 함께 밝은 미소를 띠고 나를 찾아왔다.

결국 얼굴 살에 대한 기초 지식과 기본적인 관리법을 알아야 한다. 그리고 각 부위별 본인의 문제점을 파악하고 원인에 맞는 관리 계획을 세워야 한다. 남이 한다고 따라 해서는 결코 건강한 얼굴 살, 건강한 얼굴을 가질 수 없다.

나는 얼굴 살 다이어트에 대한 올바른 정보를 제공하려고 한다. 먼저 칼럼 형식으로 글을 쓰려고 한다. 책보다는 다가가기 쉽고, 하루 한 꼭지 정도면 읽는 사람도 부담이 적다. 하루에 한 가지를 알고, 한 가지를 실천하면 된다. 바로 써먹을 수 있는 간단한 방법으로 충분하다. 복잡하면 실천하지 않게 된다. 쉬운 방법으로 작은 성취를 이루는 게 중요하다. 칼럼이 그 시작이다.

다이어트는 쉽지 않다. 얼굴 다이어트는 더 쉽지 않다. 하지만 얼굴 다이어트는 건강과 아름다움이라는 두 마리 토끼를 잡을 수 있게 해 준다. 조금만 신경 써서 노력해 보자. 한 달만 노력해도 1년 젊어진 얼굴을 만날 수 있을 것이다.

3
—
펜트하우스에서
살기

"당신은 원하는 집에서 살고 있는가?"

누군가 이런 질문을 던졌을 때 당당하게 "네!"라고 대답할 수 있을까? 자신의 집에 만족하며 사는 사람은 얼마나 되고, 그들이 만족하는 집은 어떤 형태일까?

사람마다 꿈꾸는 집의 형태는 다양하다. 아파트, 정원이 있는 주택, 빌라, 고급 오피스텔 등등. 나 또한 어릴 적부터 성인이 된 지금까지 다양한 모습의 집을 상상하며 꿈꿔 왔다. 상상을 현실화하기 위해 많은 노력을 해 왔다. 지금도 그 꿈을 향해 달려가고 있다.

나는 펜트하우스를 꿈꾼다. 펜트하우스는 호텔, 아파트, 고급 오피스텔의 꼭대기 층에 위치한 프리미엄 주거 공간이다. 영화나 TV 드라마 속의 성공한 주인공들이 사는 공간이다. 누구나 꿈꾸지만 누구나 살 수 없는 공간이다. 드라마 속 그들의 삶을 바라보며 나도 한번 그런 곳에서 살고 싶다는 상상을 해 본다. 하지만 TV가 꺼지면 다시 현실로 돌아온다.

나는 현실 속에서도 펜트하우스에서 살고 싶다. 강력히 원하면 현실로 나타난다. '유인력.' 우주의 끌어당김 법칙을 활용하는 것이다. 살고 싶다가 아니라 펜트하우스에서 살고 있는 나를 상상하면 된다. 하루의 시작을 펜트하우스에서의 출근으로 시각화한다. 꿈의 시각화는 성취의 기간을 당겨 준다.

사람들은 왜 비싸고 좋은 집에서 살고 싶어 할까? 나 스스로에게 물어본다. 집에 대한 개념부터 재정립해 보자. 집은 단순히 사는 공간이 아니다. 집은 곧 나다. 집은 내가 살아온 과정의 가장 큰 결과물이다. 경제적 부의 상징이 집이다. 여유로움의 공간이 집이다. 내가 꿈꾸는 삶의 가장 많은 시간을 집과 함께 보낸다. 나의 과거를 통해 집을 얻었지만, 나의 미래도 집에서 만들어진다. 그래서 집은 단순한 삶의 공간 그 이상의 가치를 가지고 있다.

먼저 집은 부의 상징이다. 내가 어릴 때는 너 나 할 것 없이 모두 가난했다. 가난한 집에서는 못 먹고, 못 입고, 못 하는 것투성이였다. 겨울은 춥고, 여름은 더웠으며, 비가 오면 물이 새고, 눈이 오면 입에서 김이 나왔다. 겨울은 가난한 사람에겐 최악이다. 한겨울에 더운물이 나오지 않아 머리도 못 감고 세안만 겨우 하고 등교했던 적이 많았다.

샤워는 일주일에 한 번 대중목욕탕에 갈 때만 할 수 있었다. 그나마 물이 나오면 다행이었다. 수도관이 동파될 때는 물도 나오지 않았다. 씻지도 마시지도 먹지도 못했다. 어린 시절의 꿈은 따뜻한 물이 끊어지지 않는 따뜻한 아파트에서 사는 것이었다. 그 당시 성공의 대명사는 넓은 평수의 아파트였다. 나도 성공해서 꼭 아파트에서 살고 싶었다. 그것도 부자들의 동네 대치동 아파트에서 살고 싶었다.

지금도 성공의 대명사는 집이라고 생각한다. 집의 형태가 달라졌을 뿐 집은 여전히 부의 상징이다. 집은 '사는 것'이 아니라 '사는 곳'이라 하지만 내 생각은 반대다. 오히려 집은 주거의 가치보다 부의 가치가 크다. 집을 통해 자신의 성공을 확인할 수 있다. 더 나은 주거 공간을 소유하려는 욕구는 스스로를 발전시킨다. 집은 성공의 결과물이자 또 다른 성공의 원인이 되는 것이다. 그래서 집은 다운그레이드 되지 않는다. 자신의 꿈이 커지는 만큼 자신의 집도 커지기 때문이다.

그럼 왜 펜트하우스인가? 펜트하우스는 꼭대기 층에 위치한다. 가장 높은 곳에서 아래를 내려다보게 된다. 발밑에 수많은 차량들과 사람들, 작은 집들이 보인다. 위를 볼 때와 아래를 볼 때는 의식의 폭과 깊이가 달라진다. 아래에서 위를 볼 때는 사고의 틀 안에서 바라본다. 하지만 위에서 아래를 볼 때는 사고의 틀 밖에서 바라보게 된다. 한 발짝 떨어져서 바라보는 것이다. 그러면 메타 인지가 생기게 된다. 메타 인지는 아는 것을 안다고 생각하는 능력이다. 쉽게 말해서 내가 뭐를 알고 있고, 뭐를 모르고 있는지 아는 능력이다. 메타 인지가 높으면 자신의 문제를 잘 파악할 수 있다. 자신의 장단점을 구별할 수 있다. 장점을 더욱 개발해 단점을 극복하는 과정은 자신의 장단점을 파악하는 데서 출발한다. 그래서 메타 인지가 높은 사람은 성공의 가능성이 훨씬 높다. 이런 인지능력은 펜트하우스에서 커진다. 위에서 아래를 내려다보는 습관이, 한 발짝 떨어져 사물을 보는 능력으로 습관화된다. 자연히 메타 인지도 좋아지는 것이다. 성공한 사람들이 주로 펜트하우스에서 살지만 펜트하우스에서 살면 더 성공할 수 있는 이유다. 부자가 계속 부자가 되는 이유다.

부자로 사는 또 다른 방법이 있다. 부자가 되었다고 생각하는 것이다. 앞에서 말한 우주의 유인력을 이용하면 된다. 성공의 시각화는 지금까지 성공한 모든 사람들의 원칙이다. 의식적으로 하루하루 부자로 살아가는 모습을 상상하면, 무의식이 이를 현실화해 준다. 우주의 법칙이다. 이 우주의 법칙을 더 가까이 느낄 수 있는 공간이 있다. 바로 펜트하우스다.

펜트하우스는 건물의 가장 높은 곳에 위치한다. 우주와 가장 가까이에 위치한다. 나와 나의 우주와 나 밖의 우주가 가장 가깝게 만나는 공간이 펜트하우스다. 더 강력한 끌어당김의 법칙이 작용할 수밖에 없다.

작년 이맘때 골프모임에서 알게 된 지인분 집에서 홈 파티를 했다. 그 집은 판교에 위치한 펜트하우스였다. 집은 복층으로 구성되어 있었다. 입구에 들어서자 넓디넓은 거실에 입이 다물어지지 않았다. 층고(건물의 층과 층 사이의 높이)가 높아 개방감은 이루 말할 수 없었다. 답답한 가슴이 뻥 뚫리는 기분이었다.

계단을 통해 복층으로 올라가면 또 다른 공간이 펼쳐졌다. 내가 꿈꾸던 멋진 드레스 룸과 서재가 위치해 있었다. 나도 머지않아 가지게 될 공간이라 생각하며, 복층을 지나 테라스로 나갔다. 그곳은 그대로 옥상 정원과 연결되었다. 옥상 정원에서 바라본 하늘은 경이로웠다. 하늘의 별이 그렇게 아름다울 수 없었다. 기분까지 좋아졌다.

펜트하우스는 집과 하늘이 연결되는 유일한 층에 위치한다. 윗집이 없으니 층간소음이 없다는 장점도 있다. 층고도 높아 복층이 아니어도 아주 시원한 느낌이 든다. 천장이 높은 공간에 있으면 사고의 깊이가 깊어지고, 창의력이 좋아진다. 새로운 아이디어가 떠오르고, 해결되지 않았던 문제들의 실타래가 풀린다.

실제로 미국 미네소타 대학의 조안 마이어스-레비 교수는 천장 높이가 각각 3미터와 2.4미터로 다를 뿐 구조는 똑같은 두 방에 100명을 나눠 넣었다. 그리고 동일한 문제와 퍼즐을 풀게 했다. 그 결과 높은 천장 아래에서 문제를 푼 사람들은 자유롭고 창의적으로 생각하는 경향을 강하게 보였다. 높은 층고가 창의력을 길러 주는 것이다.

최근 사무 공간의 변화도 관찰된다. 소통과 공감이 강조되다 보니 1인당 공간 면적은 줄고 있는 데 반해 천장의 높이는 높아지고 있는 것이다. 과거 2.4미터가 일반적인 천장의 높이였다면 최근에는 2.7미터~3미터 이상의 건물도 많이 생기고 있다. 사무실뿐만 아니라 최근에 짓고 있는 아파트도 층고를 높이고 있다. 하지만 그중에서도 가장 높은 층고를 자랑하는 곳이 바로 펜트하우스다.

펜트하우스에서 생활하면 경제적 만족감과 동시에 창의적 충만함을 누릴 수 있다. 창의력이 부와 성공의 열쇠임은 누구나 알고 있다. 앞서 말했듯 부자가 계속 부자가 되는 것이다.

2021년에 나는 서울특별시 성수동 아크로 서울 포레스트라는 아파트로 이사를 간다. 원룸, 투룸, 오피스텔, 아파트 전세를 거쳐 드디어 나의 집으로 이사를 가는 것이다. 아파트를 계약하는 날에 비가 왔다. 내리는 비와 함께 눈에서 눈물이 흘렀다. 슬퍼서 우는 거였는지 기쁨의 눈물이었는지는 아직도 의문이다. 하지만 계약서에 서명과 날인을 하는 순간에는 너무나 기쁜 나머지 눈물도 나오지 않았다. 숨이 멈출 것 같았다. 비가 오면 비가 새는 집에서 살던, 세상의 밑바닥 소년이 자기 이름으로 된 아파트에서 살게 되었다. 꿈이 이뤄진 것이다. 나의 집. 나의 꿈의 공간이 생겼다.

2년 뒤에는 펜트하우스로 이사를 갈 예정이다. 물론 이루어질 것이다. 그러리라 믿는다. 항상 그래 왔듯 나는 펜트하우스에서의 하루를 상상한다. 지금도 살고 있다고 생각한다. 얼마 남지 않았다. 꿈의 공간에서 꿈 같은 글을 쓰고 더 나은 꿈을 꾸면서 살아갈 것이다. 이 바람은 조금씩 실현되고 있는 중이다.

4
___

꿈을 이루고 있는 사람과
결혼하기

　나는 마흔네 살이다. 사람들은 나를 노총각이라 한다. 가끔 돌싱(돌아온 싱글)인지도 묻는다. 그러면 나는 순싱(순수한 싱글)이라고 답한다. 그러면 다시 묻는다. "어디 문제 있어요?, 어디 아파요?" 나는 또 전혀 그렇지 않다고 한다. "왜 결혼 안 하세요?"라고 또 다시 묻는다. 그러다 결국 나는 "여자가 없으니 결혼을 못 하죠. 그리고 누구 소개해 주실 생각 없으시면 묻지 마세요."라고 끝맺는다.

　어머니는 더 이상 나에게 결혼에 대해 언급을 안 하신다. 포기하신 것이다. 내가 서른아홉 살일 때까지 결혼 얘기를 꺼내시던 어머니는 이제 체념조로 가끔 물어보실 뿐이다. "데이트는?"이라고. 그러곤 말없는 나를 보고 한숨만 쉬신다. 그러면 나는 "내가 데이트를 안 하니까 엄마에게 이렇게 맛있는 저녁도 사 주는 거예요."라고 말한다. 그리고 나면 모자는 대화가 없다.

나는 비혼주의자가 아니다. 결혼하기 싫어서 총각으로 지내는 게 아니다. 단지 못 하는 것이다. 내 주변에 여자는 많은데 결혼할 여자가 없다. 여자가 많다고 하니 이상하게 들릴까 봐 해명을 해야 겠다.

나는 얼굴 살 전문 클리닉을 운영한다. 하루에 여자를 50명쯤 본다. 한 달이면 1,000명이 넘고, 1년이면 만 명이 넘는다. 9년을 했으니 나를 스쳐지나간 여자만 10만 명이 넘는다. 그것도 20~40대 여성분이 80%다. 직원도 10명이 다 여자다.

주변 친구들은 그런 나를 너무 부러워한다. 특히 남중, 남고, 공대, 군대를 나온 친구들은 부러움을 넘어 존경의 눈빛까지 보낸다. 하지만 나는 전혀 즐겁지 않다. 여자 목소리를 하루에 10시간 이상 듣고, 그들의 고민을 해결해 주는데도 말이다. 가끔 감사하다는 말도 듣는다. 반면, 30분간 불평불만을 쏟아 내는 분도 있다. 예쁘다는 말을 열 번 이상 듣지 않으면 진료실을 나가지 않는 분도 더러 있다. 나는 같은 질문을 세 번 이상 반복한다. 그러곤 똑같은 대답을 세 번 이상 들려준다. 하지만 다시 똑같이 질문한다. 세상에는 희한한 사람들이 많다.

병원에서 최소 10시간 동안 여자 목소리를 듣고 거리에 나오면 이상한 일이 벌어진다. 남자 목소리가 너무 좋게 들리는 것이다. 남자의 굵은 저음의 목소리가 너무 좋게 다가오는 것이다.

남자가 군대를 가면 여자 목소리를 듣지 못한다. 몇 개월 내무반에서 생활하다가 휴가를 나오면 여자 목소리를 듣는다. 그것도 라이브로 듣는다. 나이 드신 할머니의 목소리도 좋게 들린다. 그게 바로 음양의 조화다. 그런데 나는 반대다. 퇴근 후 듣는 남자 목소리가 좋다. 그렇게 부족한 양의 기운을 채운다. 그렇다고 내가 지금 커밍아웃을 하는 것은 아니다. 상황이 그렇다는 얘기다.

그래서 나는 일을 마치고는 주로 남자를 만났다. 목소리를 듣는 것도 편하고, 낮에 나를 괴롭혔던 희한한 여자도 생각나지 않아서였다. 공포는 청각에서 시작된다. 간혹 옆 테이블에서 들리는 목소리가 그 희한했던 분과 일치하면 소름이 돋는다. 그러다 보니 선, 미팅, 소개팅 등의 자리를 잘 만들지 않는다. 점점 여자를 만날 기회가 줄어드는 것이다. 자리를 잘 안 만들다 보니, 주변에서 이제는 소개도 안 해 준다. 나는 스님이 되어 가고 있다.

최근에 한 여성분을 소개로 만나게 되었다. 금융 쪽의 일을 하는 커리어 우먼이었다. 여덟 살 연하였다. 예전엔 여덟 살 연하를 만나면 내가 도둑놈이 아닌가 생각했다. 여성분의 나이는 서른여섯 살이었다. 나는 도둑놈 같지 않았다. 내가 나이가 많이 들었구나 생각했을 뿐이다.

여성분은 증권사에서 일하고 있었다. 화려한 경력과 학력의 소유자였다. 외모도 훌륭했고, 매너가 좋았으며, 대화도 잘 통했다. 우리는 살아가는 이야기, 부자의 돈 관리, 취미생활 등 다양한 이야기를 주고받았다. 그러다가 내가 우려하는 상황이 발생했다.

"저 어디 하면 좋을까요?"

내가 정말 싫어하는 주제다. 개그맨들이 퇴근하면 개그 안 하고, 가수는 퇴근하면 노래 안 한다. 직장인도 퇴근하면 자신의 라이프를 즐기는데… 물론 여성의 마음을 이해 못하는 것은 아니다. 얼마나 궁금했으면 선 자리에서 이런 질문을 할까.

나도 개원 초기에는 열심히 답해 주었다. 선인지 고객 마케팅인지 구별을 못할 정도로 열심히 조언해 줬다. 가끔 병원 매출이 떨어지면 "원장님, 선 좀 보고 오세요."라고 우리 실장이 말할 정도였다.

하지만 이제는 9년간 해 왔던 이야기인지라 하기 싫어졌다. 같은 질문, 같은 대답을 해야 하는 연장 근무로 느껴진다.

나는 여자들의 얼굴을 고쳐 주는 일을 하고 있다. 하지만 과한 성형은 절대 피한다. 자연스런 본인의 아름다움을 최대한 찾아 주고 있다. 특히 얼굴 살 관리는 본인만의 얼굴 라인을 찾아 주는 게 중요하다.

'얼굴 살에 숨겨진 스무 살의 얼굴 라인을 찾아 드립니다.' 우리 병원의 슬로건이다. 타인의 이미지가 아닌 본인의 이미지를 찾는 게 핵심이다. 그래서 누구의 눈, 누구의 코, 누구의 입을 붙여서 조합하면 어색한 얼굴이 만들어진다.

실제로 우리나라에서 가장 예쁜 눈, 코, 입, 얼굴 라인을 가진 연예인 얼굴을 합성하면 불편한 얼굴이 된다. 자연스러운 본인의 얼굴을 찾는 게 베스트다.

결론적으로 나는 하루 종일 여자들에 둘러싸여 있다. 그러다 보니 퇴근 후에 여자를 잘 안 만난다. 그래서 결혼할 여자를 만날 기회가 없다. 또한 여자를 만나면 일하는 느낌이 들까 봐 두렵다. 그래서 더 안 만나게 된다. 만나서 성형이야기를 하는 여자들도 싫다.

그럼 나는 어떤 여자를 찾고 있을까? 확실히 나이가 들면 결혼관이 변한다. 그에 따라 이상형도 변한다. 과거에는 여자의 우선순위가 외모, 외모, 외모, 성격, 조건이었다. 얼마 전까지도 비슷했다. 하지만 이제는 바뀌었다.

지금은 꿈이 있는 여자가 좋다. 꿈을 이루고 있는 여자면 더 좋다. 어차피 결혼해서 잘 살려면 꿈이 있는 배우자여야 한다. 꿈이 있으면 행복하고, 꿈을 이루고 있으면 더 행복하기 때문이다

부부는 함께 즐겁고 행복해야 한다. 배우자가 불행한데 나만 행복할 수 없다. 반대도 마찬가지다. 나는 꿈을 가지고 있다. 그리고 그 꿈을 현실화하는 것이 인생 최고의 가치라 생각한다. 꿈을 이뤄 가는 성취감은 말할 수 없는 기쁨이다. 그 꿈을 이뤄 가는 과정에서 서로가 서로에게 도움을 줄 수 있다면 최고의 동반자가 될 것이다. 서로의 꿈을 지지해 주는 드림 패밀리를 만들었으면 한다.

결혼생활을 하다 보면 서로의 의견이 맞지 않아 다툼이 생길 수 있다. 부부싸움을 하고, 화해도 못한 채 며칠을 말없이 지낼 수도 있다. 하지만 부부가 서로의 꿈을 지지해 준다면 다툼을 통해 오히려 상대방의 빈 공간을 찾을 수 있을 것이다. 그리고 그 빈 공간의 충전을 통해 부부의 끈은 더욱 단단해질 것이다. 나도 나를 충전해 줄 수 있는 아내를 만나고 싶다. 가수 홍진영의 〈사랑의 배터리〉란 노래 제목이 그냥 나온 말은 아닐 것이다.

5

호텔 레지던스 케어센터
만들기

나는 얼굴 살 전문 클리닉을 운영하고 있다. 우리 병원은 신논현역, 초역세권 건물 7층에 위치한다. 병원 2층에는 산부인과가 있다. 나와 삼성서울병원 동기인 최 원장이 운영하는 곳이다. 강남역, 신논현역, 신사역 라인으로는 산부인과가 잘 없다. 임대료가 비싸고 산부인과 환자도 많지 않기 때문이다. 이 지역 병원 임대료는 평수마다 다르지만 대개 1,000만 원에서 2,000만 원 사이이다. 만만치 않은 비용이다.

처음에 최 원장이 산부인과를 개원한다고 했을 때 많이 걱정했다. 매출이 받쳐 줄까? 산부인과 환자가 많이 올까? 굳이 강남 쪽에 개업할 필요가 있을까? 임대료가 비싼 이쪽을 왜 선택했을까?

결론은 간단했다. 최 원장은 특수 클리닉을 선택했기 때문이다. 최 원장의 산부인과는 우리가 알고 있는 산부인과가 아니다. 분만을 하고 산부인과 질환을 치료하는 병원이 아니다. 하이푸라는 특수 초음파를 이용해 자궁근종을 수술 없이 치료하는 병원이다. 또한 여성 성형도 병행하고 있다. 여성 성형에 대해서는 직접 검색해서 알아보시라.

나의 걱정은 저출산 때문이었다. 아이를 낳지 않는 세상이 되었다. 드디어 합계 출산율이 1% 미만이 되었다. 우리나라 가임여성이 평생 한 명의 아이도 낳지 않는 것이다. 과거에는 한 집안에 4~5명의 자녀를 두었다. 내가 어릴 때도 형제가 서너 명 있는 집이 대다수였다.

인구가 폭발적으로 늘자 정부에서는 인구 억제 정책을 폈다. 초등학교 시절 산아제한 표어를 숙제로 내줬었다. 잘 써서 표창도 받았다. '덮어 놓고 낳다 보면 거지꼴 못 면한다', '딸, 아들 구별 말고 둘만 낳아 잘 기르자', '알맞게 낳아 훌륭하게 키우자' 등등. 당시 유행했던 표어들이다.

불과 30년 만에 세상이 바뀌었다. 요즈음은 다자녀 부모가 애국자다. 실제 애를 많이 낳으면 나라에서 지원금도 준다. 지원금의 많고 적음을 떠나 과거에는 상상도 못했던 일이다.

정부에서 지원금을 포함한 각종 출산 장려책을 쓰고 있지만 출산율은 오르지 않는다. 결혼도 하지 않고 있고 초혼 연령도 늦어지고 있다. 과거엔 노산이라 치부되었던 산모가 최근엔 출산하는 일

이 비일비재하다. 또 다른 문제는 결혼, 출산에 대한 가치관이 바뀌고 있다는 점이다

과거에는 나이가 차면 자연스럽게 결혼했다. 내가 어릴 적만 해도 서른 살이 넘기 전에 결혼했다. 결혼하면 애를 낳았다. 한 명 낳으면 외로우니 최소 2명의 자녀를 두었다. 그리고 자식들도 같은 과정을 밟는 게 당연한 일이었다. 하지만 최근 조사에서 보듯, 미혼 남녀 과반수 이상이 결혼은 필수가 아니라고 생각한다. 결혼이 선택인 시대다.

출산도 마찬가지다. 자식 없이 살아가는 부부가 늘고 있다. 의학적 문제가 없어도 딩크족을 자처하는 것이다. 그렇다고 그들이 문제가 있는 것은 아니다. 자신의 인생은 자신의 가치관 대로 살아가면 되기 때문이다.

다만 사회 문제로 확대해 보면 출산은 국가의 생존과 밀접한 관련이 있다. 출산율 1% 미만인 나라는 전 세계적으로 거의 없다. 우리나라가 소멸국가 반열에 오른 것이다. 국가의 인구가 유지되기 위한 출산율은 2.1명 정도다. 2명이 결혼해서 2명 정도를 낳아야 한 나라의 인구가 유지된다. 그런데 우리나라는 그 절반에도 못 미친다. 심각한 문제다.

반면 노인인구는 기하급수적으로 늘고 있다. 특히 은퇴한 베이

비붐 세대들이 노인인구로 넘어가고 있다. 전체 인구의 7%가 65세 이상 노인이면 고령화 사회라 한다. 우리나라는 2000년에 들어섰다. 전체 인구의 14% 이상이 되면 고령 사회라 한다. 우리나라는 2017년에 진입했다. 17년 만이다. 프랑스는 115년, 미국은 73년이 걸렸다. 노인인구의 급속한 증가를 보이는 일본도 24년 걸렸다. 우리는 17년 걸렸다. 충격적이다.

대한민국의 노령화가 급속히 진행되고 있다. 전문가들은 2024년에는 초고령 사회(65세 인구 비율이 20% 이상)가 되고 2050년에는 일본을 제치고 세계 최고령국이 될 것이라고 전망했다. 내가 75세가 되었을 때 우리나라는 세계에서 가장 노인이 많은 나라가 된다. 1등이라고 다 좋은 것은 아니다.

이 시기를 대비해 국가적 대책도 필요하다. 하지만 우리 모두 미래에 대한 계획이 있어야 한다. 과거 평균 수명이 60세 내외일 때는 회사에 열심히 다니다가 은퇴하고 몇 년간의 노후 준비만 하면 충분했다. 지금은 은퇴 후 40년에서 50년의 인생을 살아야 한다. 준비 없는 노후는 재앙이다. 나는 노후를 어떻게 준비해야 할까?

나는 현재 젊은 여성들의 얼굴을 케어해 주고 있다. 작은 얼굴과 좋은 이미지를 만들어 주고 있다. 하지만 언제까지 같은 일을 할 수는 없다. 나도 나이가 들면 스킬이 줄어들 것이다. 눈도 침침해지고, 손도 떨릴 수 있다. 젊은 의사에 비해 감각이 떨어질 수밖에 없다. 트렌드에 뒤처질 수도 있다. 어쩔 수 없는 과정이다. 젊은 의사들에게 내 자리를 양보해야 한다.

나는 나이가 들면 나와 비슷한 연배들과 지내며 생활하고 싶다. 그들과 함께 삶의 경험, 지혜, 깨달음에 대해 이야기하며 살고 싶다. 나이가 드는 과정은 뭔가를 잃어 가는 과정이다. 건강을 잃고, 젊음을 잃고, 관계를 잃는다. 어느 순간 여기저기가 아프기 시작한다. '내 몸에 이런 부위가 있었구나'라고 느끼는 시기가 이때다. 전혀 아프지 않았던 부위에 문제가 생기면, 건강한 몸의 소중함을 느낀다.

요즈음 오른쪽 엄지손가락 관절이 아프기 시작했다. 메모를 시작하며 손 글씨 쓰는 날이 많아진 탓이다. 안 쓰던 오른쪽 엄지손가락을 쓰다 보니 어느 순간 '뚝뚝' 소리가 난다. 그러다가 간혹 통증이 생긴다. 전혀 신경 쓰지 않는 부위가 아프니 자세히 살펴본다. '이런 부위도 내 몸에 있었구나'라고 새삼 느낀다. 늙어 간다는 증거다.

시간이 지나면 인간은 자연히 늙는다. 노화는 막을 수 없다. 늙음은 자연적인 것이다. 하지만 성숙함은 사람 마음먹기 달려있다. 나이가 들면서 신체는 늙지만, 정신은 젊어지는 사람들이 있다. 정신적 젊음은 깨어 있는 시간과 비례한다. 청춘의 상징이 활력이라면, 성숙의 상징은 의식이어야 한다. 젊은 시절의 많은 경험과 지혜를 통해 탁월한 사유의 시선을 가져야 한다. 서강대 최진석 교수의 책 제목이기도 하다. 깨달음이 많은 사람은 늙어서도 빛난다. 시선의 높이가 다르면 젊을 때 보지 못했던 것을 한 발짝 위에서 내려다본다. 단순히 생존하지 않고, 삶을 만들어 나간 사람들의 모습이다.

그들과 함께 지낼 수 있는 케어센터를 만들어야겠다. 청춘의 설익음을 지나 풍성한 열매가 맺히는 시기에 그들과 시간을 보내고 싶다. 또한 우리의 지혜를 젊은 청춘들과 공유하며 그들의 시행착오를 줄여 주고, 좋은 멘토가 되었으면 한다.

'실버타운.' 나는 이 단어를 별로 좋아하지 않는다. 실버라는 말이 주는 식상함과 빛바랜 느낌이 싫다. 오히려 인생의 황혼기에는 밤하늘의 반짝반짝 빛나는 별이 되어야 한다. 별은 하늘에 늘 존재한다. 하지만 하루가 끝나 갈 무렵, 어둠이 찾아올 때 빛나는 법이다. 우리 인간도 마찬가지다. 인생의 4쿼터에서 깨달음의 빛을 발하는 것이다.

'Starry Night.' 레지던스 케어센터의 이름이다. 별은 수백 광년 떨어진 거리에서 사라진 빛의 흔적이다. 하지만 우리에게는 밝게 빛나는 모습을 보여 준다. 인간도 사라지지만 그들의 지혜와 깨달음은 우리들 품에서 영원히 빛날 것이다. 그런 멘토들의 공간이 스타리 나이트(Starry Night) 케어센터다. 나도 그들과 함께 별이 되고 싶다.

PART 10

꿈을
현실로 옮겨
인생 2막 시작하기

-윤혜정-

윤혜정 〈한국육아코칭협회〉 대표, 강연가, 육아 멘토, 자기계발 작가

두 아이를 키우면서 의식을 확장하고 내면의 성장을 하게 되었다. 그 경험으로 엄마들이 육아를 하면서 내면의 성장을 함께 할 수 있도록 도와주는 육아 멘토로 활동하고 있다. 현재 육아를 주제로 개인저서를 집필 중이다.

1
시어머님과
크루즈 여행하기

버스 출발 시각까지 7분 남짓, 나는 온 힘을 다해 뛰기 시작했다. 무거운 가방을 등에 메고 커다란 노트북을 손에 들고서. 그런데 왠지 제자리에서 뛰는 듯 거리가 좀처럼 좁혀지지 않았다. 마음만 더 급해졌다.

몸이 힘든 것뿐인데, 갑자기 땀과 함께 눈물이 흐르는 영문을 모르겠다. 버스를 놓치지 않고 타야만 열차 역까지 시간에 맞춰 도착할 수 있는데. 눈물이 앞을 가려 더더욱 속도가 나지 않는다. 순간 알 수 없는 감정이 휘몰아치면서 서럽고 감사한 마음이 지나간다. 내가 올라타자마자 버스는 출발했다. 넘어갈 듯 가쁜 숨을 진정시키는 데 한참이 걸렸다.

나는 오랫동안 꿈만 꾸던 작가가 되려고 〈책 쓰기 과정〉을 신청했다. 막연히 작가가 되고 싶다는 꿈만 꾸었었다. 실제 행동으로 옮긴 적은 없었다. 그런데 이번에는 큰마음을 먹었다. 무려 왕복 10시간이나 걸리는 여정을 마다하지 않고 실행하는 데는 걸림돌이 많았다. 만만찮은 수강료와 아직 혼자 두기엔 어린 아이들이 제일 문제였다.

일을 하는 친정 엄마께 부탁드리기엔 마음이 불편했다. 그러다 보니 여러 가지 복잡한 생각들이 많았다. 다행인지 불행인지 시어머님이 다리가 불편하셔서 병원에 다니는 중이었다. 그동안에는 일하실 수가 없기 때문에 아이들을 부탁드리기로 했다.

주택 2층을 오르락내리락하시는 것보다는 아파트인 우리 집에 모시는 것이 그래도 더 편하실 것 같았다. 그리고 혼자 적적하지도 않으실 터였다. 오히려 평소에 마음껏 못 보던 손주들 재롱도 볼 수 있으니 말이다. 마침 남편도 서울로 일하러 가고 없는 데다 시아버님도 지방에 내려가 계시는 터였다. 때문에 이것이 모두를 위해 가장 좋은 방법이라 생각했다. 마치 하늘이 때맞춰 준비해 준 것처럼.

책 쓰기 수업을 하러 가기 하루 전날 어머님이 우리 집에 오셨다. 나는 사실 어머님께 기대하는 마음이 적잖이 있었다. 다리가 아프기는 하시지만, 늘 괜찮다고 하셨기 때문이다. 그리 심각할 거란 생각은 하지 않았기 때문이다. '내가 온종일 글쓰기에만 전념할 수 있도록 어머님이 집안 살림을 어느 정도 해 주시지 않을까' 하는 마음이 내심 있었던 것이다. 어머님이 우리 집에 오시고 내가 출발하기까지 만 하루 정도 같이 지내게 되었다. 그런데 그동안 어머님은 거의 움직임이 없으셨다. 집안일은커녕 외출도 전혀 안 하셨다.

나는 최근 갑자기 바빠진 일정 때문에 피곤해진 몸을 풀고 싶었다. 그래서 어머님께 함께 사우나에 가기를 권했다. 하지만 어머님은 걷기가 불편하다며 집에서 씻고 싶다고 하셨다. 또 집 안에만 있으면 답답하실 것 같아서 잠시 산책을 다녀오시길 권했다. 하지만 그것마저도 힘들다며 마다하셨다. 오히려 내가 어머님 식사도 챙겨 드리고 불편한 점은 없는지 살펴 드려야 했다. 집안일에 도움을 받기는커녕 내 할 일이 더 많아진 것이다. 나는 살짝 짜증이 나려고 했다.

〈책 쓰기 과정〉이 평일 저녁에 있는지라 수업을 마치면 집에 내려올 방법이 없었다. 그래서 새벽 첫차를 타고 내려오기로 했다. 하지만 밤사이 아이들만 있게 할 순 없었다. 어른이 한 명쯤은 있어야만 했다. 그래서 나는 어머님께 순간 큰 기대를 했던 것이다. 하지만 나는 마음을 내려놓았다. 아이들과 함께해 주심에, 아이들의 말동무라도 되어 주심에 감사하기로 마음먹은 것이다.

실제로 어머님은 아이들의 이야기를 무척 잘 들어 주신다. 상대의 말을 끝까지 조용히 들으신다. 그러곤 상황과 기분에 맞는 말을 해 주셔서 내가 감탄할 때가 많다. 그래서 아이들도 외할머니보다

친할머니를 더 좋아한다.

이틀을 비우기는 하지만 점심까지 챙기고 가는 터였다. 따라서 어머님과 아이들은 저녁과 밤 시간만 잘 지내면 되었다. 첫차를 타고 내려오면 아침 9시 전에는 도착할 수 있을 거라는 계산이었다. 나는 거기에 맞춰 필요한 것들을 챙겨 두었다. 밥도 미리 해서 보온에 맞춰 놓았다. 반찬과 간식도 넣어 두었다. 이 정도면 이제 갓 열 살이 된 큰아이가 챙겨 먹는 데 지장이 없을 거라고 생각되었다. 그래서 나는 "어머님, 애들 잘 부탁드릴게요."라고 하지 않았다. 대신 큰아이에게 "동생 잘 챙기고 엄마 없는 동안 잘 지내고 있어. 힘든 건 할머니한테 부탁해서 도와 달라고 하고."라고 말했다.

어머님이 아프신 건 꽤 여러 달이 되었다. 하지만 우리가 알게 된 건 얼마 안 되었다. 지난 연말에 아버님 생신과 어머님 생신이 있어 뵈러 가려고 했었다. 그런데 어머님이 오지 말라고 하셨다. 우리는 이상하게 생각했다. 어머님은 아픈 것을 참으시다가 한계에 다다르자 당신 스스로 병원에 입원하신 것이다. 아버님께도 비밀로 하라고 당부하시곤. 어머님은 추석 전부터 아프셨다고 한다. 처음엔 별일 아니겠거니 하고 참으셨다고 한다. 나중엔 자식들한테 부담 안 주려고 또 참으셨다고 한다. 그리고 병원비가 겁나서 또 참으셨던 거였다.

어머님이 입원하셨던 병원이 석연찮아서 우리는 다시 큰 병원으로 어머님을 모셨다. 그러곤 진료를 다시 받았다. 의사 선생님은 어머님에겐 태어날 때부터 골반에 기형인 뼈가 있다고 하셨다. 젊을 땐 견딜 만했을 것이다. 하지만 나이가 들면서 연골이 약해질 대로 약해져서 이젠 그 부분이 압박된 것이다. 그래서 통증이 심해진 것이라고 했다.

의사 선생님은 오랫동안 많이 아팠을 텐데 어찌 여태 참으셨냐고 물으셨다. 어머님은 그 자리에서도 자식들 걱정에 "뭐, 참을 만합디다."라고 말씀하셨다. 나중에 알게 된 이야기지만 너무 통증이 심해서 돌아가신 할머니를 부르며 당신을 데려가 달라고까지 하셨단다. 지금은 어머님 고집에 한 달쯤 약으로 통증을 다스려 보고 안 되면 수술을 하자고 얘기가 된 상태다. 어머님은 고통이 너무 심하셨는지 이젠 더 이상 일하러 못 가겠다고 스스로 선언하셨다. 평소 어머님 성격으론 상상하기 힘든 선언이었다. 그만큼 고통스러웠던 것이리라.

나는 작가가 되어 우아하게 글만 쓰고 싶지는 않았다. 처음에 남편은 취미로 책 쓰는 법을 배우는 것도 괜찮다고 말했다. 고가의 수업료를 모르기 때문에 할 수 있는 말이었다. 나는 책을 써서 내 가치를 드높이고 싶었다. 나아가 강연과 1인 창업으로 많은 사람들에게 꿈과 희망을 주는 메신저가 되고 싶었다.

〈한책협〉에는 그 모든 과정을 지원해 주는 시스템이 다 갖춰져 있었다. 그런 만큼 망설일 이유도 다른 데를 기웃거리며 시간을 허비할 필요도 없었다. 다만 수강료를 마련하는 것이 내겐 버거웠다. 남편이 다니던 직장이 거듭 폐업했고, 지금 하는 일마저 경기가 어려워서 생활비도 빠듯했기 때문이다.

그래서 어머님께 도움을 요청하기로 했다. 이런 문제는 시어머님과 소통이 더 잘될 거라고 생각했다. 여기에는 남편의 의견이 더 크게 작용했다. 좋은 책을 쓰려면 자존감이 높게 잘 유지되어야 한다. 그런데 친정 엄마와 이런 문제를 얘기하면 내 자존감이 떨어져 책 쓰는 데 도움이 안 된다는 것이었다. 물론 시어른들께 말씀드리면 남편의 자존감이 떨어지겠지만. 하지만 남편은 책 쓰는 사람의 자존감을 유지하는 게 더 중요하다고 말해 주었다.

다행히 어머님은 내 이야기를 차분하게 다 들어 주셨다. 그러고는 응원한다고, 지지한다고 말씀하셨다. 꿈을 찾는 일에 내일은 없다고 하셨다. 기회가 있는데 미룬다면 그 기회가 언제 다시 올지 알 수 없다, 그러니 지금 기회를 잡으라고 해 주셨다.

시부모님은 올해 12월이면 새 아파트를 분양받아서 입주하신다. 그때 치를 잔금을 지금 모으는 중이시다. 그 전부를 내게 빌려주신 것이었다. 실은 이것이 전부는 아니다. 〈책 쓰기 과정〉에 등록한 돈도 어머님이 잠시 맡겨 두신 돈이었다. 이러한 상황에서 며느리에게 전 재산을 긁어모아서 줄 수 있는 시부모님은 흔치 않을 것이다. 경제적으로 넉넉하다면 얼마든지 가능할 것이다. 하지만 그렇지 않은 상황인지라 더욱 쉬운 일이 아니다.

나는 꼭 성공해야만 한다는 사명감이 들었다. 어머님의 지지와 격려와 헌신이 나에게 오히려 벼랑 끝에 서 있는 기분을 들게 했다. 남들처럼 생계를 유지하기 위한 것이 아니다. 꿈을 이루기 위해 돈이 필요한 것이다. 그런 며느리에게 선뜻 손을 내밀어 주신 어머님이 내겐 눈물 나게 감사하다. 가슴 끝이 저려 온다. 그동안 어머님이 어떤 고생을 하시면서 모은 돈인지 잘 알기 때문이다.

인공관절 수술을 하시면 일상생활을 하는 데는 무리가 없다고 했다. 하지만 이제 어머님은 연세가 많으시다. 많은 여행을 다니시는 것은 무리다. 들으니 크루즈 여행은 나이가 들어도 힘들지 않게 여러 나라를 여행할 수 있다고 한다. 높은 질의 서비스를 받을 수 있다고 한다. 평생 자식들을 위해 희생만 하신 시어머님께 꼭 크루즈 여행을 선물로 드리고 싶다. 나는 지금 크루즈에 탑승해서 환하게 웃으시는 어머님 모습을 생생하게 상상한다.

2

마당 있는 저택에서
강아지와 고양이 키우며 살기

이제 곧 초등학교 3학년이 되는 큰아이는 동물을 무척 좋아한다. 아기 때부터 동물을 보면 무척 행복해했다. 그래서 유치원에 입학하기 전에는 주변 공원에서부터 멀리까지 동물이나 곤충을 구경하고 관찰하러 많이 다녔다. 어릴 때는 자연과 동물을 가까이하면 좋다고 해서 일부러 더 그렇게 해 주었다.

아이가 초등학교를 가면서 나는 일을 시작했다. 일하면서 아이의 하교 시간에 퇴근할 수가 없어 아이를 미술학원에 보냈다. 그 미술학원에는 한 달에 한 번씩 이동 동물원이 왔다. 아이는 그날을 무척이나 기다렸다. 심지어 동물들이 왔다 간 그다음 날부터 기다리기 시작했다.

그러던 아이가 집에서도 동물을 키우고 싶다고 했다. 집에서 키울 수 있는 동물로는 강아지와 고양이가 있었다. 아이는 처음엔 강아지를 키우고 싶다고 했다. 하지만 나는 안 된다고 했다. 내가 사는 아파트에는 강아지를 키우는 집들이 많다. 우리는 가끔 그런 집에 놀러도 갔다. 가 보면 개 특유의 냄새와 코끝이 간지러운 느낌이 났다. 나는 그것이 싫었다. 그리고 한 번 키우면 끝까지 책임져야 한다고 생각했다. 그런 내가 늘 하는 말은, "너희 키우는 것도 벅찬데, 엄마는 강아지 뒤치다꺼리까지는 못하겠다."였다.

아이가 2학년 2학기 때 학교에서 자신의 꿈에 대해 이야기하는 시간이 있었다. 그리고 내가 꿈꾸는 직업을 가진 주변 사람을 만나서 인터뷰하는 숙제가 주어졌다. 아이의 꿈은 수의사다. 우리가 사는 동네는 작은 도시여서 근처에 동물병원이 딱 한 군데 있다. 숙제를 하기 위해서 아이와 난 처음으로 동물병원에 갔다.

학교 숙제로 인터뷰를 하러 왔다고 하니까 수의사는 무조건 손을 흔들면서 안 된다고 했다. 우리는 차분하게 내용을 설명하고 도움을 요청했다. 결국 아이만 의사 선생님께 들여보내는 것으로 결론지었다. 아이는 혼자 들어가서 생각보다 침착하게 인터뷰를 하고 나왔다.

질문은 3개였다. 첫째, 선생님은 왜 수의사가 되려고 하셨나요? 둘째, 선생님은 어떨 때 가장 보람을 느끼세요? 셋째, 수의사가 되려면 어떻게 해야 하나요?

그 선생님은 40년 전에 고양이를 키웠었다고 한다. 그런데 그 고양이가 갑자기 아파서 병원에 가게 되었다. 그때 수의사 선생님이 잘 치료해 주셔서 나았다고 했다. 그 모습을 보면서 '나도 크면 저 선생님처럼 친절한 수의사가 되어야지'라고 마음먹었단다.

이 일을 하면서 가장 보람을 느끼는 때는 아픈 동물들이 병원에 왔다가 말끔히 나아서 돌아가는 것을 볼 때라고 하셨다. 물론 수의사가 되려면 대학의 수의학과에 진학해야 하니 열심히 공부하라는 당부도 듣고 왔다. 나는 밖에서 기다렸기 때문에 그 선생님을 만나지는 못했다. 하지만 아이에게 답변을 성심성의껏 해 주셔서 감사했다.

내가 강아지를 키우는 걸 계속 반대하자 아이는 고양이를 키우자고 했다. 고양이는 산책도 안 시켜도 되고 손이 덜 간다며 계속 졸랐다. 마침 남편의 지인이 키우는 고양이가 출산해서 분양도 받을 수 있다고 했다. 나는 아이들과 함께 그 고양이를 보러 갔다.

그 집은 고양이와 더불어 말라무트 세 마리를 집 안에서 같이 키우고 있었다. 그것을 보는 순간 나는 마음이 차가워졌다. 도저히 그 엄청난 털과 고양이의 발정 소리를 참아낼 수 없을 것 같았기 때문이었다. 그리고 나의 동의도 없이 그날 고양이를 바로 데려오기로 얘기가 되어 있었다는 사실에도 화가 났다. 돌아오는 길에 아이는 계속 울었다.

내가 개나 고양이를 싫어하는 건 아니다. 오히려 나는 어릴 적

개, 고양이, 염소, 소, 토끼도 키웠다. 마구간이 있고, 작지만 외양간도 있는 시골집에서 자랐기 때문이다. 내가 크면서 큰 동물들은 어디론가 사라졌다. 하지만 고양이와 토끼는 내가 직접 키웠던 기억이 난다. 학교에 갔다 오면 토끼가 먹을 풀을 뜯으러 가고, 토끼장의 똥을 치우는 게 일이었다.

우리 집에 늘 와서 밥을 얻어먹는 고양이가 있었다. 털이 노란색과 황토색 털로 얼룩덜룩 섞여 있던 고양이었다. 할머니는 그 고양이를 '살찐이'라고 부르셨다. 살찐이는 원래 옆집인 방앗간 집 고양이었다. 예전 시골 방앗간에선 쥐를 잡기 위해서 고양이를 키웠다. 밥을 주면 고양이가 쥐를 안 잡는다고 했다. 그래서 살찐이는 밥을 얻어먹으러 우리 집에 자주 왔다.

어느 날 집 뒤에서 고양이 울음소리가 들렸다. 놓치기 쉬운 작은 소리였다. 하지만 자세히 들으면 아기 고양이 울음소리인 게 분명했다. 더군다나 살찐이는 그즈음에 음식을 잘 안 먹고 입에 넣은 채 사라지기 일쑤였다. 동생들과 나는 살찐이의 뒤를 밟았다.

집 뒤에 쌓아 놓은 볏단 속으로 살찐이가 들어갔다. 고양이는 몸을 굉장히 잘 늘어뜨려서 아주 깊숙한 곳까지 내려간다. 잠시 기다리니 살찐이는 밖으로 나와서 어디론가 갔다. 우리는 볏단을 헤집어 봤다. 그 순간, 조그마한 고양이와 눈이 딱 마주쳤다. 하지만 너무 작아서 고양이는 혼자 힘으로 밖으로 나올 수가 없었다. 볏단이 꽤 높게 쌓여 있었기 때문이다.

어른들의 도움으로 구출된 아기 고양이는 모두 여섯 마리였다. 모두 크기가 제각각이고 무늬와 색깔도 달랐다. 신기한 것은 사람처럼 성격도 달라 보였다. 성격이 활달하고 몸집이 큰 아이는 음식도 잘 먹고 우리와도 잘 놀았다. 하지만 제일 작은 아이가 눈에 계속 밟혔다.

그 녀석은 음식을 줘도 안 먹고 마치 삐친 듯이 돌아앉아 있었다. 나는 안쓰러운 마음에 한쪽 구석에 쪼그리고 앉아서 그 녀석을 보고 있었다. 다른 고양이들은 먹이를 다 먹고 햇볕이 따스한 곳으로 나갔다. 어미 고양이와 막내만 남았다. 순간 어미 고양이가 입에 머금고 있던 먹이를 다 뱉어 냈다. 그러곤 새끼 입 쪽으로 밀어 주면서 먹으라는 시늉을 했다. 새끼는 새초롬하니 안 먹고 고개를 돌렸다. 어미는 다시 먹이를 새끼의 얼굴 가까이 가져다 놓았다. 머리를 눌러서 먹으라고 억지로 떠밀기도 했다. 나는 그때 어미 고양이의 모성을 느꼈다. 그리고 동물도 사람과 별반 다르지 않다는 걸 알았다.

아기 고양이들은 무럭무럭 자라서 이웃집으로 분양되어 흩어졌다. 막내와 어미 고양이만 우리가 키우기로 했다. 방앗간 집에서는 제일 빠르고 날렵한 아이를 데려갔다. 한동안 무척이나 나른하고 평화로운 일상이 이어졌다. 막내는 어미의 사랑을 독차지하면서 점점 더 건강해졌다. 살찐이는 가끔 지나가는 구렁이도 물고 와서 자랑하듯이 보여 주기도 했다. 그러던 어느 날 살찐이가 이웃집에서 쥐를 잡으려고 약을 타 놓은 밥을 먹고 말았다. 살찐이에 대한 내 기억은 여기까지다.

나는 어른이 된 후에도 살찐이에 대한 이야기를 곧잘 했다. 어릴 적 소중했던 보물을 꺼내듯이 그렇게 회상하면서. 그러나 살찐이와 제대로 작별 인사도 못하고 보냈다는 것은 미처 생각하지 못했다. 이 글을 쓰는 지금에서야 그리움과 이별의 슬픔이 다시 밀려온다. 그때는 사랑했던 반려동물과 헤어지면 느껴야 하는 그 슬픔을 몰랐다.

고양이를 키우고 싶어 하는 아이의 마음은 식을 줄 몰랐다. 고양이 인형, 고양이 필통, 고양이 저금통, 고양이 머리핀… 나는 아이의 마음이 계속 신경 쓰였다. 수의사가 되겠다는 아이의 꿈은 한번도 흔들린 적이 없다. 매주 일요일 아침마다 TV 프로그램 〈동물농장〉을 본다. 마치 내가 나쁜 엄마인 것처럼 마음이 불편했다.

며칠 전, 아이가 가방에서 편지를 꺼냈다. 작년 9월 꿈에 대한 수업을 했을 때 학교에서 쓴 것이란다. 담임 선생님이 각자 인터뷰해 주신 분에게 고마운 마음을 담아서 편지를 쓰라고 한 것이다. 아이는 그 편지를 수의사 선생님께 전해 드리려고 내내 간직하고 있었던 모양이다. 사실 나에게도 여러 번 얘기한 적이 있었다. 하지만 바쁘다는 핑계로 지금까지 전해 주는 걸 미룬 것이다.

작정하고 아이와 다시 그 동물병원을 찾아갔다. 하지만 그 선생님은 이미 그만두고 안 계셨다. 원장 선생님쯤으로 보이는 분과 대화해 보았다. 그런데 굳이 이런 사소한 일로 번거로움을 무릅쓰고 싶지 않다는 말투였다. 그러면서 여자 선생님은 다 똑같이 머리가 길고 안경을 썼기 때문에 찾을 수 없다고 말했다. 아이는 얼굴이 벌게지면서 금방이라도 눈물을 뚝뚝 흘릴 것만 같았다.

"나는 그 선생님을 정확하게 기억하는데요. 갈색 머리끈으로 긴 머리카락을 하나로 묶었고, 동그란 안경을 썼어요. 그리고 나처럼 인터뷰가 처음인지 긴장되고 떨리는 목소리였어요."

나는 아이에게 많이 미안했다. 그래서 돌아오는 길에 많은 생각을 했다. 그래도 나는 여전히 고양이가 집 안을 뛰어다니는 모습이 그리 유쾌하진 않다. 그래서 자주 얘기했었다. 마당이 있는 집에 살면 고양이를 키우게 해 주겠노라고!

나는 아주 넓은 저택에서 살고 싶다. 동물과 아이들이 뛰어놀 수 있는 넓은 마당이 있는 집. 아이가 강아지와 고양이와 생활하면서 행복한 추억을 많이 만들었으면 좋겠다. 그 모습을 지켜보면서 지금처럼 이렇게 글을 쓰고 있을 내 모습이 눈앞에 그려진다.

3

월 5,000만 원 이상 벌어
남편 휴가 보내 주기

버킷리스트를 정하면서 갑자기 생각난 금액이 월 5,000만 원이다. 이 금액은 내가 계획하거나 깊이 생각해서 나온 금액은 아니다. 리스트를 확정하기 직전에 '바꿀까?' 하는 생각이 순간 들었다. 너무 금액이 크다는 생각에서다. 내 형편에 사실 월 1,000만 원만 되어도 생활은 훨씬 윤택해진다. 하지만 그런 생각이 들었던 데도 이유가 있을 거라는 생각에 그냥 두었다.

요즘에는 꼭 남자가 가정경제를 책임져야 한다는 생각이 많지 않다. 오히려 남자가 육아와 가사를 전담하는 경우도 늘고 있다. 내 주변에도 힘들게 일하는 남편에게 휴가를 주고 싶다는 친구가 여럿 있다. 때문에 자신이 직접 생계를 책임질 수 있는 능력을 갖고자 한다.

3월에 초등학교에 입학하는 아들을 둔 친한 친구가 있다. 누구나 그렇듯이 아이가 처음 학교에 가면 신경 쓰이는 것이 많다. 그래서 가능하다면 육아휴직을 하려고 한다. 그 친구는 이번에 남편이 대신 육아휴직하기로 했다. 친구가 이미 출산휴가에 이어 육아휴직을 다 썼기 때문이기도 하다.

그 친구가 남편에게 육아휴직을 권한 데는 이유가 있다. 그동안 힘들게 일한 남편에게 휴가를 주려는 것이다. 남편들은 한번 직장을 가지면 쉽게 그만둘 수 없는 책임을 지게 된다. 아이가 생기면 더욱 그렇다. 더럽고 치사해도 직장생활을 해야 하고, 가족의 생계를 책임져야 된다. 꿈이나 하고 싶은 일 따위를 생각한다는 건 거의 사치에 가깝다. 그런 남편에게 1년간의 육아휴직은 자신을 돌아보게 하는 브레이크와 같다.

나와 남편은 육아휴직이 있는 직장에 다니지 않는다. 요즘의 사회 분위기는 육아휴직을 장려하지만 현실은 여전히 그렇지 못하다. 부부 중 한 명이 휴직하면 생계가 힘들어지는 집도 많다. 더구나 아빠가 육아휴직을 할 수 있는 곳은 공무원이나 대기업이 아니면 힘들다.

그래서 아빠들은 아이들이 크는 모습을 보기가 어렵다. 겨우 아내에게서 낮에 있었던 이야기를 듣는다. 또는 사진이나 동영상으로 보는 것이 대부분이다. 물론 요즘엔 그나마 주말을 이용해서 시간을 함께 보내는 아빠가 많아졌다. 하지만 여전히 충분하지 않다.

남편은 아이들을 무척 좋아한다. 자주 하는 말이 "너희들 이제 그만 크면 안 되냐? 계속 이대로 있었으면 좋겠다."다. 매일매일 크는 모습을 보면 매 순간을 함께할 수 없어서 무척 아쉽다고 한다. 아쉬움이 역력한 눈빛이다. 남편이 이런 말을 할 때마다 나도 아쉽다. 내가 만약 경제적인 능력이 된다면, 남편에게 그럴 수 있는 시간을 선물해 주고 싶다. 한번 지나가면 다시 돌아오지 않을 그 시간을.

나는 아빠와의 추억이 많지 않다. 아니 좋은 추억보다는 안 좋은 기억이 더 많다. 엄격하고 무서운 아빠의 모습이 더 많이 기억난다. 내가 어릴 때 아빠는 시골에서 농사를 지으셨다. 그때는 대부분이 그랬겠지만, 적성에 맞는 일은 아니었다. 더군다나 농사는 내가 아무리 열심히 해도 결과가 내 뜻대로 되지 않는 일이었다. 큰 태풍이 오거나, 장마나 홍수가 있는 해에는 더욱 그랬다.

아빠를 생각하면 제일 먼저 떠오르는 것은 좋은 목소리다. 그당시에는 휴대전화가 없어서 친구들은 집으로 전화했다. "안녕하세요. 저 혜정이 친구 A인데요. 혜정이 좀 바꿔 주세요."라며. 아빠가 전화를 바꿔 주시면 친구들은 으레 내게 물었다. "방금 누구야?"라고. 아빠라고 말하면 다들 놀랐다. 한결같이 목소리가 너무 좋다고 얘기했다.

그런 아빠는 가끔 책 이야기를 해 주셨다. 밤이 길고 어두운 시골에서는 동네 사람들이 모여서 이야기꽃을 피우는 날이 있었다. 초저녁에 깜빡 잠든 내가 잠결에 들은 소리는 아빠가 동네 사람들에게 이야기를 해 주는 목소리였다. 중학교에 들어가서야 그때 들었던 이야기 중 하나가 《구운몽》이라는 것을 알았다.

그 당시에 우리 집에는 지금처럼 화력이 좋은 가스레인지가 없었다. 논에서 일하다 점심을 먹으려면 준비하는 데도 한참이 걸렸다. 엄마가 화로를 이용해서 밥을 준비하는 동안 나와 동생은 아빠와 놀았다. 논다기보다는 허기진 배를 먼저 채우곤 했다. 직접 만든 딸기잼이나 아빠가 직접 양봉으로 채취한 꿀을 바른 식빵으로. 그 시간이 따뜻했는지 나는 지금도 식빵을 보면 꿀을 발라 먹고 싶어진다.

몇 안 되지만 나는 아빠와의 추억을 생각하면 가슴 한쪽이 따뜻해짐을 느낀다. 섭섭하고 서운했던 기억들도 있다. 하지만 시간이 지날수록 좋은 기억이 생각난다. 가끔 삶이 힘들어질 때면 아빠가 해 주셨던 말들이 다시 생각난다. 그때는 몰랐지만 지금은 아빠의 사랑이 가득 담긴 그 말들이 그립다.

조선업계가 흔들리면서 크고 작은 많은 기업들이 문을 닫았다. 남편의 직장도 같은 업계였기에 예외는 아니었다. 10년을 일한 직장이 폐업하자 남편은 직장을 옮겨야만 했다. 하지만 새로 옮긴 회사도 얼마 가지 못했다. 남편은 처음부터 좋아하는 일을 하고 있었던 것은 아니었다. 하지만 갈수록 자신의 의지나 적성과 상관없는 일을 해야만 했다. 더군다나 남편과 같은 상황에 처한 사람이 많아서 가는 곳마다 그들과 경쟁해야만 했다. 밤늦게까지 혼자 잠들지 못하는 남편을 봤다. 나도 일은 하지만 딱히 수입이 많지 않아 크게 도움은 되지 못했다. 마음은 언제나 "그동안 고생했어. 이젠 내가 벌어 올 테니까 자기는 좀 쉬어."라고 말해 주고 싶었다. 하지만 나도 뾰족한 수가 없었다.

남편과 나는 각자 또는 함께 고민하고 대화했다. 그러다가 나는 〈한책협〉에서 주관하는 〈1인 창업 과정〉을 신청하게 되었다. 막연하고 불투명한 지금을 탈출하는 방법을 찾아야만 했다. 남편의 회사가 거듭 폐업하는 과정에서 우리가 생각한 것은 결국 창업이었다. 다들 말렸다. 하지만 제대로 준비한다면 못 할 것도 없다는 생각이었다. 더군다나 나는 더 이상 물러설 곳이 없기도 했다. 과정을 준비하면서 그동안 몰랐던 많은 것을 알아 가고 있다. 내가 얼마나 우물 안에 갇혀 있었는지도 알게 되었다.

〈1인 창업 과정〉 수업을 듣고 집으로 가는 열차에 올랐다. 주말인데도 집에 오지 못하고 지방에서 일하는 남편에게 전화했다. "나이제 수업 마치고 내려가는 열차 탔어요." 남편은 묻는다. "어때요? 할 만해요? 잘될 것 같아요?" 남편의 짧은 말은 나에게 많은 감정들을 오가게 했다. "응, 재미있어요. 잘될 것 같아요. 잘하고 있어요, 걱정 말아요."

남편도 나의 수업을 처음부터 적극 찬성한 것은 아니다. 책을 쓴다고 다 잘되는 것은 아니다. 창업을 준비한다고 성공할 것 같으면 다른 사람들은 다 뭐냐. 너무 한곳에 몰입하는 게 아니냐고 말이다. 하지만 지금은 여러 가지 이유로 나를 응원해 준다.

나는 매일 의식 확장을 위해 노력한다. 남편 말대로 책만 쓴다고, 1인 창업을 한다고 다 성공하는 것은 아닐 거다. 그래서 그동안의 내 좁은 소견과 의식을 크게 하려고 관련 도서를 읽고 명상을 한다. 나의 의식이 바뀌지 않으면 어떤 변화도 가져올 수 없다고 김태광 대표 코칭님은 늘 말씀하신다. 나의 의식이 높아져야만 좋은 책도 쓸 수 있고, 훌륭한 메신저가 되어서 다른 사람도 잘 도울 수 있다고!

나는 살면서 요즘같이 시간을 알뜰하게 써 본 적이 없다. 잠을 줄여도 하루가 빠듯하다. 그래서 허투루 보낸 지난 시간을 다시 회수해 오고 싶은 생각이 들 정도다. 매일을 부지런히 살았다. 그러나 지금의 관점에서 돌아보면 그때의 부지런함은 지금과 비교가 안 된다. 분과 분 사이를 늘여서 쓰는 느낌이랄까. 그럼에도 불구하고 힘들다는 느낌보다는 충만한 느낌이 더 크다.

또한 요즘처럼 부자들을 많이 만난 적도 없다. 부자가 되려면 주변에 부자가 많아야 한다고 들었다. 한 달 전만 해도 내 주변에는 한 달에 월 1,000~2,000만 원 버는 사람이 제일 부자였다. 그래서 그때의 내 목표는 월 1,000만 원을 버는 거였다. 그런데 지금은 너무 많은 부자들을 만난다. 큰 부자들 또한 많이 만난다. 그래서 우스갯소리로 이런 말도 한다. "우리가 월 1,000만 원 벌자고 이러는 건 아니잖아." 내 의식이 확장되지 않으면 결코 할 수 없는 말이다.

내가 과정을 다 마치고 1인 창업가로서 자리를 잡으면 남편에게 휴가를 주고 싶다. 그동안 고생하면서도 책임을 다해 준 남편이 고맙다. 힘들어하면서도 당연한 듯이 묵묵히 일해 온 남편이다. 단 한 번도 가장으로서의 책임을 저버린 적이 없었다. 더욱이 내가 꿈을 찾아 하고 싶은 일을 할 수 있도록 지지해 주는 든든한 남편이다.

언젠가 남편이 말한 적이 있다. 내가 수입이 괜찮아져서 자신이 일을 안 해도 된다면 멀리 여행을 가고 싶다고. 나는 흔쾌히 그러라고 했다. 이젠 그 약속을 지킬 때가 다가오고 있다. 남편이 자신의 시간을 가지고 휴가를 충분히 즐기고 돌아오면 좋겠다. 아이들이 크면서 아빠와 행복한 추억을 많이 쌓았으면 좋겠다. 10년 후면 성인이 될 아이들이 내 나이쯤 되었을 때 아빠를 떠올리면 행복한 기억이 끝도 없이 쏟아져 나올 수 있게!

4

오로라, 산타마을 보러
핀란드 여행하기

지난겨울 크리스마스 때 큰아이는 아홉 살, 작은아이는 여섯 살이었다. 우리 부부는 고민에 빠졌다. 산타가 주는 크리스마스 선물 행사를 해야 하는지에 대해서. 크리스마스가 다가오자 큰아이가 물었다. "엄마, 정말 산타는 없어? 친구들이 그러는데 산타는 없대. 선물은 엄마, 아빠가 주는 거래!"라고. 나는 잠시 망설였다. 사실대로 말해야 할지 동심을 좀더 지켜 줘야 할지.

이제 여섯 살밖에 안 된 아이에게 산타가 없다고 말하는 건 너무 이른 것 같았다. 작은아이가 산타를 믿으려면 큰아이도 믿게 해야만 했다. 순간 좋은 생각이 났다. 나는 아이들에게 "세상에는 믿는 사람한테만 보이는 것들이 있어."라고 했다. 그러자 아이들은 "그럼, 산타도 믿는 사람한테만 보이는 거야?"라고 물어 왔다. 나는 그렇다고 말하면서 속으로 좀 찔렸다. 그리고 '나는 산타를 안 믿어서 못 보는 건가?'라는 생각이 들었다. 그러면서도 내심 내가 너무 멋진 말을 한 것 같아서 뿌듯했다.

남편이 돌아왔을 때 큰아이는 또 물었다. "아빠, 친구들이 산타는 없대! 정말이야?"라고. 마치 한 번 더 다짐을 받고 싶다는 표정이었다. 하지만 남편은 망설임 없이 대답했다. "야, 없긴 왜 없어! 있지!"라고. 그 대답에 아이는 "친구들이 없대!"라고 힘주어 말했다. 그러자 남편은 아무렇지도 않게 이렇게 대답했다. "핀란드라는 나라가 있어. 우리나라에서 아주 멀리 떨어진 곳에. 겨울이면 눈으로 덮이는 나라지. 산타는 그곳에 살아. 편지를 쓰면 답장도 해 주신대."

남편은 더위를 많이 탄다. 반면 나는 추위를 많이 탄다. 그래서 겨울엔 난방을 많이 한다. 그러면 남편은 어김없이 반팔을 입고 선풍기를 튼다. 우리 집에는 겨울에도 항상 선풍기가 밖으로 나와 있다. 그런 남편은 늘 북유럽을 여행하고 싶어 했다.

처음 남편과 신혼여행을 계획할 때도 그랬다. 남편은 아이슬란드나 핀란드 같은 곳으로 가자고 했다. 그 당시 나는 미치지 않고서야 신혼여행을 그런 곳으로 갈 수는 없다고 생각했다. 따뜻하고 좋은 곳도 얼마든지 많은데 왜 굳이 추운 곳으로 가려고 하는지 이해가 되지 않았다. 결혼한 후에도 남편은 가끔씩 농담 반 진담 반 추운 곳으로 여행을 가고 싶다고 말했다.

나는 아이들에게 받고 싶은 크리스마스 선물 목록을 쓰라고 했다. 하나는 산타 할아버지한테서 받고 싶은 것, 나머지 하나는 엄마, 아빠한테서 받고 싶은 것이다. 아이들의 리스트에는 특별한 책이 있었다. 책 제목이 《산타 할아버지가 우리집에 못 오신 일곱 가지 이유》였다. 나도 그 책이 무척 궁금했다.

책의 주인공인 아이는 여덟 살이다. 산타 할아버지가 7년 동안 한 번도 못 오신 이유를 아빠가 설명해 준다는 내용이다. 그 책의 뒷부분에는 작가가 쓴 편지가 있다. 산타가 주인공인 율이에게 보내는 편지 형식이다. 산타는 율이에게 말한다. '요즘엔 착한 어린이가 너무 많고 산타는 너무 늙어서 힘이 든다고. 그래서 부모님들한테 크리스마스 선물을 부탁했다'고 말이다. 혹시 산타가 깜빡하고 못 가게 되면 부모님이 대신 선물을 주라고 말이다. 나는 이 부분이 무척 마음에 들었다. 아이들도 이 부분을 좋아하는 듯했다. 마치 내가 찾는 문제의 답을 이 책의 작가가 크리스마스 선물로 주고 간 것만 같았다. 그 후 아이들은 산타를 못 봤다는 친구들에게 이 이야기를 해 주었다.

그즈음 인기 있는 TV 프로그램이 있었다. 〈어서와~ 한국은 처음이지?〉라는 프로그램이다. 우리 가족은 TV를 자주 보는 편은 아니다. 하지만 몇 가지 프로그램은 정해 놓고 보는 편이었다. 이 프로그램은 세계 여러 나라 사람들이 그들의 친구가 있는 한국을 여행하는 내용이었다. 마침 그때 핀란드 편을 하고 있었다.

나는 오로라를 보려면 캐나다로 가야 되는지 알았다. 그곳으로 오로라를 보러 다녀온 주변 사람이 있기 때문이다. 하지만 그 프로그램을 보면서 핀란드에서도 오로라를 볼 수 있다는 것을 알았다. 뿐만 아니라 핀란드에는 아이들이 좋아하는 다른 곳도 있었다.

그들이 한국에 여행 오기 전에 핀란드를 소개하는 부분이 있었다. 그들은 마치 한국 사람들의 바람을 알기라도 하듯이 산타 마을로 갔다. 놀랍게도 산타 마을에는 산타가 정말로 있었다. 우리가 상상하는 그 산타 할아버지의 모습으로 사람들을 기다리고 있었다. 동화 속에 나오는 풍경과 똑같이 산타 마을은 눈으로 뒤덮여 있었다. 아이들은 보물을 발견한 듯이 TV 화면을 뚫어져라 바라보았다. "정말이네! 정말로 산타 할아버지가 있었네! 아빠 말이 맞네!"라고 외치면서. 남편도 아주 환한 표정으로 TV를 보고 있었다.

그날부터였다. 아이들은 산타 마을을 보고 싶다고 했다. 오로라도 보고 싶다고 했다. 남편은 아이들에게 말했다. "우린 저기 갈 수 없어." 아이들이 물었다. "아빠, 왜?" 그러자 남편이 말했다. "엄마는 추운 나라를 싫어하거든." 순간 난 미안한 마음이 들었다. 그리고 나도 왠지 가 보고 싶다는 생각이 들었다.

나는 아직 해외여행을 못 가 봤다. 믿기지 않을 정도로 나는 여행 운이 없었다. 심지어 신혼여행마저 취소해야만 했다. 여행 일정을 잡았을 때 가려는 나라에 폭동이 일어나서 위험하다는 말을 들었다. 또한 임신 초기여서 여행은 위험하다는 의사의 소견도 있었다. 결국 여행을 취소하고 제주도에 잠시 머물다 왔다. 그것마저도 힘들어서 돌아오자마자 입원 치료를 받았다. 지금 생각해 보면 제주도만큼이나 가까운 해외도 있는데. 그땐 왜 그 생각을 못했는지 모르겠다. 생각할수록 아쉽다.

어쩌면 나는 여행이나 낯선 곳을 두려워하는지도 모르겠다. 어릴 때부터 여행 복이 참으로 없었기 때문이다. 아이들을 제외하면, 친정이나 시댁 모두 합해서 해외여행을 못 가 본 사람은 오로지 나 혼자밖에 없다. 심지어 한 번만 가 본 사람도 없다. 내가 살아가는 현실은 내가 생각하는 대로 펼쳐진다는 말이 있다. 그렇게 본다면 어쩌면 내 마음속 어딘가에서 그리 되도록 작용하고 있었는지도 모를 일이다.

글을 쓰다가 문득 핀란드에 대해서 너무 모른다는 생각이 들었다. 나는 지금 이루어지기를 바라는 마음에서 이 글을 쓰고 있다. 꿈을 이루기 위해서는 아주 강하고 생생하게 상상해야 된다고 한다. 마치 지금 그 이루어진 현장에 있는 것처럼 말이다. 그런데 내가 전혀 모르는 것에 대해 생생하게 상상한다는 것은 어려운 일이다.

핀란드는 우리나라에서 비행기로 10시간 정도 걸린다. 내가 보기엔 지도가 마치 토끼 모양 같다. 세계 곳곳을 가 보고 싶다는 둘째 아이에게 지도를 보여 주면서 이야기하는 모습을 상상해 본다. 아이들이 좋아하는 말라무트 종류의 개가 끌어 주는 개썰매도 있고, 순록도 볼 수 있다. 그곳을 다녀온 사람들의 후기는 내가 생생하게 상상하는 데 도움을 준다. 무척 감사한 일이다. 그들의 후기를 보니, 당장 이번 겨울에 갈 수 있을 것만 같다.

작은아이는 아직 펑펑 내리는 눈을 본 적이 없다. 내가 사는 곳은 남쪽이라 겨울에도 눈이 잘 안 온다. 아주 가끔 진눈깨비가 흩날리기는 한다. 제대로 된 눈이 내리더라도 쌓일 정도는 아니다. 그래서 작은아이는 지난겨울에 강원도에 가서 펑펑 내리는 눈을 보고 싶다고 했다. 그런 작은아이에게도 핀란드 여행은 무척 인상 깊은 여행이 될 것이다.

새로운 곳을 여행한다는 것은 설레면서도 두려운 일이다. 해 보지 않은 것에 대한 낯섦. 나를 규정짓지 않고, 낯선 두려움을 향해 또 한 발 내딛는 나를 상상해 본다. 상상만으로도 가슴이 벅차다. 여행은 나를 찾아 가는 또 다른 여정이라는 말이 떠오른다.

5

휴양지 해변에서
책 쓰기

누구나 이런 상상은 한 번쯤 해 봤을 것이다. 휴가를 가서 일을 하는 것이 아닌, 일을 휴가지에서 틈틈이 하는 것 말이다. 나는 지금 눈부신 햇살이 가득한 해변 의자에 비스듬히 기대고 있다. 아이들은 깔깔거리며 뛰어논다. 남편은 아이들과 함께 하는 이 시간이 즐겁다. 나는 쓰던 원고를 잠시 옆에 두고 행복한 눈으로 그들을 바라보고 있다. 이런 날이 드디어 온 것이다. 나는 작가가 되었다. 원고를 마저 써야 되지만, 장소 따윈 중요치 않다. 노트북 하나면 어디든 나의 작업실이다. 매일 출근해야 할 필요도 없다. 오히려 이런 곳에서 글은 더 잘 쓰인다.

꿈만 같은 상상이다. 하지만 상상할 때마다 즐겁다. 나는 이런 상상을 꽤 오래전부터 해 왔다. 하지만 상상만 했다. 단 한 번도 상상을 현실로 옮길 노력을 해 본 적이 없다. 나는 이제 안다. 상상하면 이루어진다는 것을! 그러나 상상만 하고 아무것도 하지 않으면 어떤 일도 일어나지 않는다는 것을!

　얼마 전에 영화를 봤다. 제목은 〈행복을 찾아서〉다. 무척 감동적인 장면이 많았다. 그중에 이런 장면이 있다. 윌 스미스에게 아들이 퀴즈를 낸다. 어떤 사람이 물에 빠져서 허우적거리고 있었다. 살려 달라고 소리치자 보트 한 대가 왔다. 하지만 그는 구조를 마다하면서 이렇게 말했다. "괜찮소, 나는 하느님이 구해 주러 올 거요." 두 번째 구조도, 세 번째 구조도 거절한 그는 결국 죽어서 하느님 앞에 갔다. 그는 하느님에게 물었다. "왜 저를 구해 주러 오시지 않았나요?"라고. 그러자 하느님은 말했다. "무슨 소리! 너를 구하려고 3명이나 보냈는데!"

　우리는 이런 기회를 모른 채 살아간다. 때로는 두려움 때문에 때로는 핑계를 대면서 기회를 그냥 흘려보낸다. 나도 그랬다. 그렇게 수많은 시간을 보내면서 나에게는 왜 기회가 오지 않는 것이냐고 불평했다.

　내가 처음 글을 써야겠다고 생각한 건 대학교 1학년 때다. 전공이 적성에 맞지 않아서 교양과목을 내 마음대로 들었다. 그때 들었던 과목이 '출판편집의 이론과 실제'다. 나는 이공계열이었다. 그 과목은 주로 문과 학생들이 들었다. 수업은 〈국제신문〉 편집국장님께서 직접 하셨다. 아직도 그분의 이름을 기억한다. 최희수 편집국 장님이시다. 나는 그분의 수업을 들으면서 무척 행복했다. 강의 내용은 기억나지 않지만 그분이 펴낸 책과 사진첩을 보면서 부러워했던 기억이 난다.

그분은 수업시간에 과제를 내 주셨다. 개인 과제와 조별 과제였다. 조별 과제는 거의 다 내가 주도적으로 했다. 특히 개인 과제를 잘한 3명을 뽑아서 따로 상을 주셨다. 그때 국장님은 내게 이런 말씀을 해 주셨다. "글을 쓰면 되겠어요. 서울에서 지방에 취재하러 오려면 비용이 많이 들거든요. 그래서 요즘에는 지방에 있는 작가한테 의뢰를 많이 해요. 그런 작가가 아직 많지 않아서 괜찮을 거예요. 자유 기고가도 좋고."

나는 기분이 좋았다. 마치 내가 작가가 된 것만 같았다. 하지만 그 이후의 노력이 없었다. 적성에 맞지 않는 전공 공부를 해내느라 힘들기만 했다. 그래서 방황도 했다. 그때 내가 꿈을 향해 노력했더라면 지금은 다른 삶을 살고 있을지도 모른다.

'국장님이 좀더 적극적으로 권유해 주셨으면 좋았을 텐데'라는 생각도 했다. 하지만 오히려 내가 적극적으로 도움을 요청하고 자문을 구했어야 했다. 그만큼 나는 숫기가 없었다. 꿈에 대한 간절함도 부족했다. 그렇게 시간은 흘렀다.

20년이 넘는 시간이 흐르는 동안 나는 꿈을 잊고 살았다. 그동안에도 막연하게 '작가가 되고 싶다'라는 생각은 가끔 했다. 그럼에도 불구하고 여전히 현실에 안주했다. 살아지는 대로 생각했다. 그러던 어느 날, 목표를 정확하게 세우고 결단해야 된다는 것을 느끼게 해 준 일이 있었다.

부산에서 사는 친정 엄마가 오셨다. 바쁘게 사는 딸에게 줄 밑반찬 몇 가지를 전해 주시려고. 엄마는 집으로 가는 길에 은행과 안경점에 들러야 된다고 하셨다. 나는 차로 모셔다 드리겠다고 했다. 하지만 엄마는 나를 귀찮게 하기 싫다고 하셨다. 부산에서 일을 보면 된다면서.

그런데 지하철역으로 가는 도중에 엄마의 마음이 갑자기 바뀌었다. 안경점은 여기서 가는 게 낫겠다고 하셨다. 나는 급하게 차선을 변경했다. 그러곤 가던 길을 다시 돌아왔다. 안경점에서 볼일을 다 보신 엄마는 은행도 들렀다 가는 게 낫겠다고 하셨다. 나는 짜증이 났다. 은행은 다시 반대 방향으로 가야 하기 때문이었다.

엄마는 은행에 들어가신 지 얼마 되지 않아 바로 나오셨다. 볼일을 보기엔 좀 빠듯한 시간이었다. 나는 "왜 이렇게 빨리 나와?"라고 물었다. 그러자 엄마는 "사람이 너무 많아서 못 기다리겠다. 그냥 부산으로 갈란다."라고 하셨다.

처음부터 은행과 안경점을 갔다면 동선도 짧고 운전하기도 쉬웠을 거다. 하지만 중간에 마음이 바뀌자 이동 거리는 2배 이상으로 늘었다. 결국 엄마는 볼일을 다 보지도 못하고 시간만 허비한 채로 내려가셨다.

엄마를 지하철역에 모셔다 드리고 오는 길에 나는 마음을 가라앉혔다. 그러면서 한 가지 깨달음을 얻었다. '나 역시 목표가 정확하지 않고 마음이 계속 흔들린다면 이런 상황이 생기겠구나!' 나를 돌보는 수호신이 있다면 무척이나 혼란스럽고 힘들겠다는 생각이 들었다. '애는 도대체 뭘 하고 싶다는 거야?'라고 생각할 것만 같다. 내가 꿈에 가까이 가지 못한 건 그 누구의 탓도 아닌 것이다.

나는 결단을 내렸다. 〈한책협〉의 〈책 쓰기 과정〉에 등록한 것이다. 그러나 나는 여전히 뭘 해야 할지 모르겠다고 말했다. 나의 말에 김태광 대표 코치는 "너를 믿지 말고, 나를 믿어 보라."고 했다. 참으로 도박 같은 도전이었다. 하지만 22년 동안 200여 권의 책을 쓰신 분이니 도움을 받을 수 있을 거라는 생각이 들었다. 지금 머뭇거리면 24년 전과 같은 일이 또 반복될지도 모른다고 생각했다.

나는 꿈을 향해 이렇게 한 발을 내딛었다. 그러면서도 늦은 감이 있다고 생각했다. 같은 과정의 동기 중에는 나보다 20년쯤 젊은 친구도 있기 때문이다. 반면에 나보다 세상을 20년쯤 더 경험하고 오신 분도 있다. 그에 비하면 나는 아직도 늦지 않았다. 평균수명이 100세를 바라보는 요즘, 나는 살아온 날보다 아직 살아갈 날이 훨씬 더 많기 때문이다.

오늘은 〈책 쓰기 과정〉 3주 차 수업이 있는 날이다. 울산역에서

SRT를 타면 수서역까지 2시간이 조금 넘게 걸린다. 수서역에서 다시 지하철을 타고 분당으로 가야 된다. 나는 지금 열차 안에서 노트북을 꺼내 글을 쓰고 있다. 내가 쓰는 이 글들이 모여서 조만간 책으로 나올 것이다.

예전에는 이런 시간이 참 길고 고단하다고 느껴졌다. 하지만 지금은 다르다. 열차 안에서, 카페에서도 글을 쓴다. 어디서든 쓸 수 있다. 이미 나는 작가의 길을 가기 시작했다. 아직은 아무도 알아주지 않지만 상관없다.

나는 '이미 이루어진 미래에서 지금을 회상하고 있는 건 아닐까?'라는 생각이 들 정도로 내 꿈을 생생하게 상상한다. 내가 상상하고 실천하기 시작한 꿈은 이미 실현된 꿈이나 마찬가지기 때문이다. 중간에 포기하지만 않는다면 말이다.

PART 11

그동안의
경험으로 부부 코칭
강연가 되기

-김유리-

김유리 공무원, 등기부여가

미래의 꿈으로 부부 코칭 강연가가 되어 부부나 커플들에게 도움을 주고자 한다.

1

꿈을 이룬 자녀들의 성공으로
언론과 인터뷰하기

아침부터 여기저기에서 걸려오는 휴대전화 벨소리에 잠이 깬다. 벌써 며칠 째인지. 피곤하면서도 무척이나 기쁘다.

"안녕하세요? 신유민 씨, 신시아 씨 어머니 되시죠? 여기는 ○○방송국입니다."

"여기는 ○○ 잡지사인데요, 인터뷰 좀 부탁드려요. 시간이 언제 되시는지…."

큰아이는 해외에서 유명한 스포츠 에이전시 대표로 활동한다. 작은아이는 태권도 시범단으로서 월드투어를 하고 있다. 그런 우리 아이들이 한국을 빛낸 인물에 뽑혔다. 그토록 내가 바라던 꿈을 이룬 것이다.

처음부터 아이들에게 꿈이 있었던 것은 아니다. 내가 이루지 못한 꿈을 내 아이들만큼은 이루게 하고 싶었다. 그래서 어릴 때부터 학습보다는 예체능에 중점을 두고 즐기게끔 했다. 아이들은 여러 악기와 여러 다양한 운동들을 스트레스 없이 정말 말 그대로 재미 있게 했다.

첫 바둑대회에서 메달을 못 딴 다른 아이들이 엉엉 울고 난리 가 났다. 그런데 한쪽에서 실실 웃는 우리 큰아이보고 무슨 상을 탔느냐고 다들 묻는다. 왜냐하면 상을 탄 아이들보다 더 잘 웃는 큰아이 모습에 상을 탄 줄 알았기 때문이다.

평소에 내가 아이들에게 가장 많이 하는 말은 즐기라는 것이다. 체험을 하든 여행지에서든 박물관에서든 난 무조건 즐기라고 한다. 그 순간을 즐기는 것이 나중에 아이들에게 행복한 추억으로 남을 것이라는 생각에서다. 간혹 하나라도 암기하게 하려고 닦달하는 엄 마들의 모습을 여러 차례 봐 왔었다. 그 모습들을 보면 나도 모르 게 고개가 저어지곤 했다.

우리 아이들은 돌 때까지 친정 엄마가 돌봐 주셨다. 엄마는 항 상 "어쩜 우리 손자, 손녀는 울지 않고 항상 방긋방긋 웃기만 할까. 너는 아이들 거저 키우는 거야."라고 말씀하셨다. 엄마의 말씀이 맞 다. 내 아이들은 낮에는 웃으며 놀고, 밤이면 잠을 잘 잤다. 그야말 로 최고의 아이들이었다. 주변 사람들 모두 아이 키우기 힘들다고 울다시피 할 때 난 웃었으니까.

출산휴가가 끝나고 직장으로 출근하던 날. 직장 언니들이 다들 "뭔 보따리가 이렇게 많아?"라며 놀라워했다. 내가 아이들을 키우면서 유일하게 스스로를 자랑스러워할 수 있었던 딱 한 가지! 바로 모유수유다. 그 당시만 해도 모유수유를 할 장소도 없을뿐더러 직장에 다니면서 모유수유를 하는 사람은 거의 없었다.

나는 휴대용 유축기 등 한 보따리의 육아용품을 갖고 다니면서 윗분에게 당당하게 말씀드렸다. "저 몇 시부터 몇 시까지는 아이 모유수유 하러 가야합니다. 미리 말씀드려요. 고맙습니다." 윗분은 집으로 가는 줄 알고 놀라워했지만 자세히 말씀드렸더니 이해해 주셨다. 나더러 모유수유를 하라고 말해 준 교사 친구는 쉬는 시간에 틈틈이 유축기로 젖을 짜냈다고 한다. 그에 비하면 난 그나마 나은 환경이었다.

그동안은 아이들을 나름 즐겁게 키운다고 했다. 그런데 아이들이 중학생이 되니 슬슬 걱정되기 시작했다. 주변 학부모들은 내가 아이들에게 엄청 공부를 시키는 줄 알았나 보다. 학원은 어디가 좋은지 많이들 묻곤 했던 것을 보면. 그러니만큼 보습학원에 전혀 안 보낸다고 하면 다들 거짓말인 줄 알았다. 큰아이가 중2가 되자 학원을 가겠다고 말했다. 그때부터 아이들은 보습학원을 다니기 시작했다.

나는 아이들이 자기주도학습을 하길 바랐다. 물론 부모가 어릴 때부터 아이들에게 습관을 들였어야 했다. 나는 이론만 가득하고 실천은 제대로 하지 못했다. 직장에 다닌다는 이유로 나 스스로에게 관대했던 것이다. 큰아이가 중3이 되자 꿈이 없는 아이가 될까 봐 나 혼자 조급해지기 시작했다. 나는 검색을 하기 시작했다. '자기주도학습' 키워드로 매일 폭풍검색을 했다.

그렇게 검색하다가 〈한국진로학습코칭협회〉라는 카페를 발견했다. 내용을 하나하나 다 읽어 봤다. 내가 원하는 자기주도학습에 대해 상세하게 설명되어 있었다. 요즘 이름뿐인 자기주도학습 학원이 많아 신중해야 했다. 그렇게 난 일대일 컨설팅을 신청했다.

난 카페를 알고 신청했지만, 보통 책을 보고 연락해 오는 것 같았다. 무슨 얘기냐면, 이곳의 대표이자 코치인 이지현 선생님은《10대를 위한 공부 습관의 힘》과《저절로 되는 공부의 비밀》의 저자이셨다.

선생님은 역시나 컨설팅 내내 내가 원하고 바라는 말씀을 해 주셨다. 내용의 핵심은 자존감이었다. "어머님, 자존감만 높으면 공부는 문제없습니다. 요즘은 공부를 잘하든 못하든 자존감이 낮은 아이들이 많습니다. 그런데 유민이와 시아는 자존감이 아주 높아요. 때문에 자기주도학습 하면서 공부 방법만 익히면 충분합니다. 어머님, 아이들 참 잘 키우셨습니다."

주위에서 다들 보습학원에 안 보낸다고 걱정했는데, 도리어 아이들 잘 키웠다고 칭찬을 들으니 기분이 무척이나 좋았다. 내가 그동안 잘한 거구나. 나는 나 스스로를 칭찬했다.

이지현 선생님과의 만남을 시작으로 아이의 성향과 아이에게 맞는 공부법 등을 과학적으로 진단했다. 그리고 그 결과를 참고해 아이의 꿈을 찾기 시작했다. 모든 것은 아이 스스로 결정했다. 중학교 때부터 주니어 야구단에서 선수로 활약했던 큰아이는 야구선수가 꿈이었다. 하지만 너무 늦게 시작하기도 했고, 진짜 야구선수를 원하는 것인지는 알 수 없었다. 그러다 드디어 큰아이의 꿈을 찾았다.

나의 큰아이의 꿈은 스포츠 에이전시 대표가 되는 것이다. 스포츠 에이전시란 운동선수들이 운동을 열심히 할 수 있도록 운동 외적인 부분을 책임지는 매니지먼트라고 생각하면 된다. 큰아이는 스포츠 에이전시 대표가 되기 위해 먼저 사회체육학과에 들어갈 것이다. 졸업 후엔 인턴생활을 할 것이다. 그리고 실무를 파악한 후 한국에 있는 에이전시 회사에 취직할 것이다. 그렇게 경력이 쌓이면 메이저리그 구단 중 텍사스 레인저스 팀 에이전시를 담당할 것이다. 그래서 많은 한국 선수들을 메이저리그로 올 수 있게 할 것이다. 그러곤 32세쯤에 회사를 차릴 계획을 세웠다. 큰아이의 꿈은 점점 커져 나갈 것이다.

작은아이는 어릴 때부터 운동신경이 남달랐다. 모든 운동을 해봤다. 그 분야에 계신 분들 모두 작은아이를 탐내셨다. 결국 작은아이는 태권도를 선택했다. 늦게 시작한 태권도였지만, 역시나 잘했다. 작은아이의 꿈은 태권도 시범단으로서 월드투어 하기다. 지금은 한국체대 주니어 대표 시범단을 하고 있다. 하지만 앞으로 세계라는 큰 무대에서 멋지게 자신의 꿈을 이뤄 낼 것이다. 작은아이는 세계 유명 토크쇼 등 TV 프로그램에 많이 출연하겠다는 꿈을 갖고 있다.

《백만장자 메신저》라는 책을 읽으면서 가장 감동받았던 글귀가 있다. 이 책의 지은이인 브렌든 버처드가 '아버지 멜 버처드에게 이 책을 바칩니다'라고 시작하는 부분이다.

그는 일생을 통해 인간이란 어떤 존재인지, 또 내가 어떤 사람이 되어야 하는지를 알려 주었습니다.

"진정한 네가 되어라. 정직하라. 최선을 다하라. 가족을 돌보라. 사람들을 존경하라. 그리고 너의 꿈을 좇아라."

이 글귀 중 '너의 꿈을 좇아라.'라는 부분이 나의 가슴을 파고들었다. 그동안 포기하고만 살았던 나도 꿈을 향해 도전할 것이다. 또한 나도 멜 버처드 같은 부모가 될 것이다. 그렇게 내 아이들이 브렌든 버처드처럼 꿈을 좇는 사람이 될 수 있도록 할 것이다. 마음껏 자신의 꿈을 키우며 살아갈 수 있도록 언제나 도울 것이다.

2

몸으로 표현하는
예술에 도전하기

    나는 어릴 때부터 별의별 쇼를 다 하며 자랐다. 그 당시 세계 여자 피겨 스케이팅의 톱이었던 동독의 카타리나 비트 선수를 따라 하기 일쑤였다. 양말을 신고 방바닥에 미끄러지면 스케이트를 타는 것처럼 느껴졌다. 짧은 치마가 바람에 휘날리는 그 모습이 어찌나 멋지던지. 손까지 휘젓는 안무도 했다. 그러면 마치 한국을 대표하는 피겨 스케이팅 선수처럼 대단한 표정이 지어졌다.

    리듬체조를 하는 러시아 선수들의 인형 같은 외모에도 쏙 빠졌다. 걸어 다니는 마네킹들이 경기를 할 때면 숨죽이고 TV를 봤다. 왜냐하면 또 따라 해야 하니까. 긴 막대에 리본을 묶고 그 막대로 작은 원을 그리면 여러 겹의 원 모양이 나왔다. 여기저기 뛰어다니며 리본을 흔들 때면 선수가 된 기분이었다. 곤봉을 위로 던지며 받기도 했다. 잘못하면 머리에 맞기도 했지만 아파도 웃음이 나왔다. 훌라후프를 앞으로 던져 다시 나한테 오게끔 하는 기술도 부렸다. 공을 위로 던져 한 바퀴 구르고 받으려고도 했다. 물론 실패였다. 그래도 아주, 아주 재밌었다.

나는 수중발레도 했다. 수중이 아닌 방바닥에 누워서 했다. 동생을 내 옆에 눕히고 다리를 위로 올렸다. 동생도 나를 따라 하게 했다. 그럼 우린 환상의 수중발레 팀이 되었다. 가끔 동생이 실수하기도 했지만, 난 동생의 용기를 북돋워 줬다. 잘할 수 있다고. 누가 보면 선수인 줄 알았을 듯하다.

도시에서 살고 있었지만 주위에 피겨 스케이팅과 리듬체조를 배울 곳은 없었다. 그렇게 세월이 흘러 예쁜 딸을 낳았다. 나는 발레를 전공하지 않더라도 딸에게 꼭 발레를 경험하게 해 주고 싶었다. 딸은 초등학교 2학년 때 발레를 시작했다. 발레복이 아주 잘 어울렸다. 한 1년 반쯤 했을까. 딸아이는 발레를 그만두고 싶다고 했다. 축구가 더 재미있다면서. 너무 아쉬웠지만 어쩔 수 없지 않은가. 내가 원한다고 억지로 시킬 수는 없으니까. 지금 생각해 보면 그때 딸아이와 같이 발레 할 생각을 못한 게 아쉽다.

내가 워낙 동경하던 예체능인지라 아이들에게 어릴 때부터 가까이하게 했다. 악기는 필수로 가르쳤고, 음악회도 자주 갔다. 꼭 비싸지 않더라도 얼마든지 클래식을 가까이할 수 있었다. 경기도 문화의 전당에서 클래식, 발레, 국악 등 다양한 공연들이 펼쳐졌다.

바이올리니스트 정경화, 피아니스트 조성진 등 유명한 음악가들도 많이 공연했다. 그러면 난 앨범에 사인도 받고 사진도 찍었다. 연말이면 파리 나무십자가와 같은 해외 소년합창단 공연도 봤다. 또한 〈호두까기 인형〉 발레를 보기도 했다. 그때 딸아이는 발레가 재미있다고 했다.

예술의 전당에서는 매년 대한민국 발레 축제가 열린다. 물론 정통발레도 있지만 창작발레가 주로 많아서 더 재미있게 볼 수 있었다. 나에게는 현대무용이 가슴을 울렸다. 무용수들이 어떤 의미를 담은 행위를 할 때마다 내가 마치 무용수라도 되는 듯 꿈틀거렸다. '아! 나도 저렇게 표현하고 싶다. 저 무용수들은 정말 좋겠다.' 난 부러움을 한가득 안고서 집으로 왔다. 한동안 그 부러움과 아쉬움으로 속만 태우다 다시 일상생활 속에서 잊었다.

그리고 그다음 해 발레 축제에서 현대무용을 보고 나면 똑같이 느끼고, 똑같이 부러워하고, 똑같이 아쉬워했다. 그러면서도 '이제 와서 뭘 하겠다고. 나이도 많고 발레 기본동작도 모르면서 뭘 하겠다고.'라며 나 스스로를 다그쳤다.

직장생활을 한 지 2년쯤 되었을 때인가. 연극이 너무 하고 싶었다. '연극단에 가서 무조건 청소부터 시작해 볼까. 아니야. 여기 그만두면 사고 싶은 것도 못 사잖아. 그리고 이 나이에 청소부터 하는 건 말이 안 되지. 어떻게 해. 아니야. 안 되는 거야.' 이런 생각을 수백 번 한 후에 마음을 접었다.

뮤지컬 전문가 수준일 정도로 뮤지컬을 무척 사랑하는 동생 친구가 있다. 그 동생 친구로 인해 〈지킬 앤 하이드〉라는 뮤지컬을 보러 가게 되었다. 지킬, 하이드 역은 홍광호라는 뮤지컬 배우가 맡고 있었다. 나는 그날 처음 알았다. 이 배우의 대단함을. 어느 누구도 따라올 수 없는 음색과 열정적인 연기는 정말 최고였다. 지킬과 하이드로 변신하는 연기는 잊을 수 없는 명장면이었다. 뮤지컬에 나오는 노래 〈지금 이 순간〉이 입에서 계속 맴돌았다. 그렇게 나는 뮤지컬에 빠지기 시작했다.

그 이후 기억에 남는 뮤지컬 중 하나는 〈노트르담 드 파리〉다. 역시 홍광호를 보기 위해 열심히 예매했다. 홍광호는 노트르담 대성당의 꼽추 문지기 콰지모도 역할을 맡았다. 나와 동생은 재미있게 봤다. 그런데 뭔가 이상했다. 꼽추가 홍광호 같지 않다고 속으로 생각만 하고 있었다. 그런데 동생이 "이상해. 홍광호가 아닌 것 같아. 저렇게 생기지 않았는데."라고 하는 것이었다. 나는 동생에게 "꼽추 역할이니까 분장을 일부러 못생기게 한 거야."라고 했다. 목소리는 더 허스키했지만 노래, 연기 다 좋았다.

그러던 중 난 동생 몰래 배우 공연 스케줄을 확인해 보았다. '멘붕'이었다. 우리가 여태 본 것은 분장을 잘한 홍광호가 아닌 케이윌이었다. 내가 급한 마음에 더블 캐스팅 확인도 안 하고 좌석이 많은 날을 예매한 것이었다. 그 시간 이후 분장 탓만 한 우리는 깔깔

웃느라 공연을 제대로 보지 못했다. 물론 케이윌의 허스키한 음색은 역할에 아주 잘 어울렸다. 연기 또한 일품이었다.

집에선 늘 뮤지컬 노래를 들으며 따라 불렀다. 아이들과 대화할 때도 뮤지컬로 했다. 그러면 아이들은 깔깔 웃으며 뮤지컬로 대답하곤 했다. 그런데 어느 순간부터 뮤지컬을 듣는 시간이 점점 줄어들었다.

바로 〈한책협〉 김태광 대표 코치님의 유튜브를 보기 시작하면서부터다. 유튜브에는 영양가 있는 내용들로 가득했다. 아무도 가르쳐 주지 않는 성공의 비밀 등 대표 코치님이 성공할 수 있었던 방법들이 모두 들어 있었다. 덕분에 난 용기를 낼 수 있었다. 그래서 난 내가 늘 동경했던 '예술에 도전하기'를 버킷리스트 주제 중 하나로 선택해서 도전하게 되었다.

세월이 흘러도 어릴 적에 하고 싶었던 많은 것들이 마음속에 아쉬움으로 남아 있다. 어린 나이인데 실패하면 어때. 도전이라도 해 볼걸. 바보같이 안 될 이유만 찾으니 안 될 수밖에 없었던 것이다.

김태광 작가의 《7가지 성공 수업》을 보면 "꿈과 목표, 종이에 적으면 이루어진다."라고 되어 있다. 성공자들의 공통점은 꿈과 목표를 종이에 적은 것이라고 한다. 내가 원하고 바라는 것들을 글로 쓰면 그 힘은 강력해진다. 잠재의식 속에 각인되어 그 꿈을 이루기 위해 노력하게 되는 것이다. 그런 만큼 내가 포기하지만 않는다면 꿈을 이루게 될 것이다.

월리엄 아서 워드는 다음과 같이 말했다.

"당신이 어떤 것을 상상할 수 있다면 그것을 이룰 수 있고, 어떤 것을 꿈꿀 수 있으면 그 꿈 대로 될 수 있다."

3
100억 원대 자산가 되어
기부하기

14년 전 술을 못 드시는 아빠가 간암으로 돌아가셨다. 우리 가족 모두에게는 말 그대로 하늘이 무너지는 아픔이었다. 특히 아들 없이 딸만 넷인데도 다른 집들과는 달리 아빠는 우리 네 자매의 이름을 모두 예쁘게 지어 주셨다. 딸들에게 심부름도 절대 시킨 적이 없으셨다. 빵을 좋아하는 딸들을 위해 퇴근 시 항상 양손 가득 빵을 사 오셨다. 엄마가 서운해할 정도로 우리 딸 넷 모두 심각한 파파걸들이었다.

아빠, 엄마 모두 외모도 출중하셔서서 사람들이 하는 말이 있었다. "딸들이 아주 예쁘겠어!"라는. 그런데 막상 딸 넷을 보고 나면 "엄마, 아빠보다 못하네."라고 했다.

엄마 말씀에 의하면 아빠는 1960년대 시절 분홍 구두를 신고 알 없는 안경을 쓰셨다고 했다. 그 정도로 당시 획기적인 패셔니스

타였다고 했다. 그 옛날 어느 집안에나 흔했던 작은엄마가 생기면서 모든 면에서 다재다능했던 아빠의 방황이 시작되었다고 했다.

내가 어릴 적에 엄마는 의상실을 하셨다. 언니와 세 살 터울이었던 나는 언니를 아주 못 살게 굴었다. 언니의 소풍 전날 밤이면 엄마는 소풍 때 입을 언니의 옷을 만드셨다. 그럴 때면 나는 귀신같이 잠에서 깨어나 언니의 옷을 빼앗곤 했었다. 한바탕 소동이 일어난 후 엄마는 내 것까지 한 벌을 더 만드셨다.

아빠는 봄이 되면 언니에게는 파란 구두, 나에겐 핑크 구두를 사 주셨다. 여름이 되면 언니에게는 파란 샌들, 나에겐 핑크 샌들을 사 주셨다. 그런데 왜 언니에겐 꼭 파란색이었을까? 아무래도 내가 핑크색만 고집하다 보니 언니는 자연스레 파란색 차지가 되었던 것 같다.

아빠는 가끔 엄마 일을 도우러 동대문시장으로 옷감 등 부속품을 사러 가셨다. 가실 땐 나를 어깨에 앉히곤 하셨다. 아니면 내가 아빠의 바지 벨트 고리에 손가락을 꼭 걸고 다녔다. 그곳에 가면 아빠는 항상 예쁜 머리핀과 헤어 고무줄을 잔뜩 사 주셨다.

무엇보다 최고는 그 당시 먹기 힘들었던 비싼 바나나를 꼭 사 주신 것이다. 손가락 2개 크기의 작은 바나나 한 개의 가격이 1,000원 정도였던 것으로 기억된다. 지금과는 달리 당시에는 낱개로 팔았다. 그 바나나를 아껴 먹으며 집으로 오면 언니는 한 입만 달라고 했다. 철없는 나는 절대 주지 않았다. 언니는 지금까지도 그 바나나 얘기를 하며 서운해한다.

엄마한테 혼나곤 내가 집 밖으로 나올 때면 아빠는 정확히 3분 후에 날 데리러 나오셨다. 엄마의 눈치를 살피시면서. 그렇게 언제나 든든하고 내 곁을 항상 지켜 줄 것만 같았던 아빠였다. 그러나 아빠는 우리의 노력에도 불구하고 돌아올 수 없는 곳으로 영영 가버리셨다.

내가 그동안 힘들다고 생각하지 않고 잘 살아올 수 있었던 건 내 마음속에 항상 아빠가 계셨기 때문이다. 그래서 항상 꿋꿋하게 버틸 수 있었지 않나 싶다. 그 시절 아빠와의 추억을 생각하면 나의 마음은 따뜻하고 포근해진다.

아빠를 그렇게 떠나보내고 무척이나 허전했다. 그래서 아빠에 대한 마음을 월드비전에 후원하는 것으로 대신했다. 처음 후원 신청을 하고 어떤 아이가 나와 연결될까 기대감 속에 궁금함은 더해 갔다.

며칠 후 내가 후원할 아이는 볼리비아의 엘로이라는 남자아이라는 연락을 받았다. 내 큰아이보다 두 살 많았다. 내가 보낸 돈은 몇만 원이었다. 하지만 그 돈은 볼리비아 차얀타 지역에서 엄청난 지역개발사업 성과를 내는 데 보탬이 되었다.

먼저 이 지역에 식수 시스템이 설치되었다. 그래서 수백 명의 아이들이 수인성 질병으로부터 보호받게 되었다. 또한 기니피그 부화장과 양봉장을 지원해 수입이 증가되었다. 영양가 있는 음식을 먹을 수 있게 되어 아이들이 건강해졌다. 무엇보다 아동들이 학교교육을 받게 되면서 학습능력이 향상되었다. 또한 아동들을 미래의 지도자로 양성하고 있다고 했다. 그런 것들이 나에게 도리어 큰 힘이 되어 주었다.

그렇게 13년 동안 후원해 온 엘로이는 가난한 지역을 벗어나 다른 지역으로 이사를 갔다. 그러면서 나의 후원은 끝났다. 서운했지만 다른 지역으로 이사 간 것은 축하할 일이었다. 그리고 다음 후원아동 소식이 왔다. 보스니아 오즈렌 지역의 라미자라는 귀여운 여자아이였다. 이곳에도 마찬가지로 정수 시스템을 설치했다고 한다. 이후로 깨끗한 물을 마실 수 있게 되어서 아이들이 건강해졌다고 한다.

인권운동가 넬슨 만델라는 이렇게 말했다. "인생에서 중요한 것은 삶을 살았다는 것 자체가 아닙니다. 우리의 삶이 다른 이들의 삶에 얼마나 긍정적인 변화를 일으켰느냐가 중요합니다." 이렇듯 얼마 안 되는 돈이 누군가의 인생을 바꾸어 주는 엄청난 힘을 발휘하는 것을 보면서 큰 깨달음을 얻는다.

어릴 적 나는 '우리나라에도 어려운 사람들이 많은데 왜 굳이 해외에 기부를 할까?'라고 생각했다. 정말 이해가 안 되었다. 그러다 시간이 흐르면서 알게 되었다. 기부가 해외에서는 생사가 달린 문제라는 것을. 굶어서 파리를 쫓을 힘이 없을 정도로 축 처져 있는 아이의 모습을 TV에서 많이 봤을 것이다. 적은 돈으로 얼마든지 살릴 수 있는 안타까운 생명들이 꺼져 간다는 뉴스를 볼 때면 마음이 참 아팠다.

오래전 내 아이가 아토피로 고생할 때 TV에서 한 방송을 보게 되었다. 따뜻한 물도 안 나오는 허름한 욕실에서 아이를 씻기는 모습이었다. 일반 세숫비누로 빡빡 씻기는 모습이었다. 아이는 아토피였다. 얼굴이 아토피 피부염으로 덮여 있었다.

우리의 피부는 약산성이다. 그런 만큼 꼭 약산성 비누를 사용해야 한다. 시중에서 파는 세숫비누는 빨래비누처럼 알칼리성일 확률이 높다. 그 당시 나는 안타깝다는 생각만 했을 뿐 내 코가 석자이다 보니 그냥 시간을 흘려보냈다. 지금도 미안한 마음에 많이 생각난다.

미국 캠페인 단체 '두 썸싱'에서 전 세계 운동선수 선행 순위를 발표했다. 1위는 '축구 스타' 크리스티아누 호날두, 2위는 '프로레슬러' 존시나, 3위는 '테니스 스타' 세리나 윌리엄스, 4위는 '피겨여왕' 김연아, 5위는 '축구선수' 네이마르다. 이 중 김연아는 유일하게 은퇴한 선수다. 이것만으로도 김연아 선수가 얼마나 대단한지 알 수 있을 것이다.

김연아 선수는 오래전부터 기부를 계속해 오고 있다. CF, 아이스쇼 출연료 전액을 전 세계의 크고 작은 재난에도 기부하고 있다.

지난 1993년 64세에 대장암으로 세상을 떠난 오드리 헵번. 그녀는 유니세프 친선대사로서 국제아동구호 사업에 앞장섰다. 그녀의 아름다운 명언들을 모아 봤다.

"날씬한 몸매를 갖고 싶으면 너의 음식을 배고픈 사람과 나누어라. 아름다운 머리카락을 갖고 싶으면 하루에 한 번 어린이가 손가락으로 너의 머리를 쓰다듬게 하라."

"진정한 아름다움은 절대 사라지지 않는다."

"나이가 들수록 당신은 알게 될 것이다. 당신에게 있는 두 손이 하나는 스스로를 돕는 손이며 다른 하나는 타인을 돕는 손이라는 것을."

내 버킷리스트가 완성되기 전에는 작게나마 월드비전 후원 아동 수를 늘려가고 싶다. 또한 아토피로 고통 받는 아이들에게도 약산성 목욕제품을 전하며 나을 수 있다는 희망을 주고 싶다. 이후 100억 원대 자산가가 되면 나의 기부 롤모델인 김연아처럼 꼭 통 큰 기부를 할 것이다.

4

부부 코칭 강연가로
방송매체 패널 되기

"안녕하세요? 현재 부부 코칭 강연가로 활동 중인 유리 작가입니다. 앞으로 한 시간 동안 진솔한 대화를 나눌 예정이에요. 오늘 이 자리에 와 주신 여러분들께 진심으로 감사드립니다."

오늘 나의 방송 스케줄 중 하나로 관객들과 소통하는 자리가 있다. 관객들이 반갑게 맞이해 주는 환호성이 잠시 들리다가 이내 조용해진다. 나는 긴장이 좀 풀리면서 편안하게 얘기할 준비를 마친다. 그리고 한 관객이 질문을 해 온다.

"부부 코칭 강연가를 하시게 된 계기가 어떻게 되는지 궁금합니다."

부부 코칭 강연가를 하게 된 계기라…. 지금의 내가 있게 된 이유를 생각하자 난 살며시 미소를 짓는다.

내가 결혼이란 걸 왜 했는지 솔직히 나 자신도 이해가 안 되었다. 다른 친구들처럼 엄격한 집안 때문에 도피처로 결혼을 선택한 것도 아니다. 금전적인 상황 때문에 결혼을 선택한 것도 아니다. 도대체 난 왜 결혼을 선택한 것일까. 나도 나 자신을 모르는데 누가 나의 질문에 대답해 주겠는가.

곰곰이 생각해 보면 어릴 적 나의 부모님은 사이가 아주 좋으셨다. 그래서 결혼하면 당연히 다 사이좋게 사는 줄 알았다. 그런 좋았던 기억으로 인해 결혼이란 것을 심각하게 생각해 본 적이 없었던 것 같다. 간혹 결혼을 안 한 사람들을 보면 부모님의 불화가 이유 중의 하나인 경우가 많았다.

내가 결혼하고 싶은 마음이 없었는데도 한 이유는 뭘까. 그 당시 결혼한 친구들이 많았다. 나는 '이러다 나만 남는 건 아닌가' 하는 바보 같은 생각을 했다. 또한 지겹도록 쫓아다닌 '미스터 신' 때문에 얼떨결에 한 것도 있다. 하지만 후회는 안 한다. 왜냐하면 사랑하는 나의 아이들이 있기 때문이다. 다른 사람과 결혼했다면 얻지 못했을 사랑스런 나의 아이들. 소중한 그 보물들 때문에 후회는 안 한다. 단지 그냥 왜 결혼한 건가 생각해 보는 것일 뿐이다.

결혼에 대해 다시 생각하게 된 근본적인 이유는 '미스터 신'과 나보다는 주위 환경 때문이었다. 신혼 첫날부터 '미스터 신'의 동생과 함께 살아온 나는 스트레스가 이만저만이 아니었다. 나와 성격이 비슷했으면 그나마 괜찮았을 것이다. 그러나 나와 성격이 다르다 보니 혼자 속으로만 끙끙 앓았다. 겉으로 내색은 못하고 그렇다고 알아주는 사람도 없고. 참다 참다 '미스터 신'한테 말했지만 대답은 뻔했다. 본인 동생이니만큼 그 마음을 이해 못하는 것은 아니지만 무척 서운했다. 내 집이 내 집이 아니요, 내 물건이 내 물건이 아니었다. '미스터 신'을 포함한 '신'자가 들어간 신발장까지 모두 꼴 보기 싫었다.

1년 정도 지났을까. 우리는 친정 근처로 이사 가기로 큰마음을 먹었다. 이사 가는 날 '미스터 신'의 동생은 차를 사서 쫓아오겠다고 했다. 차라리 '미스터 신'의 동생이 못됐으면 싸우기라도 할 텐데…. 착하지만 눈치가 무지무지 없을 뿐이니 내 속만 더 터졌다. 그렇게 친정 옆으로 무사히 이사를 갔다. 거기서 아이들을 낳았고 친정 부모님께서 아이들을 잘 돌봐 주셨다.

'미스터 신'의 아버지가 돌아가신 후부터 몇 번 되진 않지만 우리 집에서 차례와 제사를 지냈다. 작은아이를 낳은 지 얼마 안 되어 출산휴가 중일 때였다. 그날도 명절을 앞두고 '미스터 신'의 어머니가 전화해 왔다. 요지는 음식을 준비하러 빨리 못 가니까 나보고 음식을 해 놓으라는 것이었다. 아이 낳은 지 얼마 안 되었는데 혼자 준비하라고? 솔직히 김 씨 집안도 아닌 신 씨 집안 제산데 왜 내 몸 망가져 가며 해야 하는 건지 도저히 이해가 안 되었다. 내가 이 집 하녀로 들어온 것도 아니고. 도대체 왜!

이 사실을 부모님께 말씀드렸다. 그랬더니 어차피 준비하는 차례 음식을 조금 더 하면 된다고 하셨다. 그렇게 난 친정에서 명절 음식을 밤늦게까지 준비했다. 거기까진 좋았다. '미스터 신'이 이런 말을 하기 전까지는. "우리 엄마 주무시지 말고 가라고 할 테니까 걱정하지 말라고!" 황당했다. 난 아무 말도 안 했는데 '미스터 신' 혼자 화를 내는 것이었다.

지금에서야 생각해 보면 본인도 미안하니까 도리어 그렇게 말을 한 것 같았다. 하지만 그때 나는 화가 절정에 다다랐다. 그렇게 밤 11시가 넘어서 집으로 왔더니 '미스터 신'의 가족들은 소파에 앉아 있었다. 저녁을 안 먹었다고 했다. 난 또 저녁을 차렸다. 그런 데 물김치가 없다고 어머니가 한마디 하셨다. 그동안 쌓이고 쌓였던 것들이 모두 다 내 머릿속을 스쳐 지나갔다.

그때 난 끝내기로 결정했다. '내가 뭐가 부족하고 아쉽다고 이렇게 살아야 하지? 내가 뭘 잘못했다고.' 난 내가 너무너무 아깝다는 생각을 했다.

며칠 후 '미스터 신'에게 끝내자고 선포했다. 그동안 화가 나도 끝내자는 말은 절대 입에 올리지 않았었다. 그러나 이젠 아니다. 나도 한다면 한다.

이런 일이 있고 얼마 지나지 않아 아빠가 간암 진단을 받았다.

난 아빠께 '미스터 신'과는 끝낼 것이라고 말했다. 아빠는 내가 하고 싶은 대로 하라고 하셨다. 너는 얼마든지 잘 살 수 있다면서….

내가 끝내자는 말을 한 이후 '미스터 신'은 나에게는 안 통할 것 같았나 보다. 철딱서니 없게도 간암 진단을 받은 아빠께 가서 못 끝내게 해 달라며 엉엉 울었다고 했다.

나는 법원에 가서 이혼 접수를 했다. 아이들이 있는 관계로 4주 후에 다시 법원에 가서 판결을 받아야 했다. 4주가 될 때까지 많은 생각을 했다. 아이가 한 명이었다면 당장 이혼했을 테지만 아이가 2명인 데다 작은아이는 아직 돌도 안 된 상황이었다. 어떻게 해야 하나. 어떻게 해야 하는 걸까. 애들이 좀 더 크면 할까. 정말 많은 생각을 하고 또 했다. 가족들과 친한 언니들에게도 물어봤다. 하지만 선택은 내 몫이었다. 내가 결정해야 하는 것이었다.

4주가 되어 법원 앞에서 '미스터 신'을 만났다. 나는 그에게 말했다. "진짜 끝내고 싶지만 애들이 아직 어려서 이번엔 봐 주겠어. 애들한테 좋은 아빠 역할만 충실히 해!"

배우자와 다투면 일반적으로 그 화풀이를 아이들한테 한다. 배우자와 닮은 아이면 더더욱 밉다는 말들을 방송이나 주변에서 종종 들었다. 그런데 나는 배우자가 미워도 아이들은 별개였다. 나의 아이들이지 우리의 아이들이라고 생각하지 않았다. 나는 청초한 이슬을 먹고 아이들을 낳았다. 마치 성모 마리아가 성령으로 잉태한 것처럼. 우스갯소리로 내가 하는 말이다. 원래 이런 생각을 해서인지 배우자가 밉거나 다투었을 때도 아이들은 아주 사랑스러웠다. 나의 감정이 완전히 분리되었기 때문이라고 생각한다.

나는 그동안의 나의 소중한 경험과 생각들이 부부관계가 어렵다고 생각하는 분들에게 많은 도움을 줄 수 있을 것이라 생각한다. 당시에는 그 모든 것들을 시련이라고 생각했다. 하지만 나는 그것을 통해 값어치를 따질 수 없는 엄청난 지혜와 깨달음을 얻었다. 그것을 관계를 힘들어하는 커플들을 비롯해 모든 분들께 전해 주고 싶다.

앙드레 모루아는 "행복한 결혼은 죽는 날까지 지루하지 않은 대화를 나누는 것과 같다."라고 했다. 말하지 않으면 서로의 마음을 헤아릴 수 없다. 서로에 대한 감정을 항상 대화로 풀어 나가야 하는 이유다. 그렇지 않으면 행복한 결혼생활을 유지하기 힘들다.

《탈무드》에는 "세상 무엇과도 바꿀 수 없는 것. 그것은 젊을 때 결혼해 함께 살아온 늙은 마누라다."라고 되어 있다. 흰머리 가득한 노부부가 손잡고 다니는 모습을 보면서 다들 저렇게 오래도록 함께 하고 싶다고 한다. 평생의 희로애락을 함께한 부부는 서로를 아끼며 소중한 가치로 여길 것이다.

내가 부부 코칭 강연가가 되기로 결심하게 된 것은 전적으로 '미스터 신' 덕분이다. 그때 그 일들이 있지 않았다면 지금의 나는 없었을 것이다. 또한 아이들과 잘 놀아 주는 '미스터 신'의 모습도 없었을 것이다. 보통 아빠들처럼 방바닥에 누워 리모컨 조종만 열심히 했을 것이다.

나를 힘들게 했던 사람들 중 나쁜 사람은 단 한 사람도 없었다. 단지 나와 성격이 맞지 않았을 뿐이다. 어쩌면 나의 이기적인 성격도 있었을 것이다. 현재 '미스터 신'은 친구 같은 아빠 역할을 잘하고 있다. 결론적으로는 그런 일들을 겪었기 때문에 지금 웃을 수 있다고 생각한다. 나는 지금 아주 행복하다.

5

해외 곳곳에서
한 달씩 살기

10년 뒤 퇴직하면, 꼭 하고 싶은 것이 있다. '해외 곳곳에서 한 달씩 살기'다. 가능하겠지만 10년 후보다는 조금이라도 더 젊을 때 실행하고 싶다. 다행히 〈한책협〉의 김태광 대표 코치님 덕분에 나의 계획보다 훨씬 빠른 시일 내에 이루어질 것으로 보인다.

인터넷이 빨리 보급되었다면 결혼 전 친구들과 여행을 많이 다녔을 것이다. 그러지 못한 것에 아쉬움이 있었다. 참고로 메일 아이디를 처음 만들었을 때가 2000년도이니까. 그전엔 인터넷 없이 어떻게 살았는지 기억도 안 난다. 또한 인터넷 없이 어떻게 여행을 다녔는지 신기할 뿐이다.

나는 항상 여행에 목말라했다. 그런데 막상 여행을 계획하면 모든 게 귀찮아진다. 짐을 싸는 것도, 공항까지 가는 것도, 탑승 수속을 밟는 것도 왜 그리 귀찮은지…. 내가 매번 하는 말이 있다. "패리스 힐튼처럼 전용기 타며 옷도 현지에서 사 입고 싶어. 나도 비서가 있어서 짐 싸는 일 등 모든 것들을 다 해 주면 정말 행복하겠다!"라는.

하지만 어쩌겠는가. 나는 패리스 힐튼처럼 어마어마한 상속녀가 아니니. 비서는커녕 내가 아이들 짐까지 다 싸야 한다. 게다가 평범한 직장인으로서 직장에 피해를 덜 끼치고 눈치를 덜 보며 휴가를 갈 수 있는 기간은 보통 열흘 정도다. 이 기간을 최대한 잘 이용해 여행을 다녀오는 것이 직장인인 나의 최선이었다.

미국, 영국 속담에 "널리 여행하면 현명해진다."라는 말이 있다. 이렇듯 나도 평상시 아이들에게 '우물 밖 개구리'가 되라고 늘 말해 왔다. 여행을 함으로써 여러 상황에 대한 대처능력도 키우고 세계가 넓다는 것을 느끼게 해 주고 싶었다. 아이들이 중학생이 되면 시간이 없다. 그래서 초등학생 때 꼭 가야겠다고 생각했다.

그 당시 해외 주식을 그대로 두었으면 더 큰 수익이 생겼을 것이다. 하지만 여행 생각에 팔아 버렸다. 남들은 종잣돈을 만들겠다고 더 불릴 생각을 했을 것이다. 하지만 나는 그런 생각을 안 했다. 지금 아니면 언제 가겠느냐고 생각했다. 아이들이 어릴 때 빨리 넓은 세상을 보여 주고 싶었다. 그래서 그 돈으로 엄마를 모시고 아이들과 서유럽 여행을 떠나기로 했다.

여행기간은 12일로, 아이들도 아직 어리고 계획을 짤 시간적 여유도 없었다. 그래서 패키지여행으로 가기로 결정했다. 인천공항에 도착해서 보니 겨울방학에다 크리스마스 시즌이라 학생, 가족들이 대부분이었다.

영국에서 유학 중인 딸과 교사 가족, 늦게 결혼한 교수 부부, 외고에 다니는 학생 가족, 영국으로 유학을 갈 예정인 중학생 딸과 아빠, 명품을 많이 사는 20대 여자와 부모 그리고 부부가 아닌 듯한 이상야릇한 중년 커플. 이들이 12일을 함께할 멤버였다. 가이드는 유럽 여행자 중 우리 엄마가 가장 연세가 많으시고 초등학교 2학년인 딸아이가 가장 어리다고 했다. 그래서인지 우리 가족에게 더 많은 신경을 써 줬다.

늦은 밤 독일 프랑크푸르트 공항에 도착했다. 숙소에서 쉬고 다음 날 일정이 시작되었다. 대학 도시인 하이델베르크로 갔다. 자유 시간에는 하이델베르크 고성 내부를 관람했다. 비 오는 날의 고성은 운치가 있었다. 우산을 쓰고 고성을 거닐었던 기억은 아직도 생생하다. 30년 동안 종교전쟁이 진행되면서 성 일부가 많이 훼손되었다. 하지만 역사의 모습을 그대로 보여 주기 위해 복원하지 않았다고 한다. 성은 당시의 무너진 상태로 남아 있었다. 그래서인지 고성의 역사가 그대로 느껴졌다.

그러곤 이탈리아의 베니스로 갔다. 죄수들이 지나가며 슬픔을 노래했던 탄식의 다리를 봤다. 두칼레 궁전과 산 마르코 대성당은 아름다운 고딕양식의 건축물들이었다. 이탈리아어로 '흔들리다'라는 뜻의 곤돌라와 수상택시는 꼭 타 봐야 한다.

곤돌라는 고대의 배 모양을 본떠 만들었다. 중요한 교통수단 중 하나다. 좁은 수로를 다니며 구경하기에 좋았다. 수상택시를 타곤 대운하를 지나며 두칼레 궁전 등 멋진 건물들을 볼 수 있었다.

그 후 우린 영화 〈냉정과 열정 사이〉의 배경인 도시 피렌체로 갔다. 피렌체의 정치사회 중심지인 시뇨리아 광장 근처에는 역사 깊은 카페가 많았다. 이곳에서 마신 에스프레소와 달콤한 케이크 한 조각은 환상의 찰떡궁합이었다.

로마 바티칸 박물관은 그 웅장함으로 우리를 놀라게 했다. 미켈란젤로의 〈최후의 심판〉이 전시되어 있는 시스티나 성당도 역시 멋졌다. 세계 최대의 성 베드로 성당과 원형 경기장 콜로세움도 관람했다. 트레비 분수에서 먹었던 쫀득쫀득한 젤라또 아이스크림이 생각난다. 이곳에서도 한 달 동안 머무르며 유적지를 천천히 돌아보고 싶다.

폼페이 유적지는 2000년 동안 화산재와 용암에 묻혀 있다가 1748년 발굴이 시작되었다. 화산재 덕분에 그 순간의 참담한 모습들이 현재까지 생생하게 남아 있었다.

누구나 한 번쯤 들어 봤을, 〈돌아오라 소렌토로〉라는 가곡 속의 도시 소렌토. 세계 3대 미항 중의 하나인 나폴리. 소렌토에서 30분 정도 떨어진 카프리 섬. 이곳들에서도 한 달 동안 머물고 싶다. 기후 조건이 좋고 지중해의 바다와 경관을 지니고 있어서 보기만 해도 힐링이 된다. 피사의 사탑에서는 손바닥에 올려진 것처럼 사진을 찍으려고 한참을 노력했다.

그 후 우리는 스위스 인터라켄으로 이동했다. 알프스 최초로 유네스코 세계자연문화유산으로 지정된 융프라우(4,158m)를 등정하기 위해 산악열차를 탔다. 창밖 경치들은 모두 예술작품 같았다. 눈 덮인 산자락에서 한적하게 스키를 타는 모습이 어찌나 부럽던지. 우리나라에서는 상상도 못할 광경이다.

산악열차로 정상에 올라 알레취 빙하와 알프스를 느낄 수 있는 스핑크스 테라스로 갔다. 눈보라가 거세게 몰아쳤다. 바람에 몸은 휘청거리고 비명이 절로 나왔다. 그래도 사진 한 장 남기겠다는 의지로 열심히 찍었다. '융프라우'하면 역시 '신라면'이다. 외국인들한테도 인기가 많았다. 나의 기억으로 2만 원 정도였던 것 같은데 맛역시 그 값어치를 했다.

그러곤 벨포트 기차역으로 이동해 TGV를 타고 파리로 갔다. 많은 사람들로 인해 베르사유 궁전을 관람하는 데 시간이 많이 걸렸다. 프랑스 절대왕정의 최고 전성기를 상징하는 화려함의 극치를 볼 수 있었다. 관람을 마치고 궁전 밖 정원으로 나왔다. 그런데 아들이 안 보였다. 나는 급히 출구로 다시 들어가려 했지만 못 들어가게 했다. 아들을 잃어버렸다고 하자 허락해 주었다.

관람동선을 거꾸로 다니며 아들을 찾기 시작했다. 그때 일행으로부터 문자가 왔다. 관람 중에 아들이 혼자 있는 것을 발견했다고. 같이 가자고 했더니 싫다고 했다고 한다. 엄마가 데리러 올 것이라며. 지금 어느 작품 앞에 앉아 그림을 감상하고 있으니 걱정하지 말라고 했다. 대단한 아들이다. 보통은 울고불고할 텐데, 여유롭게 그림을 감상하고 있었다니….

사진으로 외관 모습을 많이 봤던 루브르 박물관도 관람했다. 에펠탑 전망대에서, 센 강 유람선을 타고 파리의 야경을 즐겼다. 파리에서도 한 달 정도 머물면서 곳곳의 카페를 여유롭게 즐기고 싶다. 런던으로 가서 영국 박물관도 관람했다. 버킹엄 궁전, 역대 국왕의 대관식이 거행된 웨스트민스터 사원, 빅벤 등도 관람했다. 런던 히드로 국제공항에서 마지막을 보냈다.

나는 아이들에게 베를린 장벽과 아우슈비츠 수용소도 보여 주고 싶었다. 그래서 보험을 해지한 돈으로 동유럽으로 떠났다. 영화 〈쉰들러 리스트〉의 촬영지로 유명한 제2의 아우슈비츠 수용소를 관람했다. 현지 가이드의 설명을 들으면서 새로운 사실들을 알았다. 왜 오스트리아 출신인 히틀러가 만행을 저질렀는지, 실제로 치명적인 피해자는 소련인들이었는데 왜 유대인이 가장 많이 학살당했다고 알려진 건지 등등 상세한 설명을 들을 수 있었다. 같은 사건이라도 접근방법에 따라 달라진다는 것을 알았다. 아주 뜻깊은 시간이었다.

TV 방송을 통해 베를린 장벽이 무너지는 장면을 본 기억이 아직도 생생하다. 실제로 그 베를린 장벽을 보니 가슴이 뭉클해졌다.

폴란드의 소금광산의 가장 깊은 곳은 327미터라 한다. 갱도의 길이가 무려 300킬로미터에 이른다고 한다. 우린 수십 개의 나선형 계단을 걸어서 그곳의 지하 100미터 아래로 내려갔다. 올라올 때는 30초 만에 올라오는 고속 엘리베이터를 이용했다.

이어 우리는 헝가리 부다페스트에 도착했다. 헝가리 건국 1,000년을 기념해 건설된 영웅광장, 어부들이 적의 침입을 막은 장소인 어부의 요새 등을 관람하고 부다페스트의 야경을 만끽했다. 이곳에서도 한 달간 살고 싶다. 부다페스트를 여유롭게 둘러보고 싶다.

크로아티아의 자그레브와 플리트비체 국립공원 자연경관을 보니 왜 유네스코가 지정한 세계자연문화유산인지 알 수 있었다. 굉장히 멋진 자연풍광이었다.

빙하 활동으로 형성된 슬로베니아의 블레드 호수. 블레드 성에서 보는 블레드 섬 또한 그림 같았다. 이곳에서도 한 달간 머물고 싶다. 마치 그림 속에 있는 느낌이 들 것이다.

오스트리아의 잘츠캄머굿. 이곳에서도 한 달간 지내고 싶다. 76개의 호수가 어우러진 곳이다. 산과 호수가 어우러진 자연을 마음껏 누리고 싶다.

체코의 체스키크룸로프 성에서 바라보는 광경 역시 멋졌다. 체코의 수도 프라하. 이곳에서도 한 달간 지내고 싶다. 달빛에 빛나는 거리들과 블타바 강에 비치는 프라하 성의 야경을 여유롭게 느끼고 싶다.

버킷리스트 19

초판 1쇄 인쇄 2019년 4월 1일
초판 1쇄 발행 2019년 4월 3일

지 은 이 강순봉 정순규 신서연 이동현 최정남 오선미
　　　　 구윤영 박지수 이하영 윤혜정 김유리
펴 낸 이 권동희
펴 낸 곳 위닝북스
기　　획 김도사
책임편집 박고운
디 자 인 김하늘
마 케 팅 강동혁

출판등록 제312-2012-000040호
주　　소 경기도 성남시 분당구 수내동 16-5 오너스타워 407호
전　　화 070-4024-7286
이 메 일 no1_winningbooks@naver.com
홈페이지 www.wbooks.co.kr

ⓒ위닝북스(저자와 맺은 특약에 따라 검인을 생략합니다)
ISBN 979-11-6415-013-7 (03190)

이 도서의 국립중앙도서관 출판도서목록(CIP)은 서지정보유통지원시스템
홈페이지(http://seoji.nl.go.kr)와 국가자료공동목록시스템(http://www.nl.go.
kr/kolisnet)에서 이용하실 수 있습니다.(CIP제어번호: CIP2019010718)

위닝북스는 독자 여러분의 책에 관한 아이디어와 원고 투고를 설레는
마음으로 기다리고 있습니다. 책으로 엮기를 원하는 아이디어가 있으신 분은
이메일 no1_winningbooks@naver.com으로 간단한 개요와 취지, 연락처
등을 보내주세요. 망설이지 말고 문을 두드리세요. 꿈이 이루어집니다.

※ 책값은 뒤표지에 있습니다.
※ 잘못 만들어진 책은 구입하신 서점에서 교환해 드립니다.